乡村振兴战略下新型职业农民培育的社会支持系统研究

主　编◎屠明将

副主编◎罗统碧　林安全　李丽娜

参　编◎王汉江　李　月　段伟丽

重庆大学出版社

图书在版编目(CIP)数据

乡村振兴战略下新型职业农民培育的社会支持系统研究/屠明将主编.--重庆:重庆大学出版社,2023.10
ISBN 978-7-5689-4045-0

Ⅰ.①乡… Ⅱ.①屠… Ⅲ.①农民教育—职业教育—研究—中国 Ⅳ.①G725

中国国家版本馆CIP数据核字(2023)第126447号

乡村振兴战略下新型职业农民培育的社会支持系统研究

主 编 屠明将

副主编 罗统碧 林安全 李丽娜

策划编辑:陈一柳

责任编辑:张红梅 版式设计:陈一柳

责任校对:刘志刚 责任印刷:赵 晟

*

重庆大学出版社出版发行

出版人:陈晓阳

社址:重庆市沙坪坝区大学城西路21号

邮编:401331

电话:(023)88617190 88617185(中小学)

传真:(023)88617186 88617166

网址:http://www.cqup.com.cn

邮箱:fxk@cqup.com.cn(营销中心)

全国新华书店经销

POD:重庆新生代彩印技术有限公司

*

开本:787mm×1092mm 1/16 印张:10.75 字数:225千

2023年10月第1版 2023年10月第1次印刷

ISBN 978-7-5689-4045-0 定价:39.00元

前 言

通过农民教育路径提升农村人力资源水平，这种基本思路一直是中国共产党领导农村发展的重要支柱。尤其是进入新时代以来，乡村振兴战略成为党和国家破解"三农"问题的制度设计。其中，人才振兴是攸关乡村振兴的队伍支撑，发挥着举足轻重的作用。那么，乡村人才的组成有哪些以及如何才能够实现科学高效的振兴效果呢？基于此种背景分析，选择新型职业农民这个乡村社会骨干群体作为研究对象，既是尝试回答乡村人才振兴基本路径，也是对乡村振兴战略下农民现代化的探索。农民作为一种存在了几千年的"身份符号"，其内涵一直随着时代更迭而发生变化，探讨农民职业化进而专业化和现代化的主要途径，有助于揭示乡村振兴的内生逻辑。

本书是重庆师范大学人才引进基金项目"新时代成人教育与教师教育重大理论与实践问题研究（项目编号：21XWB051）"课题组集体努力的成果，由主编屠明将（重庆师范大学）进行框架设计和统筹协调，撰写任务分工如下：屠明将负责"第一章 绪论"；王汉江（重庆市教育科学研究院）、屠明将和林安全（重庆市北碚职业教育中心）负责"第二章 新型职业农民培育的政策变迁"；李月（西南大学教育学部博士研究生）、屠明将负责"第三章 新型职业农民培育的比较分析"；屠明将、段伟丽（西南大学教育学部硕士研究生）和李丽娜（重庆市北碚职业教育中心）负责"第四章 新型职业农民培育的现状考察"；屠明将和罗统碧（重庆市北碚职业教育中心）负责"第五章 新型职业农民培育的社会支持系统建构"。

感谢重庆市社科规划一般项目"精准扶贫视域下农民工教育培训的社会支持系统研究（项目编号：2017YBJY082）"课题组对本书付梓提供的大力支持。另外在撰写过程中，参考了大量相关文献，在此予以感谢。最后，对重庆大学出版社在编辑、校订等出版环节表现出的专业精神和辛苦努力致以真诚谢意。

由于学识有限等因素，书中可能存在语言表达方面的不足，敬请广大读者和相关专家批评指正。

编　者

2022 年 6 月

目 录

第一章

绪论

我国作为一个具有悠久农业文明的灿烂古国，其所创立的灿烂文化无不是建立在农业基础之上，目前我国依旧是一个农业大国。"三农"问题对于当下经济社会发展具有举足轻重的作用，甚至中华民族伟大复兴梦想的达成都离不开"三农"问题的妥善处理。然而，城市化进程的快速推进、劳动力受教育程度的持续提升及社会观念的变革等，使得农村逐渐沦为留守老人和留守儿童的聚居区，青壮年劳动力严重匮乏，农村土地荒芜现象较为严重，农业机械化程度较低。农村经济社会发展，说到底，关键在人。要通过富裕农民、提高农民、扶持农民，让农业经营有效益，让农业成为有奔头的产业，让农民成为优选职业。随着乡村振兴战略的提出和全面布局，新型职业农民成为新时代振兴乡村的中坚力量。

一、新型职业农民培育的问题提出

农民的思想意识、文化素质以及生产生活技能等综合素养提升，不仅关乎农民个体的生活质量，也会影响一个国家的繁荣昌盛与持续发展。因此，无论在哪个年代，着力提升农民素质都是关乎国计民生的"重头戏"。但是，时代发展变化也会对农民教育培训问题提出新的要求。故而，承担着特定时代使命的新型职业农民培育工程也就应运而生了。

（一）政策环境营造：新型职业农民培育是"三农"政策的关键抓手

改革开放后的很长一段时间，经济社会发展的原始积累多是从农村社会汲取。虽然伴随着社会主义市场经济体制的逐步确立，农业在国内生产总值中的占比不断降低。但是，长期以来形成的城乡二元分割体制并没有因为第二产业与第三产业的反超而消解，农村凋零、农业生产力落后的现象越发成为阻碍农村建设与发展的绊脚石。2004—2019年，中共中央每年都会将"三农"列为中央一号文件，不断强调"三农"问题的重要地位。其中，自2012—2019年，"加快培育一批新型职业农民"成为中央一号文件重点关注的内容。除了国家统一发布的政策文件，各省市还根据国家的顶层设计和农村农业部的总体思路发布了与本地实际相适应的地方性政策法规，以推进新型职业农民培育工作的展开。2017年，农业部（现农村农业部，下文同）印发《"十三五"全国新型职业农民培育发展规划》，充分肯定了新型职业农民的重要地位，并对新型职业农民培育作出了部署。如何科学高效地培育出数量较大、素养较高的高素质农民群体，已然成为乡村人才振兴政策的核心关切。

（二）农民使命重塑：新型职业农民培育是乡村振兴战略的人才支撑

解决"三农"问题是稳固国计民生之根本，基于此，2017年召开的中国共产党第十九次全国代表大会提出实施"乡村振兴战略"。新型职业农民培育计划作为乡村人才振兴的核心举措，既面临着前所未有的挑战也焕发出勃勃生机。毫不夸张地说，乡村振兴战略核心关切及主要目标的达成都需要依靠新型职业农民这个乡村社会的骨干群体。一方面农业现代化急需大批高素质、专业化的新型职业农民作为主力支撑。农业由传统的小规模型向产业链化的集约型、规模型转变，现代农业产业的发展需要农民掌握先进的生产技术、科学的农业经营管理技能，而传统的生产型农民已然难以完成现代农业产业迭代升级的任务。另一方面，国家粮食安全战略需要新型职业农民的保驾护航。随着工业化和城镇化的发展，农民进城务工成为必然趋势，农村出现了"空洞化"现象，大片农村土地荒芜，既造成资源的浪费，也威胁着国家的粮食安全。城市化发展规律预示着农民进城的趋势短期内不会得到根本逆转，那么粮食安全问题就需要着力提升农业生产骨干力量的综合素养，即培育大量新型职业农民以应对农村青壮年劳动力外流带来的农业生产危机。二是打造现代化的乡村治理体系对农民的整体素质提出了更高要求。培养农民的生态环保意识、知识文化素养和乡村治理能力，尤其要在政治思想、道德情操、文化素质等精神领域加强教育培训，引领农民结合新时代的发展需求进行全方位转型，进而带动整个农村的全面转型，通过人的现代化推动农村现代化的目标实现。三是农民社会地位的提升呼吁职业化和现代化进程的加快。在终身学习理念盛行和倡导学习型社会的今天，我国需要的是具有终身学习理念的、学习能力强的、并能不断学习的新时代农民，因此，新型职业农民是乡村振兴战略所需要的学习型农民。

（三）农民身份重塑：新型职业农民培育是彰显农民主体性的必然选择

1958年1月出台的《中华人民共和国户口登记条例》按照行政区划和家庭成员关系将公民的户籍分为"农业户口"和"非农业户口"，被划入"农业户口"的居民就是农民。有研究者认为："农民"的内涵并不是固定不变的，改革开放以来，"农民"的概念经历了新时期传统农民的演变、新世纪"新型农民"的萌芽、新阶段"新型职业农民"的发展3个阶段的演变历程。[1]根据户籍制度相关规定，农民可分为传统的农业劳动者和兼业农民、完全脱离农业生产进入城市工作的"农民工"、利用资本或技术等参与农业生产的新型农民以及居住在农村但不以农业收入为主要收入来源的群体。生产方式、生活方式、思想意识、主体认知等方面的不同导致了"农民"群体内部的分化，也

---

[1] 樊梦瑶，张亮.改革开放四十年我国农民职业化培育的变迁与展望[J].成人教育，2019，39（10）：43-47.

促进农村社会结构呈现更加多元化、复杂化的演变趋势，因此一般意义上的"农民主体"地位的重构，应将"农民"个体看作一个动态、发展系统中的构成要素，从农民的整体主体和集体主体进行研究。[1] 长期以来，在发展农村社会经济方面多是强调政府干预、社会支持等外部力量的作用，忽视了作为乡村经济社会发展主体力量即农民群体内生动力的激发和利用。很长一段时间，在农村建设与发展方面，我们陷入了"外来的和尚会念经"的怪圈。诚然，外部力量对于推动农村社会经济发展具有重要的作用，但是在营造一定氛围和形成了一定条件支持以后，农村的发展依旧需要发挥农民的主体自觉性和主观能动性。新型职业农民正是基于尊重农民主体性的逻辑起点出发，通过政策支持和教育培训的方式培养一批懂农业、爱农村的中坚骨干力量，为乡村振兴提供人才支撑。

（四）农民教育重塑：新型职业农民培育是终身教育体系的组成部分

民国时期的乡村建设实验以及平民教育运动皆是希望从教育的角度改变传统乡村落后的局面，进而实现教育救国的目标。毛泽东同志认为要通过尊重农民的意愿、培养农民学习的自觉性、灵活农民教育的方式、重视对农民进行科普教育、坚持教育与生产劳动相结合的原则、遵循社会化的农民教育思路等办法来解决中国农民的教育问题。[2] 中华人民共和国成立以后，党和国家在农村地区开展了轰轰烈烈的扫盲教育，通过文字下乡的成人识字运动，改变了农村地区文盲遍地的落后状况。但是，进入新世纪之后农民扫盲教育逐渐偃旗息鼓，之前建立的农民教育体系也开始出现管理松懈、机构撤并、经费短缺以及农民学习需求不足等问题。纵然，不同部门不间断地举办各种针对农民群体的教育培训，如农民工培训、农民素质教育等，但是整体来看，也反映出农民教育存在各自为政的状态。

新型职业农民作为农民素质教育与新型农民的升级，更加强调农民的职业化特征。基于农民职业化的角度促进其现代化，是新型职业农民培育的逻辑起点。强调农民职业化的实质就是突出教育在其中的独特作用，现代农民获取知识技能的途径并非单纯依靠传统的耳濡目染的代际学习，还需要正规的、科学的、系统的教育方式。终身教育理念提出至今的半个多世纪里，其倡导的核心观点已经被世界各国普遍接纳，我国国民教育体系的构建也充分吸收了终身教育理念。教育并非学校阶段的专属，而是贯穿人的一生。终身教育是由正规的学历教育和非正规的短期培训构成的统一体。新型职业农民培育的3个步骤的首要环节就是教育培训，只有经过教育培训获得系统知识和技能之后，才能被认定为新型职业农民并获得相应的政策支持。总而言之，新型职业农民培育的人数众

---

[1]　隋筱童. 乡村振兴战略下"农民主体"内涵重构 [J]. 山东社会科学，2019（8）：97–102.

[2]　梁成艾，黄旭东. 习近平职业农民培育思想的历史溯源与内涵解读 [J]. 青海社会科学，2018（4）：20–26.

多且影响较大，教育在其中发挥着关键作用，故而对重塑农民教育体系有着举足轻重的作用。

二、新型职业农民培育的制度体系

新型职业农民培育并不是简单意义上的教育培训，而是一个需要长期规划、系统实施的惠农实业，不仅需要强有力的教育支持，还需要体制机制改革、政策优惠、舆论氛围等的支持。《"十三五"全国新型职业农民培育发展规划》明确提出："经过创新探索和试点示范，基本确立了教育培训、规范管理、政策扶持'三位一体'，生产经营型、专业技能型、专业服务型'三类协同'，初级、中级、高级'三级贯通'的新型职业农民培育制度框架，为规范化、系统化培育新型职业农民奠定了基础。"[1]

（一）教育培训

教育培训在新型职业农民培育环节中占有重要地位，只有经过系统化、专业化的知识技能学习才能够实现农民的职业化目标。具体来说，一是新型职业农民培育需要构建农民教育培训体系；二是根据培育对象群体的学习需求差异分层、分类开展教育培训；三是针对农业发展实际和农民需求创新教育内容和形式；四是利用专业合作组织、典型示范引领、创业实践等社会力量和非正式学习途径助推新型职业农民的发展。

1. 加快新型农民职业化转型的重要推手 [2]

城市化进程的快速推进、利益最大化的价值追求及农业效益的下降等，使得"无人种田"的现象在农村地区越发凸显，我国需要农民职业化，[3] 我国农村需要"懂农业、有资本、爱农村"的"新农人"，我国农业需要"懂生产、会经营、善管理"的新型生产经营主体。借助新型职业农民培育工程解决"三农"问题以加快推动农民增收、农业转型、农村建设是当下急需解决的重大现实课题。新型职业农民的培育，在很大程度上依托以促进农民能力建设、素质提升、观念转变为导向的农民教育培训工作。

2. 促进新型农业经营主体高质量发展的根本前提 [4]

原农业部副部长张桃林强调，发展现代农业，根本在科技，关键在人才。培养大批高素质、专业化技术技能型农业人才，进一步激发农村的发展活力，急需高质量的农民

[1] 农业部关于印发《"十三五"全国新型职业农民培育发展规划》的通知 [EB/OL]. （2017-02-20）[2021-09-10]. 中华人民共和国农业农村部.

[2] 兰海涛，李月，屠明将. 论新型职业农民教育培训的现实困境与优化路径 [J]. 教育与职业，2020（10）：74-78.

[3] 转型"职业化农民"的老乡们致富路该怎么走？ [EB/OL]. （2017-03-15）[2021-09-10]. 央广网.

[4] 兰海涛，李月，屠明将. 论新型职业农民教育培训的现实困境与优化路径 [J]. 教育与职业，2020（10）：74-78.

教育培训，以人的发展助推农业规模化、产业化、现代化经营与生产。而且，高质量的农民教育培训有助于推动新型农业经营主体培育工程由"增量"转向"提质"[1]、由"增速"转向"提效"、由"粗放型培养"转向"内涵式建设"。

3. 助力乡村人才振兴的关键举措[2]

马克思主义指出，人是生产要素中最活跃的因素。显然，人是推动乡村振兴的关键。然而，当前乡村却存在较为严重的人才资源浪费与流失现象，加剧了乡村人才稀缺的困境。首先，高质量的农民教育培训能够有效地激发留守农民的内在发展潜能，吸引外出务工农民返乡就业，进而为乡村持续发展积累人力资本。其次，通过农民教育培训可夯实农民职业化转型基础、增强农民的组织意识等，进而推进乡村人才振兴的有效落实。最后，农民教育培训注重唤醒农民的爱农情怀、激发农民的潜在优势、尊重农民在乡村振兴中的主体地位，为乡村振兴提供了坚强的人才支撑。

（二）认定管理

认定管理既是对教育培训等前期效果的评估，也是决定是否给予新型职业农民政策扶持的主要依据。但是，新型职业农民认定管理方面并没有全国统一的标准，采取的方式是授权地方根据实际情况分级分类地进行认定管理，目前处于初步试点阶段。目前有关新型职业农民的认定标准尚未统一，因此各地对新型职业农民的认知存在较大差异，这直接影响了培育目标的制订、培育措施的选择以及培育效果的达成。[3]

1. 评判新型职业农民的综合素养需要认定管理

"原则上由县级以上（含）人民政府制定认定管理办法，主要认定生产经营型职业农民，以职业素养、教育培训情况、知识技能水平、生产经营规模和生产经营效益等为参考要素，明确认定条件和标准，开展认定工作。有条件的地方可探索建立按初、中、高3个等级开展分级认定。"[4]虽然我国尚未制定统一的认定标准，但是通过对各地实践的梳理可以发现，新型职业农民认定的维度主要是教育培训、知识技能、生产规模和生产效益等几个领域，共同指向新型职业农民的综合素养。新型职业农民综合素养水平需要一个参照标准，这样才能发挥标杆引领作用，认定管理即是对培育过程及其效能的基本评判。一方面，度量新型职业农民素养与职业化目标之间的距离，强调关注新型职

[1] 湖北省推动新型农业经营主体"提质"[EB/OL].（2019–09–03）[2022–06–21].湖北农业信息网.

[2] 兰海涛，李月，屠明将.论新型职业农民教育培训的现实困境与优化路径[J].教育与职业，2020（10）：74–78.

[3] 胡静，闫志利.中外新型职业农民资格认定标准比较研究[J].职教论坛，2014（10）：57–62.

[4] 农业部关于印发《"十三五"全国新型职业农民培育发展规划》的通知[EB/OL].（2017–01–09）[2021–09–11].中华人民共和国农业农村部.

业农民内在的基本素质，即有没有实现符合时代发展的核心素养；另一方面也重视新型职业农民作为乡村能人辐射带动效应的发挥，不仅要个体发展，还要以此为基点引领乡村社会的发展进步。

2. 落实新型职业农民扶持政策需要认定管理

新型职业农民虽然担负着发展乡村的重任，但是其作用的发挥离不开政策的扶持和引领。要对新型职业农民进行政策扶持，必定需要"师出有名"。为什么要给予这个群体政策倾斜，以及所要达到的政策预期有哪些？这些问题都是需要政策制定者面对和回答的。认定管理就是从专业的角度为政策扶持提供基本依据，正是因为新型职业农民具备了职业化素养，所以他们不仅能够适应现代农业的发展形势，还能够从更广泛的层面带动乡村社会经济的发展。依靠新型职业农民这支现代化力量，能够有效化解"谁来种地""如何种好地"等难题。一支创新创业能力突出的新型职业农民队伍是乡村振兴的中流砥柱，事实证明，正是他们发挥了推动农村产业转型升级以及示范带动作用。

3. 构建新型职业农民标准体系需要认定管理

德国实行全国统一认定考试；法国编写全国统一的教材；加拿大实行技能图表测试，并实行教师记名制等。[1] 他国实践经验证明，职业农民之所以能够具有较高的经济地位和社会地位，主要得益于其专业地位的建立，即农民也像教师、医生和律师一样是一个专门化的职业。然而，农民职业化目标的实现离不开一套专业的认证体系的建立。有学者基于全国 20 个试点县的实践经验提出，新型职业农民认证体系由 1 项一级指标（新型职业农民的综合素质，KSAIBs）、5 项二级指标（K：知识、S：技能、A：能力、I：情感、B：行为）、12 项三级指标（文化知识、专业知识、技能培训证书、职业资格证书、收入水平、身体状况、辐射带动能力、务农动机、务农态度、务农情感、生产经营行为、道德行为）组成。[2]

（三）扶持政策

新型职业农民培育的过程性与长期性因素决定了必须对其进行政策扶持。一方面，促进新型职业农民群体自身能力建设的扩大再生产，为其做大做强提供政策帮扶；另一方面，为发挥典型示范作用提供政策保障，引导新型职业农民积极投身于乡村振兴战略之中。《"十三五"全国新型职业农民培育发展规划》明确提出，要制定"支持新型职业农民享受新型农业经营主体的扶持政策、支持新型职业农民享受创新创业扶持政策及

[1] 胡静，闫志利. 中外新型职业农民资格认定标准比较研究 [J]. 职教论坛，2014（10）：57–62.

[2] 闫志利，王伟哲，胡静. 新型职业农民的认定标准与培育路径研究 [J]. 中国职业技术教育，2015（12）：37–43.

支持新型职业农民对接城镇社保政策"。

1. 扶持政策有助于激发新型职业农民的内在活力

新型职业农民并非参加教育培训经过认证后颁发的一种荣誉性称号，政策预期是希望这个乡村振兴中坚力量的群体能够实现农村现代化的宏伟目标。而要调动新型职业农民的主体性和能动性，必须给予一定的、必要的政策优惠，不能仅从道德感召的层面呼吁他们成为新时代的新乡贤。只有通过全方位的有针对性的政策扶持，进一步激发新型职业农民群体的内生动力，为其投身乡村振兴事业提供政策上的保驾护航。

2. 扶持政策有助于提升新型职业农民培育的效果

如何吸引更多优秀的中青年和优秀农民加入其中，以及如何确保培育的效果和政策预期的实现，都需要进行制度设计，保障制度方面的扶持政策更是新型职业农民培育计划的点睛之笔。从理性角度来看，人是趋利避害的社会人，在面临抉择和付出努力之前总会进行利益权衡，对于无利可图的事情，多数人都会弃之如敝履。除了通过教育途径对新型职业农民进行增权赋能，以增强其自身发展和服务乡土社会的能力，也要形成系统化的扶持政策体系以确保培育实效。一方面，需要考虑这些培育对象在发展过程中会遇到哪些困难，现有政策如何为其破除后顾之忧及前瞻之虑；另一方面，参与新型职业农民培育能够给培育对象带来切身好处，不仅是经济上的获利，还有名誉和社会地位的彰显。

三、新型职业农民培育的研究综述

国内外有关新型职业农民培育的研究文献可以用汗牛充栋来形容，不同学科、不同研究背景的学者对这个问题都投入了极大的理论关切度，并寄希望于通过学理分析为新型职业农民培育的实践发展提供指引。通过对新型职业农民的相关文献进行整理分析，能够发现在不同时间段研究结论的演变逻辑，进而窥探未来研究的发展趋势。另外，采取文献梳理方式也是站在"巨人的肩膀上"，在避免研究过程走弯路的同时，也能更加便捷地发现现有理论探索的薄弱环节及不足之处。

（一）国内研究现状

以"新型职业农民"为主题在中国知网（CNKI）上进行检索，共有 8 157 条文献（检索日期为 2020 年 1 月 31 日），由图 1.1 可发现，2012 年以来，相关研究开始大量增加，其主要原因是新农村建设、农业农村现代化建设需要新型职业农民的大力支持，特别是

2012 年政府文件首次正式提出培育新型职业农民至今，培育新型职业农民成为社会关注的重点之一，因此也成了国内学术界的研究热题，相关研究非常丰富，研究成果大量涌现。现有相关研究主要聚焦以下几个方面。

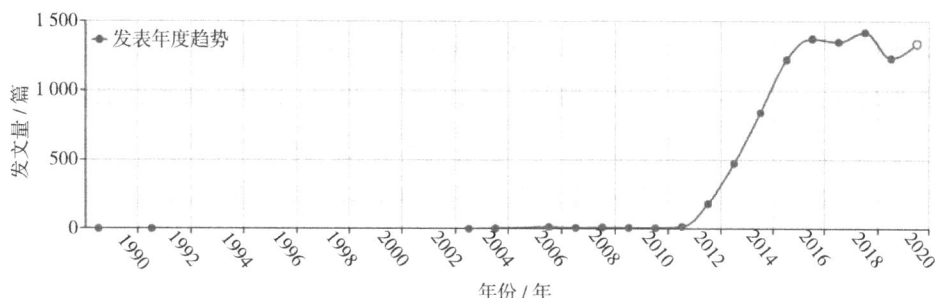

图 1.1 新型职业农民培育文献发表情况

1. 新型职业农民的内在意蕴与基本特征

随着农业现代化的发展和乡村振兴战略的实施，新型职业农民的内涵也在不断地发展和变化，国内很多学者对新型职业农民的内涵进行了剖析，不少学者（朱启臻，2013[1]；梁成艾，2018[2]；等）指出，在经历了"佃农""准职业农民""兼业农民"几个发展阶段后，"农民"正向"职业农民""新型农民""新型职业农民"发展。徐涌和戴国宝（2013）认为，新型职业农民是指将农业作为产业进行经营，并充分利用市场机制和规则来获取报酬，以实现利润最大化为目的的具有较高素质和社会责任的农民。[3]2013 年农业部出台的《农业部办公厅关于新型职业农民培育试点工作的指导意见》（农办科〔2013〕36 号）对新型职业农民的基本内涵作了明确界定，指出从我国农村基本经营制度和农业生产经营现状及发展趋势看，新型职业农民是指以农业为职业、具有一定的专业技能，收入主要来自农业的现代农业从业者，主要包括生产经营型、专业技能型和社会服务型三种职业农民。[4]

也有学者探究了新型职业农民的基本特征，如魏学文和刘文烈（2013）提出，新型职业农民具有深厚的农业、农村情怀，明确的经纪人属性，鲜明的职业化和专业化特点，相对较高的社会地位，强烈的现代意识和现代化的生产经营能力等。[5]王乐杰和沈蕾（2014）使用层次分析法构建了城镇化视阈下的新型职业农民素质模型，该模型包括

[1] 朱启臻.新型职业农民与家庭农场 [J].中国农业大学学报（社会科学版），2013，30（2）：157–159.
[2] 梁成艾."职业农民"概念的历史溯源与现代扩张：基于乡村振兴战略之视角 [J].农村经济，2018（12）：123–128.
[3] 徐涌，戴国宝.我国新型职业农民培育问题与对策研究 [J].成人教育，2013，33（5）：77–79.
[4] 范巍.农业部办公厅关于新型职业农民培育试点工作的指导意见 [J].农民科技培训，2013（8）：10–11，14.
[5] 魏学文，刘文烈.新型职业农民：内涵、特征与培育机制 [J].农业经济，2013（7）：73–75.

基本素质、经营能力、职业认同和生态素质 4 个维度，职业认同所占权重最大。[1]刘家富等（2019）探析了新型职业农民的职业能力，认为新型职业农民具有 4 个职业特征，承担 3 项基本职责和 26 项具体任务，指出新型职业农民须秉持市场导向、绿色生态、健康安全和创新创业的职业理念，具备 46 项职业基本能力。[2]于兴业等（2019）的研究指出，生产经营型农民的职业呈现向工作管理领域延伸拓展、工作职责任务多样化、劳动手段现代化、职业环境复杂化等特征。[3]刘银妹（2019）以隆安那桐镇那村为例，对农村迁入型职业农民群体特征进行了研究。[4]米松华等（2014）研究发现，新型职业农民培育对象显示出以农民为职业，具有较好的盈利能力，具有适度的经营规模和一定的资金投入能力、一定的产业化组织能力和社会化服务能力等现状特征。[5]宋新乐、朱启臻（2016）认为，现代农业的发展理念赋予了农民新的使命与责任，而新型职业农民群体职业精神的形成与提高，是现代农业发展不可或缺的重要因素，包括诚实守信、爱农敬业、责任与奉献等基本内容。[6]杨梅（2019）从性别角度出发，对新型女职业农民的特质进行了研究，发现新型女职业农民在创业中表现出强烈的主动性和自我主导性，且依据产业特点拥有一定的社会网络，但在抵制不利自身发展的社会习俗和参政议政方面仍处于弱势地位。[7]童洁等（2018）基于职业本质属性和内涵提出从职业文化素养、职业技能、职业薪酬、职业认同和职业行为规范 5 个维度，构建我国新型职业农民职业化一般发展指数。[8]

2. 影响新型职业农民培育的因素

有研究者通过调查研究发现，新型职业农民培育受自身的培训意向、培训需求、培训方式、政策支持力度、培训满意度等多重因素的影响。而且，这几种因素之间并非相互独立的关系，而是相互影响的关系。周杉等（2017）基于西部 4 个试点县（市）的实证分析还指出，农民受教育水平、政府支持有效性、农民生产经营业绩对新型职业培训

[1] 王乐杰，沈蕾.城镇化视阈下的新型职业农民素质模型构建 [J].西北人口，2014，35（3）：90–95，101.

[2] 刘家富，余志刚，崔宁波.新型职业农民的职业能力探析 [J].农业经济问题，2019（2）：16–23.

[3] 于兴业，刘望，刘家富.生产经营型职业农民职业知识和技能需求研究：基于黑龙江省 5 县的调查 [J].现代远距离教育，2019（2）：87–96.

[4] 刘银妹.农村迁入型职业农民群体特征研究：以隆安那桐镇那村为例 [J].广西民族大学学报（哲学社会科学版），2019，41（1）：70–76.

[5] 米松华，黄祖辉，朱奇彪.新型职业农民：现状特征、成长路径与政策需求：基于浙江、湖南、四川和安徽的调查 [J].农村经济，2014（8）：115–120.

[6] 宋新乐，朱启臻.新型职业农民的职业精神及其构建 [J].西安交通大学学报（社会科学版），2016，36（4）：111–116.

[7] 杨梅，刘庆，赵惠燕.新型女职业农民的特质及面临的挑战 [J].西北农林科技大学学报（社会科学版），2019，19（5）：57–64.

[8] 童洁，李宏伟，屈锡华.我国新型职业农民职业化一般发展指数研究 [J].财经问题研究，2018（5）：75–81.

效果有显著的正向影响。[1] 有研究者借助实证研究发现，年龄与农民是否参加过职业技能培育成负相关关系，而家庭年人均收入、对职业技能培育政策了解程度与农民是否参加过职业技能培育成正相关关系。[2] 沈琼等（2019）基于河南省调查数据分析对新型职业农民持续经营意愿的影响因素及其层次结构进行了研究，发现新型职业农民受教育程度、职业兴趣、职业信心、职业韧性、风险态度、代际传递意愿、技术获取、政府支持、社会保障以及市场预期 10 个因素对其持续经营意愿有显著影响。[3]

就培育意愿而言，徐辉等（2018）的研究结果表明，"是否经常自学农业技术和管理知识"等 18 个因素对新常态下新型职业农民培育具有显著性影响。[4] 马艳艳和李鸿雁（2018）对农户参与新型职业农民培训的意愿响应及影响因素进行了分析，发现农户年龄、文化程度、耕地经营情况、培训经历以及农户对政策的认知程度对其参与新型职业农民培训意愿具有重要影响。[5] 程新（2019）基于江西省 F 市 438 份农户调研数据的实证研究发现，性别、年龄等个体特征对农户参与培训的意愿有显著影响，而培训方式等也会对农民参与意愿产生显著影响，但农户家庭特征对参与培训意愿影响不显著。[6] 徐磊和吴昕慧（2019）发现，"钱"和"面子"对粮农的新型职业农民意愿具有显著的影响，"面子"对粮农的新型职业农民意愿的影响显著性更强，粮农加入合作社有助于其新型职业农民意愿的提升，也就是强调"农民"职业身份的重要性。[7] 周瑾和夏志禹（2018）发现，性别为男性、从业时间长、所处区域农业发展水平较高、处于中等年龄阶段及家庭人口多等多重因素会影响新型职业农民选择生产经营型职业，而女性、处于青年阶段、文化程度相对偏低、从业年限偏短、家庭人口偏少、所处区域农业发展较为落后的从业者更倾向于选择专业技能型职业。[8] 吴易雄（2016）发现，性别、文化程度、希望的培训时间、是否有扩大农业生产的愿望、从事农业背景、农机服务方式、单位效益与当地平均经济

[1] 周杉，代良志，雷迪.我国新型职业农民培训效果、问题及影响因素分析：基于西部四个试点县（市）的调查[J].农村经济，2017（4）：115–121.

[2] 陈利昌，陈菁.新型职业农民培育影响因素的计量分析：基于广州市农村固定观察点农户的调查[J].农业经济，2019（12）：39–41.

[3] 沈琼，陈璐.新型职业农民持续经营意愿的影响因素及其层次结构：基于河南省调查数据的分析[J].湖南农业大学学报（社会科学版），2019，20（4）：34–41.

[4] 徐辉，许泱，李红，等.新型职业农民培育影响因素及其精准培育研究：基于 7 省 21 县（市、区）63 乡（镇）的调研数据[J].江西财经大学学报，2018（3）：86–94.

[5] 马艳艳，李鸿雁.农户对新型职业农民培训的意愿响应及影响因素分析：以宁夏银北地区 265 户农户调查数据为例[J].西北人口，2018，39（4）：99–104，111.

[6] 程新.新型农民职业教育培训参与意愿影响因素分析[J].湖北经济学院学报（人文社会科学版），2019，16（12）：59–61.

[7] 徐磊，吴昕慧.钱还是面子？：粮农的职业农民意愿分析[J].农林经济管理学报，2019，18（1）：12–20.

[8] 周瑾，夏志禹.影响新型职业农民从业选择的微观因素分析[J].统计与决策，2018，34（12）：94–98.

水平的比较等变量，对新型职业农民的农业生产意愿在统计学上有显著的影响。[1] 此外，新型职业农民培训的落实情况也会影响农业从业意愿（吴易雄，周芳玲，2017）[2]。从外出务工特征看，职业类别、收入、城市社会关系网、流动迁移模式均与新生代农民工返乡做新型职业农民意愿相关，具体而言，务工职业层次和职业声望低的新生代农民工选择返乡做新型职业农民的比例相对较高，务工收入水平越低者返乡做新型职业农民的意愿越强，而在城市业缘关系和朋友关系广者倾向于留城发展，举家外出务工者更倾向留城发展。[1]

就培育需求而言，于兴业等（2019）基于对黑龙江省 5 县的调查，对生产经营型职业农民的职业知识和技能需求进行了研究，发现生产经营型农民迫切需要职业知识和技能的拓展，主要体现在对职业知识能力培训的需求以及对农业技能培训的需求。[4] 植玉娥等（2015）对成都市新型职业农民培训需求进行调查分析发现，成都市新型职业农民的培训需求表现为：以提高技能、学习经营管理知识为目的，期望培训内容全面化，培训方式以集中上课与现场指导相结合、培训时间中短期为主，培训地点最好在本乡内，培训费期望政府承担。[5] 就培育满意度而言，杨璐璐（2018）以浙省为个案的研究发现，农民对其他教育或培育的评价、农民受教育情况，农民对培训后自身能力提高的预期或结果、对师资质量的满意度，对农民曾参与培训的满意度具有显著影响。[6]

朱启臻和胡方萌（2018）认为，当前政府主导的土地流转导致的高地租极大地增加了农民的种地成本，农业保险、农村金融服务的不健全不利于农村经营风险的化解，而农民组织化程度低以及组织形式的偏离影响了政府支持农业政策的有效性和精准性，这些环境因素阻碍了新型职业农民的生成。[7] 米松华等（2014）研究发现，新型职业农民培育对政府资金(或项目)扶持、土地流转服务、金融信贷支持、农业信息和技术服务推广、设施用地有较强的政策需求。[8] 康红芹（2019）基于生命历程理论的视角，对新型职业农民培育的时机进行了深入研究，认为影响新型职业农民培育时机的因素聚焦于个体能

[1] 吴易雄.基于二元 Logistic 模型的新型职业农民农业生产意愿的影响因素及其对策探析 [J].当代经济管理，2016，38（11）：40-49.

[2] 吴易雄，周芳玲.新型职业农民农业经营状况及农业从业意愿分析：基于全国百村千民的实证分析 [J].经济问题，2017（5）：89-93.

[1] 龚文海.新生代农民工职业农民意愿研究：基于个人特征、外出务工特征的分析 [J].农业经济问题，2015，36（11）：41-48.

[4] 于兴业，刘望，刘家富.生产经营型职业农民职业知识和技能需求研究：基于黑龙江省 5 县的调查 [J].现代远距离教育，2019（2）：87-96.

[5] 植玉娥，庄天慧，刘人瑜.成都市新型职业农民培训需求调查分析 [J].西北人口，2015，36（2）：20-24.

[6] 杨璐璐.乡村振兴视野的新型职业农民培育：浙省个案 [J].改革，2018（2）：132-145.

[7] 朱启臻，胡方萌.新型职业农民生成环境的几个问题 [J].中国农村经济，2016（10）：61-69.

[8] 米松华，黄祖辉，朱奇彪.新型职业农民：现状特征、成长路径与政策需求：基于浙江、湖南、四川和安徽的调查 [J].农村经济，2014（8）：115-120.

动性的发挥、社会对新型职业农民的期望以及一定历史情境下相关生命事件的发生3个方面。[1]

3. 新型职业农民培育存在的现实问题

新型职业农民培育工作在持续推进的过程中面临诸多困境，集中体现在教育培训、认定管理及政策扶持等方面。

在教育培训方面，新型职业农民教育培训体系不完善（徐辉，2016[2]；胡焱，王伯达，2017[3]；马榕璠等，2017[4]），存在很多问题，归结起来主要是以下几点：一是培育目标不准确，很多培训机构仍以劳动力的输出为目标，以城市工业和服务业的人才需求为导向。二是培育生源不足，农村出现了"耕地没人种、牲畜没人养"的问题（罗琴，2019）[5]，康静萍和汪阳（2015）指出，农业经营收益较低、返乡农民工并未大量从事农业生产和留守劳动力优势未得到充分开发。[6]胡焱和王伯达（2017）甚至认为，现有农业劳动力结构性失衡等问题已经成为困扰职业农民培育工作顺利开展的主要因素。[7]三是农民理念落后，对相关的制度、政策不甚了解，培训的内在需求较低，自身层面的职业意识不强，内生动力还没得到有效激发，培训积极性较低（马榕璠等，2017[8]；徐辉，2016[9]；黎家远，2015[10]），而陈建伟（2019）基于倾向值匹配方法的研究发现，新型职业农民身份对农民的农业经营收入具有正的影响。[11]四是培育内容不科学，培训内容重形式，不具实用性，重技术、轻文化，培育内容有待改进。五是培育方式不合理，培育方式重理论、轻实践，重形式、轻文化，培育模式单一，不具长久性，后续配套服务设施缺乏（罗琴，2019）[12]。六是培育主体之间协调合作欠缺，不能有效利用培育资源，充分发挥合力。七是教育培训供给和需求不平衡，两者之间存在差距，基本上是供不应

[1] 康红芹，王国光，庞学光.生命历程理论观照下新型职业农民培育时机研究[J].现代远程教育研究，2019，31（5）：75-84.

[2] 徐辉.新常态下新型职业农民培育机制的构建：基于7省21乡（镇）63个村的调查[J].现代经济探讨，2016（11）：50-54.

[3] 胡焱，王伯达.新型职业农民培育困境及对策研究[J].理论月刊，2017（8）：148-152.

[4] 马榕璠，申健，李凡.全面建成小康社会视域下新型职业农民培育探究：以山西省为例[J].教育理论与实践，2017，37（33）：31-33.

[5] 罗琴.重庆新型职业农民培育的问题及对策分析[J].南方农业，2019，13（34）：88-92.

[6] 康静萍，汪阳.中国新型职业农民短缺及其原因分析：基于安徽省寿县的调查[J].当代经济研究，2015（4）：73-81.

[7] 胡焱，王伯达.新型职业农民培育困境及对策研究[J].理论月刊，2017（8）：148-152.

[8] 马榕璠，申健，李凡.全面建成小康社会视域下新型职业农民培育探究：以山西省为例[J].教育理论与实践，2017,37（33）：31-33.

[9] 徐辉.新常态下新型职业农民培育机制的构建：基于7省21乡（镇）63个村的调查[J].现代经济探讨，2016（11）：50-54.

[10] 黎家远.新型职业农民培育中的财政支持问题研究：以四川省为例[J].农村经济，2015（5）：113-117.

[11] 陈建伟.新型职业农民身份对农业经营收入的影响：基于倾向值匹配方法的分析[J].东岳论丛，2019，40（11）：162-173.

[12] 罗琴.重庆新型职业农民培育的问题及对策分析[J].南方农业，2019，13（34）：88-92.

求（徐辉，2016）[1]，金安彦和刘国强（2015）以沈阳市为例，深入分析了农民培训供给与需求的现状和问题，探究了造成新型职业农民培训供需失衡的原因[2]。

在认定管理方面，认定管理体系还不完善，在认定条件、认定标准和管理 3 个环节都存在一定问题（沈琼，2017）[3]。例如，沈琼（2017）指出，在"一体多元"的培训方式下，我国新型职业农民培育机构混乱，缺乏行之有效的评价标准。[4]颜廷武等（2018）基于武汉市东西湖区的调查发现，新型职业农民的培育中普遍存在管理体制不畅、动力机制不足、竞争机制欠缺等体制机制障碍。[5]胡焱和王伯达（2017）的研究发现，我国新型职业农民培育工作缺乏职业农民资格准入制度。[6]李宏伟等（2017）对我国 22 个试点市县新型职业农民认定管理工作进行研究发现，我国新型职业农民培育中存在着认定标准偏离新型职业农民职业素质要求、认定标准难以涵盖不同类型职业农民的职业属性、缺乏职业区分度、认定管理主体单一，相关利益主体参与不足、认定流程缺乏培训考核环节、信息管理系统的功能发挥不足、动态考核和退出机制有待完善、配套措施缺乏专门的法律法规保障等问题。[7]

政策扶持方面，不少研究者（马榕璠等，2017[8]；许小宁，2017[9]，等等）都指出，当前新型职业农民培育在政策层面的支持力度还不够，扶持政策存在问题，急需加强和完善。徐辉（2016）指出，在新型职业农民培育中，政府角色定位出现偏差，政策激励效果不显著。[10]黎家远（2015）以四川省为例，对新型职业农民培育中的财政支持问题进行了研究，并指出，财政支持是引导和推进新型职业农民培育的重要手段和方式。[11]雷鸣强和吴易雄（2019）指出，我国新型职业农民培育中存在扶持政策不配套的问题，扶持政策的针对性和可操作性不强，很难落实到位。[12]齐乃敏等（2019）指出，江苏省

---

[1] 徐辉. 新常态下新型职业农民培育机制的构建：基于 7 省 21 乡（镇）63 个村的调查 [J]. 现代经济探讨，2016（11）：50–54.

[2] 金安彦，刘国强. 新型职业农民培训供需现状、问题与对策分析：以沈阳市为例 [J]. 农业教育研究，2015（3）：16–19.

[3] 沈琼. 中国新型职业农民培育研究 [M]. 北京：中国农业出版社，2017.11：53.

[4] 沈琼. 中国新型职业农民培育研究 [M]. 北京：中国农业出版社，2017.11：53.

[5] 颜廷武，张露，张俊飚. 对新型职业农民培育的探索与思考：基于武汉市东西湖区的调查 [J]. 华中农业大学学报（社会科学版），2017（3）：35–41.

[6] 胡焱，王伯达. 新型职业农民培育困境及对策研究 [J]. 理论月刊，2017（8）：148–152.

[7] 李宏伟，屈锡华，杨淑婷. 我国 22 个试点新型职业农民认定管理工作的经验、问题及对策 [J]. 农村经济与科技，2017，28（1）：211–215.

[8] 马榕璠，申健，李凡. 全面建成小康社会视域下新型职业农民培育探究：以山西省为例 [J]. 教育理论与实践，2017，37（33）：31–33.

[9] 许小宁. 新型职业农民扶持政策研究 [J]. 青海农技推广，2017（1）：27–28.

[10] 徐辉. 新常态下新型职业农民培育机制的构建：基于 7 省 21 乡（镇）63 个村的调查 [J]. 现代经济探讨，2016（11）：50–54.

[11] 黎家远. 新型职业农民培育中的财政支持问题研究：以四川省为例 [J]. 农村经济，2015（05）：113–117.

[12] 雷鸣强，吴易雄. 关于加强和改进新型职业农民培育工作的思考 [J]. 教育与职业，2019（14）：44–46.

新型职业农民培育扶持政策中存在着省级层面未出台新型职业农民认定管理办法，各地重视程度不一制约扶持政策落地，新型农业经营主体与新型职业农民的扶持政策有待衔接完善，法律政策滞后于农民职业化转型进程，地域间扶持政策不平衡的问题。[1]

4.新型职业农民培育的有效路径探究

不同研究者基于不同视角提出了迥异的新型职业农民培育实践路径。有学者（杨璐璐，2018[2]；徐辉等，2018[3]；植玉娥等，2015[4]；陈利昌，陈菁，2019[5]）从新型职业农民培育的影响因素出发，如植玉娥等（2015）对成都市新型职业农民培训需求进行了调查分析，提出建立多层次、全方位的培训投入机制，科学设置培训内容，创新培训方式，采取系统培训与短期培训相结合，就近培训为主，外地培训为辅等政策建议。[6]徐辉等（2018）提出，应在充分尊重农民职业意愿的基础上，优先遴选出受教育程度高的人员，特别是农业大中专毕业生，为他们提供发展平台和推出配套政策，最终培育出优质的新型职业农民，并让他们获得较高的职业收益，扎根农村发展。[7]有学者（罗琴，2019[8]；徐涌，戴国宝，2013[9]；胡焱，王伯达，2017[10]；颜廷武等，2017[11]；马榕璠等，2017[12]）针对新型职业农民培育中存在的问题提出了相应的解决策略。例如，徐涌和戴国宝（2013）从地位保障、培育主体和培训等方面剖析了我国新型职业农民培育中存在的问题，并提出了相应的对策，强调要全面提升新型职业农民的社会地位，明确新型职业农民培育主体，加大新型职业农民培训力度和政策扶持力度。也有学者（许浩，2012[13]；徐辉，2016[14]；尚锐，

[1] 齐乃敏，蒋平，崔艳梅.江苏省新型职业农民扶持政策现状·存在问题及对策[J].安徽农业科学，2018，46（36）：229-232.

[2] 杨璐璐.乡村振兴视野的新型职业农民培育：浙省个案[J].改革，2018（2）：132-145.

[3] 徐辉，许泱，李红，等.新型职业农民培育影响因素及其精准培育研究：基于7省21县（市、区）63乡（镇）的调研数据[J].江西财经大学学报，2018（3）：86-94.

[4] 植玉娥，庄天慧，刘人瑜.成都市新型职业农民培训需求调查分析[J].西北人口，2015，36（2）：20-24.

[5] 陈利昌，陈菁.新型职业农民培育影响因素的计量分析：基于广州市农村固定观察点农户的调查[J].农业经济，2019（12）：39-41.

[6] 植玉娥，庄天慧，刘人瑜.成都市新型职业农民培训需求调查分析[J].西北人口，2015，36（2）：20-24.

[7] 徐辉，许泱，李红，等.新型职业农民培育影响因素及其精准培育研究：基于7省21县（市、区）63乡（镇）的调研数据[J].江西财经大学学报，2018（3）：86-94.

[8] 罗琴.重庆新型职业农民培育的问题及对策分析[J].南方农业，2019，13（34）：88-92.

[9] 徐涌，戴国宝.我国新型职业农民培育问题与对策研究[J].成人教育，2013，33（5）：77-79.

[10] 胡焱，王伯达.新型职业农民培育困境及对策研究[J].理论月刊，2017（8）：148-152.

[11] 颜廷武，张露，张俊飚.对新型职业农民培育的探索与思考：基于武汉市东西湖区的调查[J].华中农业大学学报（社会科学版），2017（3）：35-41.

[12] 马榕璠，申健，李凡.全面建成小康社会视域下新型职业农民培育探究：以山西省为例[J].教育理论与实践，2017，37（33）：31-33.

[13] 许浩.培育新型职业农民：路径与举措[J].中国远程教育，2012（11）：70-72.

[14] 徐辉.新常态下新型职业农民培育机理：一个理论分析框架[J].农业经济问题，2016，37（8）：9-15，110.

2015[1]；沈红梅等，2014[2]；胡焱，王伯达，2017[3]）从新型职业农民培育体系本身出发，提出要进一步健全新型职业农民培育体制机制。例如，徐辉（2016）对新常态下新型职业农民培育机理进行了理论分析，从个体和群体两个角度阐释了新型职业农民的形成原因，进而分析了新常态下新型职业农民培育的逻辑路径，提出坚持走"内生主导、外生推动"的新型职业农民培育之路。

研究者李延平和王雷（2017）深入探究了农业供给侧结构性改革背景下农村职业教育的使命及变革，提出农村职业教育须坚持面向"三农"，打造以政府为主导、多主体共同参与的教育培训体系，推动农村职业教育的主动变革。[4] 马建富和马欣悦（2017）指出，农村职业教育改革应着力新型职业农民培育，着重农民职业教育培训体系完善，着眼新型职业农民培育制度创新。[5] 杨璐璐（2018）指出，新型职业农民教育培训需坚持需求导向，着重加强教育培训平台建设，以提升农民教育培训的精准性、实效性。[6] 陈春霞和石伟平（2018）对"四化同步"战略下农村职业教育发展的适应性进行了反思。[7] 乔平平（2018）指出，在培育新型职业农民的过程中，要实施分类培养和分型发展机制，拓展新型职业农民的来源和途径，构建严格的农业准入制度，创新新型职业农民培育模式等，确保我国现代化农业的可持续发展。[8] 具体来说，一是增强农民的职业意识（马榕璠等，2017）[9]，提高农民自身的内在需求和积极性，扩大新型职业农民的来源（胡小平，李伟，2014[10]；康静萍，汪阳，2015[11]），以增强培育的有效性。例如，康红芹（2019）在生命历程理论观照下提出，在为新型职业农民创设培育时机时，应将个体能动性纳入培育对象的选拔标准，谋求社会习俗力量与个体选择的协同，以及充分重视当下时境中相关生命事件的发生。[12] 二是建立多元的职业农民培育主体；创新职业农民培育形式（陈

[1] 尚锐.农村合作社组织中新型职业农民胜任素质科学培育机制探究：以黑龙江省为例[J].农业技术经济，2015（7）：114–120.

[2] 沈红梅，霍有光，张国献.新型职业农民培育机制研究：基于农业现代化视阈[J].现代经济探讨，2014（1）：65–69.

[3] 胡焱，王伯达.新型职业农民培育困境及对策研究[J].理论月刊，2017（8）：148–152.

[4] 李延平，王雷.农业供给侧结构性改革背景下农村职业教育的使命及变革[J].教育研究，2017，38（11）：70–74.

[5] 马建富，马欣悦.基于新型职业农民培育的农村职业教育供给侧改革[J].河北师范大学学报（教育科学版），2017，19（6）：54–59.

[6] 杨璐璐.乡村振兴视野的新型职业农民培育：浙省个案[J].改革，2018（2）：132–145.

[7] 陈春霞，石伟平."四化同步"战略下农村职业教育发展的适应性反思：症结与转型[J].现代教育管理，2018（7）：79–83.

[8] 乔平平.基于新型职业农民培育的农村职业教育行动策略[J].教育理论与实践，2016，36（33）：23–25.

[9] 马榕璠，申健，李凡.全面建成小康社会视域下新型职业农民培育探究：以山西省为例[J].教育理论与实践，2017，37（33）：31–33.

[10] 胡小平，李伟.农村人口老龄化背景下新型职业农民培育问题研究[J].四川师范大学学报（社会科学版），2014，41（3）：57–62.

[11] 康静萍，汪阳.中国新型职业农民短缺及其原因分析：基于安徽省寿县的调查[J].当代经济研究，2015（4）：73–81.

[12] 康红芹，王国光，庞学光.生命历程理论观照下新型职业农民培育时机研究[J].现代远程教育研究，2019，31（5）：75–84.

景红，2018）[1]，实行分类培养，分型培训（马建富，2015）[2]；丰富职业农民培育内容（陈利昌，陈菁，2019）[3]。许浩（2012）[4]、王楠等（2019）[5]非常强调新型职业农民培育中的终身学习理念。刘阳和胡晶（2014）认为，新型职业农民教育应该包括对进城农民的职业教育和留村农民的职业教育双重任务。三是充分发挥现代信息技术和科学技术在新型职业农民培育中的重要作用。[6]霍生平等（2019）的研究发现，新型职业农民培育云平台的应用，能有效地实现新型职业农民与创客的智能耦合，因此主张通过加强云平台运营支持，构建农创协作产业支撑体系，提升应用智能信息创业能力，扩大云平台辐射范围来推动新型职业农民培育云平台应用。[7]还有学者（许浩，2012[8]等）强调要发挥远程教育在新型职业农民培育中的优势，加大对新型职业农民远程开放教育培训的投入力度。

认定管理方面，一些学者（吴骏泽，2015[9]；曾文学，2015[10]，等）强调要建立健全的认定管理制度体系。学者梁福生（2018）提出了强化新型职业农民认定管理的工作方案，即以青年农民为认定管理的核心，合理规定认定标准，展现各级农业广播电视学校（以下简称"农广校"）等承办机构的作用，强化绿色证书的作用，实行教育培训绩效管理制度，强化政府扶持政策与宣传工作。[11]还有一些学者（李宏伟等，2016；[12]李宏伟等，2017[13]）在吸收借鉴国外发达国家新型职业农民认定管理相关经验的基础上，根据我国的基本国情及新型职业农民的需求，提出要建立职业资格分类定级制度，制定科学的认定标准等。由于相关研究较少，且研究不够深入，所以确定认定指标等具体问题还没得到有效解决，相关研究有待加强。

政策扶持方面，众多学者强调加强政策支持力度。夏益国和宫春生（2015）提出，

[1] 陈景红.乡村振兴战略下培育新型职业农民策略研究[J].广西社会科学，2018（10）：97-99.

[2] 马建富.新型职业农民培育的职业教育责任及行动策略[J].教育发展研究，2015，35（13）：73-79.

[3] 陈利昌，陈菁.新型职业农民培育影响因素的计量分析：基于广州市农村固定观察点农户的调查[J].农业经济，2019（12）：39-41.

[4] 许浩.培育新型职业农民：路径与举措[J].中国远程教育，2012（11）：70-73.

[5] 王楠，张伟远，荀江凤."互联网+"背景下新型职业农民群体终身学习现状及发展建议研究[J].中国电化教育，2019（6）：63-72.

[6] 刘阳，胡晶.新型城镇化中的新型职业农民教育[J].黑龙江社会科学，2014（5）：82-85.

[7] 霍生平，刘鑫慧，吴易雄.新型职业农民培育云平台的构建及应用[J].经济与管理，2019，33（3）：52-58.

[8] 许浩.培育新型职业农民：路径与举措[J].中国远程教育，2012（11）：72-75.

[9] 吴骏泽.做好新型职业农民认定管理工作的思考[J].农业开发与装备，2015（9）：20.

[10] 曾文学.重庆市长寿区新型职业农民认定管理思考[J].南方农业，2015，9（25）：73-75.

[11] 梁福生.新形势下新型职业农民认定管理工作的思考[J].山西农经，2018（19）：48-49.

[12] 李宏伟，屈锡华，杨淑婷.西方发达国家职业农民认定管理的经验及启示[J].世界农业，2016（3）：39-43，124.

[13] 李宏伟，屈锡华，杨淑婷.我国22个试点新型职业农民认定管理工作的经验、问题及对策[J].农村经济与科技，2017，28（1）：211-215.

政府的政策支持对于实现农业规模化经营和农民职业化之间的互动发展至关重要。[1] 吴易雄（2016）提出，政府要增加新型职业农民接受学历教育和职业培训的机会，同时培养大学生成为新型职业农民，在土地、金融信贷、税收优惠等方面加大对新型职业农民农业生产的政策扶持力度。[2] 还有学者强调要加强新型职业农民培育的政策导向性（许浩，2012），充分发挥政府职能（胡焱，王伯达，2017[3]；陈景红，2018[4]；马建富，2015[5]），完善职业农民投入保障机制（陈利昌，陈菁，2019[6]）。金绍荣和肖前玲（2015）指出，地方政府应在新型职业农民培育过程中扮演好服务供给者、资源整合者、质量监督者的角色，助推各项培育工作有序运行。[7] 马榕璠等（2017）提出，应在设计层面加强政策的宏观调控，在载体层面完善培训整体系统。[8] 康静萍和汪阳（2015）提出，为了顺应农业现代化建设的基本要求，培育新型职业农民要以民为本，加大对培育主体的资金投入，围绕农民增加收入的诉求制定政策。[9] 政府要承担起新型职业农民培育的投资责任，通过制定新型职业农民培养的法律法规、提高农业生产的效益、推进土地适度规模经营等措施，优化新型职业农民的成长环境。[10]

还有学者从宏观层面提出要进一步健全新型职业农民培育体制机制。例如，徐辉（2016）基于新型职业农民培育存在的五大困境，主张建立新型职业农民自主提升机制，优化新型职业农民教育培训机制，健全新型职业农民创业培植机制，深化制度创新培育新型职业农民机制，完善农业政策激励新型职业农民成长机制等培育机制，以协同推进新型职业农民培育。[11] 颜廷武等（2018）提出要面向用户需求，推进供给侧结构性改革是加强新型职业农民培育的必然选择，并提出明确目标与任务，加强组织与管理，精准选择培育对象，配套跟进扶持政策，对完善新型职业农民培育工作至关重要。[12] 黎家远

[1] 夏益国，宫春生. 粮食安全视阈下农业适度规模经营与新型职业农民：耦合机制、国际经验与启示 [J]. 农业经济问题，2015，36（5）：56-64.

[2] 吴易雄. 基于二元 Logistic 模型的新型职业农民农业生产意愿的影响因素及其对策探析 [J]. 当代经济管理，2016，38（11）：40-49.

[3] 胡焱，王伯达. 新型职业农民培育困境及对策研究 [J]. 理论月刊，2017（8）：148-152.

[4] 陈景红. 乡村振兴战略下培育新型职业农民策略研究 [J]. 广西社会科学，2018（10）：97-99.

[5] 马建富. 新型职业农民培育的职业教育责任及行动策略 [J]. 教育发展研究，2015，35（13）：73-79.

[6] 陈利昌，陈菁. 新型职业农民培育影响因素的计量分析：基于广州市农村固定观察点农户的调查 [J]. 农业经济，2019（12）：39-41.

[7] 金绍荣，肖前玲. 新型职业农民培育：地方政府的角色、困境及出路 [J]. 探索，2015（3）：108-112.

[8] 马榕璠，申健，李凡. 全面建成小康社会视域下新型职业农民培育探究：以山西省为例 [J]. 教育理论与实践，2017，37（33）：31-33.

[9] 康静萍，汪阳. 中国新型职业农民短缺及其原因分析：基于安徽省寿县的调查 [J]. 当代经济研究，2015（4）：73-81.

[10] 胡小平，李伟. 农村人口老龄化背景下新型职业农民培育问题研究 [J]. 四川师范大学学报（社会科学版），2014，41（3）：57-62.

[11] 徐辉. 新常态下新型职业农民培育机制的构建：基于7省21乡（镇）63个村的调查 [J]. 现代经济探讨，2016（11）：50-54.

[12] 颜廷武，张露，张俊飚. 对新型职业农民培育的探索与思考：基于武汉市东西湖区的调查 [J]. 华中农业大学学报（社会科学版），2017（3）：35-41.

（2015）提出要构建起包括财政资金投入机制、培训对象瞄准和激励机制、培训对象选择机制在内的新型职业农民培育的财政支持机制。[1]尚锐（2015）将提取的核心胜任特质作为新型职业农民培育的基本内容，并以此建立以心理素质为选拔培育对象的手段，以网络为普及知识素质的平台，以企业 MBA 为提升管理技能的实训基地的科学培育体系。[2]沈红梅等（2014）基于农业现代化视阈，大力推进新型职业农民培育，完善农村人力资本提升的教育机制与人才流动机制，建立科学的职业农民培育培训机制，以及健全职业农民培育外部社会环境的制度机制。[3]童洁等（2015）认为，培育应该从专业化、产业化和组织化 3 个方面展开，并需要建立和完善有利于新型职业农民培育的现代农业产业支持体系、城乡一体化制度支持体系、农业经济组织支持体系和农民教育培训支持体系。[4]赵如和张春和（2016）讨论了我国新型职业农民社会价值的创造与机制构建，提出要构建新型职业农民瞄准和认证机制、实用技术传授和推广机制、经营管理人才培养机制、现代农业服务业发展平台等。[5]

5. 新型职业农民培育模式研究

赵帮宏等（2013）从培育主体出发，将我国当下所有的新型职业农民培育模式总结为"三类十一型"模式，主要包括政府主导模式、政企配合模式和市场运作模式。[6]蔡云凤和闫志利（2014）将我国新型职业农民培育模式总结为 5 种：政府工程模式、院校培育模式、远程教育模式、合作组织模式、推广服务模式。[7]田书芹和王东强（2016）将新型职业农民培育与社区教育相结合，提出了学分制、自助式、信息化、整合化 4 种培育模式。[8]文承辉等（2016）基于产教融合校社（村、园）联动型、创业兴业推动型、农民学院"七位一体"型、校地联动教产衔接型和青年农场主培养型 5 种新型职业农民培育的典型模式，总结了其形成背景和主要做法，分析了典型模式的共性和特性，其中共性主要包括：培育工作主要在政府主导下进行，抓住了重点对象，培育方式适合培育对象，培育内容较为系统，培育模式涵盖教育培训、认定管理和政策扶持，并提出了模式选择的建议。[9]

[1] 黎家远. 新型职业农民培育中的财政支持问题研究：以四川省为例 [J]. 农村经济，2015（5）：113–117.

[2] 尚锐. 农村合作社组织中新型职业农民胜任素质科学培育机制探究：以黑龙江省为例 [J]. 农业技术经济，2015（7）：114–120.

[3] 沈红梅，霍有光，张国献. 新型职业农民培育机制研究：基于农业现代化视阈 [J]. 现代经济探讨，2014（1）：65–69.

[4] 童洁，李宏伟，屈锡华. 我国新型职业农民培育的方向与支持体系构建 [J]. 财经问题研究，2015（4）：91–96.

[5] 赵如，张春和. 论我国新型职业农民社会价值的创造与机制构建 [J]. 求索，2016（9）：48–53.

[6] 赵帮宏，张亮，张润清. 我国新型职业农民培训模式的选择 [J]. 高等农业教育，2013（4）：107–112.

[7] 蔡云凤，闫志利. 中外新型职业农民培育模式比较研究 [J]. 国外职业教育，2014（3）：31–33.

[8] 田书芹，王东强. 论新型城镇化进程中新型职业农民社区教育模式创新 [J]. 继续教育研究，2016（6）：30–31.

[9] 文承辉，魏亚萍，胡越. 新型职业农民培育典型模式研究 [J]. 中国农业教育，2016（6）：35–39.

还有不少学者对某个地区的特色模式进行了详细研究。例如，刘源（2014）[1]、张志增等（2015）[2]对"送教下乡"教育模式进行了研究，认为"送教下乡"教育模式符合农村实际和农民实际需求，是培养新型职业农民的重要途径。王守聪等（2013）对陕西省安康市新型职业农民培育模式进行了研究，认为安康市紧紧围绕农业特色主导产业，依托新型农业经营主体，以农广校为培育主体，探索形成了卓有成效的"安康"模式。[3]吕雅辉等（2018）深入探寻了新型职业农民培育"阳晨模式"，在此模式中，农广校和企业"校企合作"培训机制是基础，政府"自上而下"的保障机制是关键，政府、企业、联盟户间利益联结机制是动力。[4]许淑云等（2019）[5]、陆泉志等（2019）[6]对现代青年农场主培育模式进行了研究，主要包括以农业龙头企业为主阵地的安徽省"荃银高科创新创业试验班"模式，重庆市"五维涵养"培育模式，四川省"分产业、分类型"培育模式等。近年来，新型职业农民培育的"职教集团模式"越来越受欢迎。聂家林和张颖（2019）将淮安新型职业农民培育模式概括为"党建＋三位一体"模式；创新培育内容和形式；创新教学模式，灵活多样授课；优化社会氛围。[7]陈楠和黄宇琨（2018）探索了农业高校主体式参与新型职业农民培育模式，该模式将学校、企业、农民、市场与大学生创业有机地结合起来，发挥政府元治理作用，完善政策激励机制，以目标管理引导各项工作，促进各参与要素协同合作，同时发挥市场导向作用，包括直接参与和间接参与两种类型。[8]

6. 新型职业农民培育的国际经验

周洁红和魏珂（2019）详细梳理了美国、法国、日本新型职业农民培育政策的演变趋势，提出我国新型职业农民培育需以产业为核心，以需求为导向，以制度为基础，合理配置优质资源，推进分层优选分类精培，建立健全新型职业农民培育机制。[9]蔡云凤和闫志利（2014）认为国外新型职业农民的培育模式主要有三种，在比较分析的基础上，提出我国应健全培育体系、强化投入机制、扶植多元主体、创新培育形式、丰富培训内容、加强法律保障等对策和建议。[10]杨柳等（2019）研究发现，美国新型职业农民培育非常

[1] 刘源."送教下乡"教育模式初探[J].农民科技培训，2014（1）：18-20.

[2] 张志增，孙志河，谢勇旗，等.中等职业教育送教下乡的办学模式改革与实践[J].中国职业技术教育，2015（12）：49-55.

[3] 王守聪，赵邦宏，曹琳琳.新型职业农民培育的安康实践与思考[J].农民科技培训，2013（11）：7-9.

[4] 吕雅辉，张润清，张亮，等.新型职业农民培育"阳晨模式"研究[J].农业经济问题，2018（11）：38-49.

[5] 许淑云，刘银来，刘志.黑龙江垦区现代青年农场主培育模式的研究与实践[J].职业，2019（21）：124-125.

[6] 陆泉志，王邕.现代青年农场主培育模式的实践与思考：以"广西现代青年农场主学院"为例[J].当代继续教育，2019，37（1）：54-58.

[7] 聂家林，张颖.淮安"党建＋三位一体"新型职业农民培育模式构建[J].农村经济与科技，2019，30（23）：274-277.

[8] 陈楠，黄宇琨.农业高校主体式参与新型职业农民培育模式研究[J].家畜生态学报，2018，39（9）：91-96.

[9] 周洁红，魏珂.发达国家职业农民培育政策的演变及启示[J].农业经济问题，2019（8）：138-144.

[10] 蔡云凤，闫志利.中外新型职业农民培育模式比较研究[J].国外职业教育，2014（3）：31-33.

重视立法、经费、教育体系、农业试验站、管理技能、风险防范等，我国在培育新型职业农民的问题上可借鉴美国的做法，出台切实可行的法律法规，构建新型职业农民教育与培训体系，鼓励农村年轻人积极参与新农村建设和现代农业发展，同时国家惠农、强农、富农政策应向新型职业农民的培育倾斜。[1] 叶俊焘和米松华（2014）基于农民现代化视角，对新型职业农民培育的国际经验进行了研究，发现发达国家在新型职业农民培育中，重视通过立法来保障新型职业农民教育的发展、重视建立新型职业农民准入制度和保护职业农民的权益。[2]

7. 其他相关研究

有学者基于泛在学习视角发现新型职业农民知识建构的实际应用效果显著，并从增强教师的学习支持服务能力、开拓新型职业农民实践学习途径、设计有价值的协作学习主题资源等方面提出推进泛在学习环境下新型职业农民知识建构的政策建议。[3] 郑雄飞（2018）对新型职业农民的社会利益关系及其协调路径进行了研究。[4] 徐辉等（2018）对新型职业农民农业生产效率进行了实证分析，发现管理因素、环境因素和随机误差对新型职业农民农业生产效率均具有显著影响。[5] 也有研究者深度解读了习近平总书记关于新型职业农民培育的思想。黄顺君（2018）基于习近平总书记关于新型职业农民主体性思想及现实意义的论述，提出要彰显新型职业农民的主体地位，注重唤醒新型职业农民的主体意识，培养新型职业农民的能力等。[6] 梁成艾和黄旭东（2018）认为习近平总书记关于职业农民培育思想的核心在于大力扶持新型农业经营主体，打造新型职业农民队伍，增强新型职业农民的自信，充分发挥新型职业农民在繁荣农村经济、振兴乡村社会、建设美丽家园中的重要作用。[7]

（二）国外研究现状

1. 农民教育培训的作用

大量研究表明，农民教育培训和农业生产率之间存在密切联系（Appleton &

[1] 杨柳，杨帆，蒙生儒 . 美国新型职业农民培育经验与启示 [J]. 农业经济问题，2019（6）：137–144.

[2] 叶俊焘，米松华 . 新型职业农民培育的理论阐释、他国经验与创新路径：基于农民现代化视角 [J]. 江西社会科学，2014，34（4）：199–204.

[3] 孙立，吴易雄 . 泛在学习环境下新型职业农民知识建构研究 [J]. 中国电化教育，2019（6）：73–79.

[4] 郑雄飞 . 职业化与成员权：新型职业农民的社会利益关系及其协调路径优化 [J]. 山东社会科学，2018（5）：28–33，42.

[5] 徐辉，孔令成，张明如 . 新型职业农民农业生产效率的三阶段 DEA 分析 [J]. 华东经济管理，2018，32（8）：177–184.

[6] 黄顺君 . 习近平新型职业农民主体性思想及其现实意义 [J]. 社会科学家，2018（9）：150–156.

[7] 梁成艾，黄旭东 . 习近平职业农民培育思想的历史溯源与内涵解读 [J]. 青海社会科学，2018（4）：20–26.

Balihuta，1996[1]；Asadullah & Rahman，2009[2]）。这方面的研究基本上是在人力资本理论视角下进行的，强调教育培训在增加农民人力资本中的重要作用（Mincer，1974[3]；Ansah & Ernest，2013[4]），包括正规教育培训和非正规教育培训，而两者对农民农业生产的影响也存在差异。例如，相关学者基于对土耳其 23 个城市和 7 个地理区域的 676位农民的调查，探讨了教育、家庭规模、财产规模、职业协会等因素对农民收入的影响。研究发现，正规教育对农民收入水平具有积极影响，而且，利用专家咨询和培训服务等形式的实践教育也可以提高农民的农业生产率和收入。相关实证研究发现，教育对提高农民的农业生产率至关重要，其中，中等教育带来的回报最大，而推广服务对农业生产力的影响比正规教育大。正规教育可以使农民了解知识，非正规教育使农民动手培训更好的耕作方式，使农民与时俱进，改变观念，不断创新。因此，建议政府提高正规教育、推广服务和成人扫盲教育的质量，以及改善影响生产力的因素，例如交通运输和信贷政策等。Reimers 和 Klasen（2012）研究也发现，教育确实对农业生产力具有非常重要的积极影响，其中，小学和中学教育程度具有显著的积极影响，而高等教育的影响微不足道。[5]Jors（2016）研究证明，农民培训在成本合理的情况下，可促进农业的健康可持续发展，而且从培训农民到邻里知识传播可降低培训成本。[6]Nakanoa 等（2018）研究发现，在撒哈拉以南的非洲，农业培训是传播农业新技术的一种有效方法。[7]

2. 农民的培训需求

很多研究者通过实证调查发现，培训需求也会影响新型职业农民的培育。例如，Patil 等（2009）对印度那格浦尔地区奶农的培训需求进行了调查分析。[8] Solomon（2008）对尼日利亚西南部雨林区油棕种植农户的培训需求进行了调查研究。[9]Owona 等（2010）对喀麦隆西南部地区种植橡胶的农民的培训需求的调查研究发现，绝大多数农民对生产

[1] APPLETON S，BALIHUTA A . Education and agricultural productivity: Evidence from Uganda[J]. journal of international development，1996，8（3）：415-444.

[2] ASADULLAH M N, RAHMAN S. Farm productivity and efficiency in rural Bangladesh: the role of education revisited[J]. Applied Economics，2009，41（1）：17-33.

[3] MINCER J, POLACHECK S. Family Investments in Human Capital: Earnings of Women[J]. Journal of Political Economy,1974，82（2）：397-431.

[4] ANSAH S K, ERNEST K. Technical and Vocational Education and Training in Ghana: A Tool for Skill Acquisition and Industrial Development [J]. Journal of Education and Practice . 2013（4）：172-180.

[5] REIMERS M, KLASEN S . Revisiting the Role of Education for Agricultural Productivity[J]. American Journal of Agricultural Economics, 2012，95（1）：131-152.

[6] JORS E，KONRADSEN F，HUICI O，et al. Impact of Training Bolivian Farmers on Integrated Pest Management and Diffusion of Knowledge to Neighboring Farmers[J]. Journal of Agromedicine, 2016，21（2）：200-208.

[7] NAKANO Y, TANAKA Y, OTSUKA K. Impact of training on the intensification of rice farming: evidence from rainfed areas in Tanzania[J]. Agricultural Economics, 2018，49（2）：193-202.

[8] PATIL A P, GAWANDE S H, MRGP N. Training needs of dairy farmers in Nagpur district[J]. Veterinary World, 2009，2（5）：187-190.

[9] SOLOMON O. Identification of Training Needsofoil palm (ElaeisguinensisJocq) Farmers in Rain Forest Zone of South Western Nigeria [J]. Unpublished PhD thesis, University of Agriculture, Abeokuta, 2008: 24.

资料、生产技术等都有很高的培训需求，而年龄、受教育程度和社会经济地位与农民的培训需求表达具有很强的相关性。另外，是否加入橡胶生产协会也与培训需求有显著关系。[1]Kim 等（2012）研究发现，关于农场管理、农业机械操作、营销、储藏和打包、新信息和畜牧养殖、先进的技术和种子等是农户最需要的教育培训项目，而且农户的教育需求在农户的性别、年龄、管理水平、农场规模及信息水平等方面存在显著差异。[2]Haugen（2008）研究发现，挪威女性农民正在由传统农民走向职业农民，职业角色越来越突出。[3]Nougha 等（2017）研究发现，年轻人比老年人更倾向于接受教育培训。[4]

3. 新型职业农民培育模式

在推进农业现代化进程中，世界各国都很重视新型职业农民的培育，探索出了各具特色的新型职业农民培育模式。德国最典型的是"双元制"新型职业农民培育模式，即参训农民必须接受职业学校和企业等校外实训场所的培训，使参训农民的专业知识和技能都得到提升。美国借助自身发展优势，打造了集科研、教育和推广"三位一体"的新型职业农民培育模式。而"农民田间学校"培育模式则在很多国家都得到推行，重视农民在参与和实践中进行培训，有利于农业技术的推广（Moayedi & Azizi, 2011；[5]Berg & Jiggins，2007[6]）。此外，Masato Oda 等（2006）开发了农民 — 研究者合作关系培育模式，即农民和研究者共同开发节水技术，在这一模式中，农民可以贡献自己的想法。[7]国家广播电台（FPS）是孟加拉国进行有效农民教育培训的平台之一，是农民教育机制的有效补充，可以促进农业知识的传播和农业技术的扩散（Hasan 等，2017）[8]。不管是何种模式，都具有本国的特色，也有相同之处，譬如各国都非常重视政府对新型职业农民培育模式的规划引导和政策支持，尤其是英国、法国、德国、日本、韩国等起步较早的国家，非常重视新型职业农民培育的法律保障。

[1] OWONA N, PIERRE –ANDRÉ, NYAKA N,et al. Assessment of training needs of rubber farmers in the South–west region of Cameroon[J]. African Journal of Agricultural Research, 2010，5（17）：2326–2331.

[2] KIM D H, SHINN Y H. Farmers' Educational Needs Assessments for Rural and Farming Education Provided by Agricultural Extension Agencies in Korea[J]. Journal of Agricultural Education and Human Resource Development，2012（9）：23–45.

[3] HAUGEN M S . Female farmers in Norwegian agriculture: From traditional farm women to professional farmers[J]. Sociologia Ruralis, 2008，30（2）：197–209.

[4] NOUGHA A, LUQMAN M, SHIWEI X et al., Farmer field school's training on knowledge level of citrus growers regarding improved production practices[J]. Ciência Rural, 2017: 47.

[5] MOAYEDI A A , AZIZI M . Participatory management opportunity for optimizing in agricultural extension education[J]. Procedia – Social and Behavioral Sciences, 2011, 15: 1531–1534.

[6] BERG H V D , JIGGINS J . Investing in Farmers—The Impacts of Farmer Field Schools in Relation to Integrated Pest Management[J]. World Development, 2007, 35（4）：663–686.

[7] MASATO O, SUKCHAN U， CALDWELL J S. The Invention Model: A New Type of Farmer–Researcher Partnership Created in Developing Water Saving Technologies[J]. IRCAS working report, 2006（47）：115–120.

[8] HASAN M M , MONDAL M N I, ISLAM M N , et al. The effectiveness of farm programmes on Bangladesh Betar in educating farmers[J]. Open Learning, 2017, 32（3）：214–223.

（三）已有研究述评

我国关于新型职业农民培育的相关研究主要集中在内涵探寻、基本特征阐释、影响因素剖析、培育模式介绍、培育路径寻求及介绍国外相关经验等方面，而关于新型职业农民培育的经验、实施成效等方面的研究较少。事实上，这些方面的研究有助于为中国乃至世界其他地区提供新型职业农民培育的有效经验，因此有待加强。国外相关研究起步较早，主要聚焦于农民教育培训的作用、农民教育培训的需求及其影响因素以及新型职业农民培育的模式等方面，相关研究较为丰富。从新型职业农民培育体系的构成来看，国内关于教育培训的研究最为丰富，关于政策扶持的研究次之，而关于认证管理的研究存在"缺口"，是相关研究的短板所在，后续研究过程中需要重点关注。国外关于新型职业农民认证管理的研究较为丰富，美国、德国等国家已形成较为有效的认证管理制度和职业农民认定标准，值得我国参考借鉴。从研究视角来看，国内的研究基本上基于乡村振兴视角、农业现代化视角等外在视角展开，而国外相关研究主要从农民的职业需要和自我可持续发展、人力资本发展等内在视角展开。然而，不管是出于农业现代化发展需要，还是农民自身职业发展需要，抑或是个人的可持续发展需要，都要求各国加强新型职业农民培育研究和相互交流，打造高质量的农村职业教育，进一步完善新型职业农民培育体系。

四、新型职业农民培育的发展趋势

（一）新型职业农民培育制度化

从职业农民到新型职业农民再到高素质农民，概念不断变化的背后反映出农民教育目标定位游离，也能够反映出新型职业农民培育制度的缺失。新型职业农民制度是农村基本经营制度的补充与完善，是畅通城乡人才要素双向流动的制度性安排，是一项指导性而非法规性的制度设计。[1] 所谓"无规矩不成方圆"，这里的"规矩"意味着要构建一种适合新型职业农民培育的制度框架。国内外的广泛实践经验表明，法制化是新型职业农民培育的重要保障。一方面，需要建立新型职业农民培育体系。尽管终身学习思想已经成为国民教育体系建设的重要理论基石，成人教育在开发人力资源以及促进人的可持续发展方面的独特作用已得到了广泛认可，但是成人教育尤其是农民教育的内畅外联且运行高效的制度体系并未完全形成。因此，构建新时代以服务乡村振兴以及城乡融合

[1] 范力军.乡村振兴视角下农民职业化教育体系优化探讨［J］.安徽农学通报，2018，24（22）：12-13，17.

发展为目标的农民教育制度体系，成为培育新型职业农民的关键性制度支撑。另一方面，需要完善新型职业农民培育的认定制度以及保障制度等政策体系。农民职业化或者专业化除了要依靠教育途径的增权赋能，还必须统筹处理好多重制度关系。新型职业农民是农民群体的骨干力量，如何确定培育对象以及如何调动和保障培育对象能够在实现自我发展的基础上服务乡村社会发展，这就需要对之进行系统的制度设计。诸如探索如何赋予新型职业农民与城镇职工同等的养老保险、医疗保险等待遇以及如何建立失业救助及保险制度等。[1]

（二）新型职业农民培育一体化

新型职业农民培育是一个长期化和阶段化交替的系统工程。对象遴选、教育培训、认定管理和政策扶持作为新型职业农民培育的基本流程，各个环节之间不仅可作为独立和可分割的部分存在，还可一起推动新型职业农民培育工程的目标达成。但是，实际操作中，依旧采取化整为零的部分思维，未能从整体层面对新型职业农民进行全局规划。目前新型职业农民培育重心依旧在教育培训上，对认定管理和政策扶持的关注较为缺乏，如何进行标准认定尤其是政策支持着墨较少，似乎陷入了重培训而弱扶持的怪圈，这也是新型职业农民证书含金量不高、吸引力不强的重要因素。对象遴选需要精准识别、教育培训需要专业有效、认定管理需要科学规范、政策扶持需要系统连续。虽然每个环节承担的主要功能有所区别，但是都指向共同的目标，即培育新型职业农民。培育新型职业农民需要全局性的思维进行系统规划，无论从应然还是实然的视角观之，一体化思维和行动方式都理应成为未来新型职业农民培育的重要努力方向。

（三）新型职业农民培训终身化

"活到老学到老"这句话适用于所有人，所以农民群体也不例外。无论基础教育的不足还是高等教育的无缘，抑或是高学历农民，都应该秉持终身学习理念，如此方能适应社会变化乃至成为时代"弄潮儿"。农民职业化的过程也是终身学习的过程，学习型社会中每个人的发展都需要持续不断的学习。教育培训虽然作为新型职业农民培育的一个环节，但并不意味着经过培训并获得认可的农民就能够完全掌握现代农业发展的所有知识和技能，教育培训只是新型职业农民基础能力的入门级培训，顺利通过教育培训只能说明培育对象具备成为合格的新型职业农民的条件，并不代表已经成为优秀的新型职业农民。一方面，终身化意味着新型职业农民培育的过程需要贯穿全程，应在跟踪服务中不断提高培育对象的职业化水平。另一方面，终身化意味着经过认证的新型职业

---

[1]　樊梦瑶，张亮．改革开放四十年我国农民职业化培育的变迁与展望[J]．成人教育，2019，39（10）：43-47．

农民仍旧需要不断学习，根据现代农业发展变化更新知识和技能，一直行走在提升职业化水平的道路上。

（四）新型职业农民培育信息化

由于培育对象分布零散，故组织集中学习的难度较高；另外大数据、云计算以及区块链等现代信息技术的发展有力地促使"互联网+"思维深入融入乡村精准扶智理论构想与实践探索之中，构建精准扶智的供需联动模式，实现由传统的"大水漫灌"式扶智向"精准滴灌"式扶智的范式转型。[1] 简言之，无论从客观困难还是信息技术优势等层面考虑，信息化都必将成为新型职业农民培育的重要趋势。精准扶智供需联动网络平台的打造可以通过政府主导、企业和高校协同攻关的方式进行，同时充分吸收农民教育专家参与其中，以凸显网络平台的技术水准和育人功能。平台打造可以通过政府制定标准，采取购买服务的方式委托第三方专业机构开展。首先，基于乡村精准扶智的现实需要和未来规划形成平台建设标准体系。地方政府要针对精准扶智的总体安排制定平台建设标准体系，秉持以农民为中心的理念，结合精准扶智资源分布情况以及农民学员学习特征，强调网络平台的智能化以及操作简单化，最大限度地方便农民学员使用。其次，精准扶智网络平台具有纵横交错的立交结构特征。纵向上具有层级性，按照行政级别依次递进为乡（镇）—县（市）—省（直辖市）—中央首尾相连的链条式结构，确保精准扶智数据和信息能够"上传下达"。横向上具有模块与区域整合性，不同类型的农村扶贫网络平台可以实现相互嵌入以提高数据之间的共享程度，如与农业广播电视学校的在线学习平台、政府部门的精准扶贫管理平台等进行联接和数据整合；且不同区域之间的网络平台也能够互联互通，在缩小"数据鸿沟"差距的同时也有利于推动精准扶智活动的跨区域交流合作。最后，强化网络平台的技术安全保障。利用区块链技术的"防篡改机制、共监管机制与可追溯机制"[2] 等技术优势能够促进精准扶智过程中对象群体精准、项目安排精准、供需匹配精准、实施成效精准。[3]

（五）新型职业农民培育专业化

未来，农民不仅是一个可以自由选择的职业，还是一门具有一定进入门槛和系统知识技能要求的专业。理念层面来说，专业化是新型职业农民发展的高级形式，也是现代农业发展的内在要求。实施层面来看，专业化主要体现在以下三个方面：一是培育机构

---

[1] 屠明将，吴南中，宋雪菲，等.乡村精准扶智的供需联动模式及其实现路径[J].成人教育，2021，41（12）：49-55.

[2] 湛泳，唐世一.区块链技术促进精准扶贫的创新机制研究[J].宁夏社会科学，2018（3）：69-76.

[3] 屠明将，吴南中，宋雪菲，等.乡村精准扶智的供需联动模式及其实现路径[J].成人教育，2021，41（12）：49-55.

的专业化，即由专业机构做专业事情，在结合农广校系统优势力量的基础之上，积极调动涉农院校、科研院所和涉农企业参与新型职业农民培育，整合职业院校、企业以及农广校的力量，充分利用职教集团、现代学徒制、农民学历教育等多种形式，打造一批新型职业农民培育的专业机构；二是培育内容的专业化，即结合培育对象的特点和现代农业需求，在培育内容上实现针对化和专业化，促进培育对象的职业素养不断提升；三是培育治理的专业化，包括管理队伍的专业化和治理手段的专业化，打造一支懂业务、能力强的管理队伍，并利用信息化方式以及规范化程序等促进治理水平不断提高。

（六）新型职业农民培育多元化

新型职业农民需要一批年轻化、高学历和现代化的高层次涉农人才，针对目前农村空心化、老龄化的现状，采取培育一批在乡骨干力量、吸引一批返乡就业创业人才、储备一批高学历青年生力军的方法，在教育培训、资格认定和政策扶持等方面进行长期化、制度化和系统性的统整规划，着力打造一批职业化程度高、综合素质好、引领带动作用大的新型职业农民队伍，以推进新时代农业农村的高质量发展。具体而言，首先，大力培育乡村骨干力量。种植大户、家庭农场主、农业龙头企业骨干、农民合作社带头人及农业社会化服务能手等生产经营型"新乡贤"是振兴乡村的重要力量，引导和激励其加入新型职业农民培育计划，注重提升其职业素养，唤醒其乡土情怀，充分发挥生产经营型"新乡贤"在乡村振兴中的引领、辐射、带动作用。其次，注重激发返乡就业创业人才的生产活力。鼓励返乡就业创业农民工、退伍军人、大学毕业生等中青年骨干力量加入新型职业农民培育计划。最后，储备一批高学历青年生力军。通过涉农职业院校招录和培养一大批农村有志青年，以"高职扩招100万"与"百万高素质农民学历提升计划"为契机，全面提升新型职业农民的学历层次和综合素质。

第二章

新型职业农民培育的政策变迁

新型职业农民作为政策术语虽然提出的时间并不是很久，但是职业农民的政策演变贯穿中华人民共和国成立以来农村社会发展的全过程。不同时代对促进农民职业化和现代化的政策表述有所不同，但是其精神内核具有一以贯之的持续性。无论是扫盲教育，还是农民工教育培训，抑或是农民素质教育以及新型职业农民培育，皆是针对当时的社会发展需要做出的提升农民素养以不断实现现代化的努力。系统梳理职业农民培育政策的变迁历程，有助于厘清我国农民教育政策的演变逻辑。

一、新型职业农民培育政策的发展历程

（一）农民教育政策的扫盲教育时期（1949—2005 年）

中华人民共和国成立以来，农民教育政策主要是基于政治与经济发展意义而制定、实施的，政策的价值追求是要把旧的生产关系中的文盲塑造成新的社会制度下有文化、有技能的劳动者。这一时期，在扫盲教育政策框架下，扫盲识字教育、政治文化教育与生产技能教育是农民教育政策的基本内容。

1. 中华人民共和国成立以来农民教育政策发展

1949—1966 年，中国共产党将以扫盲识字为主要内容的文化教育作为农民教育的切入点，[1] 在扫盲识字教育的基础上加强农民业余文化教育与生产技术教育，服务于政治经济建设。1950 年，中央人民政府政务院颁布《关于举办工农速成中学和工农干部文化补习学校的指示》，提高农民素质和农村干部水平被提高到巩固革命成果的高度。1955 年，国务院下发《关于加强农民业余文化教育的指示》，要求积极开展农民业余文化教育，对农村文盲开展识字教育，同时兼施政治教育，主要在于改变我国农村文化落后的状态。1956 年，中共中央、国务院下发《关于扫除文盲的决定》，将让广大劳动人民摆脱文盲状态作为一项政治任务来抓，仍然主要开展识字教育，继而提高工农群众的文化知识水平。1957 年，教育部再次下发《关于扫除文盲工作的通知》，根据形势发展，对扫盲工作做出了一些调整，改进了扫盲教育的方式方法。1958 年 9 月，中共中央、国务院颁发《关于教育工作的指示》，扭转了教育与生产劳动脱节的现状，提出了包括农业合作社在内的学校（培训）机构办学校制度，农民教育在这一时期得到了大的发展。此后农民教育以扫盲教育和业余教育为主。1959 年，《中共中央、国务院

---

[1] 樊荣, 秦燕. 中国共产党农民教育政策的演进逻辑（1949—1966）[J]. 内蒙古社会科学（汉文版），2016，37（6）：163–169.

关于在农村中继续扫除文盲和巩固发展业余教育的通知》公布，1960年，中共中央批转教育部党组《关于农村扫盲、业余教育情况和今后工作方针任务的报告》，1961年，中共中央又公布了《关于加强农村扫盲和业余教育工作的领导和管理的通知》，农村扫盲工作和业余文化教育不断加强。1962年12月教育部发布的《关于农村业余教育工作的通知》再一次提出，农村业余教育"积极地、有计划地提高农民的政治、文化水平，培养农村需要的各种初级技术人员，为进一步巩固人民公社集体经济，逐步实现农业的技术改革发挥积极作用"。

2. 改革开放以来农民教育政策发展

改革开放以来，随着农村改革的启动和党的农村工作政策的逐步调整，农民教育工作也在调整中步入正轨，各项农民教育政策相继出台，农民教育机构相继成立，农民教育措施相继推行。[1]伴随着我国扫盲教育政策逐步由功能性扫盲转向发展性扫盲，农民教育政策目标开始多元化，农民逐步走向职业化发展，农民教育逐步转向农民职业技能、休闲娱乐、自我发展等方面的教育。

1979年，《中共中央关于加快农业发展若干问题的决定》规定，农民教育政策的对象从广大普通农民聚焦到了农村工作干部和农业技术人员；培育内容也从业余文化到农业技术再到农业科学技术，逐步向现代化农业开拓，这一切都是基于改革开放的需求出发的。1982年，教育部颁布《县办农民技术学校暂行办法》，以加强农民技术教育，其对象包括社队干部、技术员、教师和一般农民。为了进一步推进农民技术学校的工作，完善学校教材、办学条件等，相关实施细则陆续出台，如1983年的《农牧渔业部、教育部关于编写农民职业技术教育教材的通知》、1984年的《关于农民科学技术学校验收审批后几项工作安排的意见》等。为了适应新时期农村地区经济社会发展，1985年，国家教育委员会关于转发《十二省市农民职业技术教育座谈会纪要》的通知，1986年农牧渔业部颁发《关于改革和加强农民职业技术教育和培训工作的通知》，将农民教育提升到职业化教育层次。随着农村地区经济社会发展现状，农民教育不再局限于识字教育、文化教育、科学技术教育，需要真正融入乡土建设理念，真正扎根农村，建设农村。1987年，国家教育委员会、农牧渔业部、财政部印发《关于颁发乡（镇）农民文化技术学校暂行规定的通知》，提出"培养学员成为热爱农村，建设家乡，有理想、有道德、有文化、有纪律、懂技术、善经营的新型劳动者"。这对农民教育素养首次提出全面的要求。随后基于政策文件要求，开展农村教育试验改革，进一步落实政策要求。《关于农业中等专业学校招收农村青年不包分配班的若干规定》（1988）、《国家教委关于农

---

[1] 储诚炜.1978年以来农民教育政策变迁的基本路径与内在逻辑[J].铜陵职业技术学院学报，2014，13（3）：1-3，9.

村教育改革实验情况的报告》（1989）、《全国农村教育综合改革实验区工作指导纲要（试行）》（1990）和《国家教委关于建立全国地区（市）农村教育综合改革联系点的通知》（1994）等一系列指导性文件的出台，为农民教育政策经验实践提供了有力的政策保障。

20世纪90年代中后期已经逐步进入新世纪，产业结构调整加快，大规模城市化活动加速开展，"打工潮"出现，对这一时期的农民教育工作提出了新的要求，而农村留守群体的教育也是这一时期农民教育的重要内容。[1]随着经济社会的发展，城镇化开始起步，大批农村人口涌入城市，为提升其发展素质和更好地服务城市建设，2001年，教育部颁发《关于中等职业学校面向农村进城务工人员开展职业教育与培训的通知》，2003年，农业部等颁发《2003—2010年全国农民工培训规划》，2004年，教育部印发《农村劳动力转移培训计划》的通知。进入新世纪，2003年9月17日国务院发布《国务院关于进一步加强农村教育工作的决定》，将农民培训与农村职业教育和成人教育（以下简称"职成教育"）融合，高度重视农民文化技术教育；适应农村产业结构调整，推动农村劳动力向二、三产业转移，开始转向农民培训市场化，逐渐凸显对农民懂市场经营的需求。2004年，国务院转批教育部《2003—2007年教育振兴行动计划》，提出实施"农村劳动力转移培训计划"，对进城务工农民进行职业教育和培训；正式提出将"三教统筹"与"农科教"结合，明确农村成人教育要以农民实用技术培训和农村实用人才培养为重点；同年9月，为实施该振兴计划，教育部、国家发展和改革委员会等七部门联合下发《教育部等七部门关于进一步加强职业教育工作的若干意见》，通过多种途径、多种社会资源，把农村职业教育放在农村经济社会发展的重要突出位置，共同推动农民教育工作。

（二）职业农民培育政策的酝酿与准备时期（2005—2012年）

扫盲教育工作结束，但是西部地区、贫困地区与农村地区低文化人群仍然存在，农民教育的政策目标及政策需求已经逐步发生变化，农民教育体系开始纵深发展。早在2003年，随着"三教统筹""新型农民"概念的提出，农村地区教育就将基础教育、职业教育、成人教育逐步整合，充分发挥各阶段、各类型的教育形式作用，为农民培训提供资源。2005年，农业部首次提出培养"职业农民"的要求，随后国务院及有关部委出台了大量的政策文件，就职业农民培养的素质要求、内容、形式及培训项目作出指导，我国新型职业农民培育政策开始进入酝酿与准备期。

"职业农民"具有相应的专业技能，基本上是以从事农业生产经营为其稳定的"职

---

[1] 储诚炜.1978年以来农民教育政策变迁的基本路径与内在逻辑[J].铜陵职业技术学院学报，2014，13（3）：1-3，9.

业"，而不是找不着工作临时救急，也不是兼职，而是实实在在的主业，[1]是在市场化与城市化过程中产生的，为引导其在城乡统筹的经济社会发展过程中出台的一系列政策。2005年，教育部颁发《教育部关于实施农村实用技术培训计划的意见》，针对农民实用技术培训的内容、方法、专兼职教师队伍、经费与检查评估机制提出了政策指导，并于2006年针对农村转移劳动力培训情况进行考核；随着工作的开展，教育部办公厅发布了《教育部办公厅关于2005年教育系统农村劳动力转移培训情况的通报》，农民培训也逐步趋向职业化。2007年，中共中央、国务院发布《关于加强农村实用人才队伍建设和农村人力资源开发的意见》，开始发展"新型农民"培育，对农村实用人才的培训素养及服务对象提出了新的要求；在继承前期农民教育途径与内容政策的基础上，提出培养、服务、评价、激励等4个环节的培训模式，为社会主义新农村建设提供人才保障和智力支撑。2009年，教育部颁发《教育部关于切实做好返乡农民工职业教育和培训等工作的通知》，返乡农民工作为城镇化过程中的一个特殊群体，得到国家农民教育政策的高度关注，主要通过中等职业教育和技能培训来完成。2011年，教育部等九部门为贯彻落实《中华人民共和国国民经济和社会发展第十二个五年规划纲要》和《国家中长期教育改革和发展规划纲要（2010—2020年）》，发布了《关于加快发展面向农村的职业教育的意见》，对办学目标、专业建设、"三教统筹"教育方式、师资与经费保障与管理体制等方面做了全面规定。

该时期的农民教育政策在"新型农民"职业农民"与"三教统筹"等概念之下，逐步酝酿出职业农民培育的相关政策文件，以此逐步适应新时期"三农"发展，引导农民教育实践，实现农村改革发展。

（三）新型职业农民培育政策发展时期（2012年—至今）

"新型职业农民"这个概念是在2012年中央一号文件第一次提出来的，这个概念既借鉴了2006年中央一号文件中的"新型农民"概念，也借鉴了2008年中央一号文件中的"职业农民"概念，2012年政策文本对新型职业农民的表述与2006年、2008年政策文本的表述是完全不同的，体现出概念内涵的递进特征。[2]这一政策概念的变化是在我国新的社会背景下提出来的，意味着我国农民教育政策进入了一个新的时期。

2012年，中央一号文件颁发《关于加快推进农业科技创新 持续增强农产品供给保障能力的若干意见》，首先对农村实用人才的素质提出了新要求，即科技素质、职业技能、经营能力，并创新性提出"新型职业农民"，将农村初高中毕业生、农村青年和返乡农

[1] 张伟.2004—2017年中央一号文件关于新型职业农民培育政策的演变分析[J].河南农业，2018（32）：6-8.
[2] 杜彬.新型职业农民培育政策：变迁特点、效应评析及完善方向[J].继续教育研究，2018（10）：35-40.

民工作为重点培育对象，并就培训资源和奖补政策做出保障。同年农业部办公厅又配套出台了《新型职业农民培育试点工作方案》，探索新型职业农民培育的模式、认定管理办法和后续的政策支持体系。在前期试点工作基础上，农业部继而出台《农业部关于加强农业广播电视学校建设加快构建新型职业农民教育培训体系的意见》，要求充分发挥农村广播电视学校在新型职业农民培育中的主阵地作用，并进一步对农广校培育农民的培养目标、队伍管理和设施条件作了政策规定，以"一主多元"和多元协作机制为保障。2014 年，国务院发布《国务院加快发展现代职业教育的决定》，提出推进农民继续教育工程，加强涉农专业、课程和教材建设，创新农学结合模式；教育部、农业部制定《中等职业学校新型职业农民培养方案试行》，从中等教育的价值功能出发，对新型职业农民培育的对象、目标、学制、专业类别、课程、教学、管理、评价考核及学分制等制度保障全方位地做出政策要求，国家职业教育改革政策将新型职业农民培育纳入其中，农民教育政策的"三教统筹"更加贴合实际。2014 年，农业部、财政部联合发布《关于做好 2014 年农民培训工作的通知》，对农民培训给予强有力的财政保障，为将安排农民培训补助资金政策落到实处，对具体培育工作提出了新的要求，深刻把握培育对象、培育机构及其资金分配三要素，并在培育机制、模式、内容与途径上积极探索。2015 年，中共中央、国务院印发《关于加大改革创新力度 加快农业现代化建设的若干意见》，要求持续巩固农村职业教育在新型职业农民培育中的重要作用；为进一步落实落细农业人才支撑要求，农业部出台《农业部关于统筹开展新型职业农民和农村实用人才认定工作的通知》，对认证办法、认定标准、认定程序，统计、证书发放和管理服务整个环节做了政策规定，继新型职业农民培育认证以后，再次对农民培育目标建立起了评估认证体系。2016 年，中共中央、国务院颁发《关于落实发展新理念加快农业现代化实现全面小康目标的若干意见》，提出拓展新型职业农民培育对象，充实建设现代农业的主导力量；构建职业农民培育体系，将具备职业培训的学历教育与非学历教育资源纳入其中；建立利益成本分担机制，加强财政、金融、保险等支持保障。为了补齐农民素质短板，让广大农民共享现代化成果，2017 年，农业部印发《"十三五"全国新型职业农民培育发展规划》，这是新型职业农民培育政策的极大总结，更加明确了现代化农业产业发展所需的培育对象，科学设置培训内容，分层分类开展培训，结合信息化手段，探索培育模式，并依托学历提升加技能培训两大项目来推动，使"十三五"期间农民教育政策基本定调。2019 年 6 月，农业农村部办公厅、教育部办公厅两部委联合发布《关于做好高职扩招培养高素质农民有关工作的通知》，全面指导培养乡村振兴带头人，启动实施"百万高素质农民学历提升行动计划"，突破学历教育框架，实现学历教育与非学历教育融合，保障农民教育"能力＋学历"一体化人才培养模式的实现。

随着农业农村经济社会的发展加速，农民培育的目标、对象、内容、模式及保障体系都更加完善。至此，我国新型职业农民培育工作进入了政策逐步明确和大力发展的阶段，从 2012 年至今，我国培育新型职业农民的政策保障体系日臻完善，无论是政策地位还是内容体系都得到重要提升和发展，极大地提升了农民文化素质与生产技能。

二、新型职业农民培育政策的过程分析

（一）新型职业农民培育政策环境

教育政策环境在不同程度上影响着教育政策的制定、实施过程与效果。新型职业农民培育，为农村经济社会发展提供人才支撑，涉及农村教育、经济、人口、社会多个层次、多个方面的影响因素，从根本上推动新型职业农民培育政策的制定、执行、实施评估与完善等。

1.“四化同步”上升为新时期“三农”治理的战略思想

农业现代化仍然是一个基础性、关键性问题，农民、农业、农村依然是弱势群体。农业是工业化、信息化、城镇化等三化进程的基础和保障，工业化、信息化、城镇化的起步与发展，离不开农业生产力的发展；而农业生产力的发展从根本上推动城镇化的发展，在城镇化过程中，农业产品及农村劳动力、土地、资本等资源要素的转移，也需要用工业化与信息化的方式来进行。整个社会架构是一个系统，农村经济社会发展与农业现代化实现，迫切需要将“四化同步”上升为新时期“三农”治理的战略思想。

党的十八大报告中提出：“坚持走中国特色新型工业化、信息化、城镇化、农业现代化道路，推动信息化和工业化深度融合、工业化和城镇化良性互动、城镇化和农业现代化相互协调，促进工业化、信息化、城镇化、农业现代化同步发展。”伴随着工业化、信息化、城镇化过程，城市工业与农村农业频繁互动，工业生产能力和城市人口数量不断扩大，社会对农产品、劳动力的需求不断增长，而农业用地和农业劳动力数量则不断减少，这就要求农业产业在较少的土地上，依靠较少的劳动力，生产出更多、更好的农产品。[1] 工业化过程中，为农业提供先进的生产设备，为新农村建设提供现代化工业生产技术。

农业信息化是当今世界农业经济发展的大趋势，是衡量一个地区农业综合生产能力、

[1]　《职业农民培育系列研究》课题组，王飞，郑顺安．“四化同步”新形势下培育职业农民的四点思考 [J]. 农业部管理干部学院学报，2013（2）：76–80.

农业现代化程度和农业经济增长能力的重要标志。2013 年，《农业部关于做好 2013 年农业农村经济工作的意见》明确提出"强化农产品市场体系建设，推进农业信息化服务"，从农业信息化建设规划到建设农业物联网等具体举措都有了政策指导，极大地促进了农业的转型升级发展。加快推进农业信息化建设与普及，是加强农村基础设施建设、改善新农村建设物质条件和现代农业建设的一项重要内容。[1] 自给自足的小农经济，"身份农民"解决的是生存问题；现代农业实行的规模化、组织化、信息化、智能化的生产方式则需要"职业农民"，解决现代化农业发展问题，必须懂得利用现代化信息技术进行工作，充分利用信息平台系统提高自身的职业价值。

城镇化是一个国家经济结构、社会结构和生产方式、生活方式的根本性转变，涉及产业的转型和新产业的成长、城乡社会结构的全面调整以及庞大的基础设施的建设、资源及环境的支撑，以及大量的立法、管理、国民素质提高等方面，它必然是长期积累和长期发展的渐进式过程。[2]2011 年底，中国城镇化率就已经超过 50%，中国开始处在从农村迈向城市的大转型进程中，大部分农业人口从农村转向城镇，部分农村土地或城镇化或荒芜，但是工业化与城镇化比例扩展对农产品需求增大，依靠传统农民和农业发展模式已无法解决供需问题，这就需要懂得集约化经营、管理、生产的新型职业农民。

"四化同步"发展，巩固新时期农业的基础作用，只有培育出大量具有现代科学技术的新型职业农民才能满足这一要求；懂得通过先进技术、规模资本等现代市场经济要素在集约化土地上组织劳动，提高农业现代化水平。在城镇化过程中，准确定位新时期农民身份，区别于传统农民，确立新型职业农民的身份概念，并加强其身份转型，只有专业培育，才能实实在在地跟上信息化、工业化生产。

2. 聚焦新时代农业现代化建设基本要求

基于新时代要求，党中央提出通过构建我国现代农业产业体系、生产体系、经营体系推进我国农业现代化建设。构建"三个体系"是农业现代化思想的基本框架，具体来说，就是进一步完善农业支持保护制度，发展多种形式适度规模经营，培育新型农业经营主体，健全农业社会化服务体系。发展生态农业，逐步、逐地区推进规模化经营，完善我国农业经营体系等一系列推动我国农业现代化发展的有效措施。[3]

农业产业结构、生产方式与经营方式的变革，也需要农民生产、经营能力转变。机械化是当今农业现代化的一个重要标志，基于各国农业现代化发展道路的经验，党中央提出"先合作化，再机械化"，为我国农业现代化发展奠定了基础。在当今的农业生产

[1] 吴易雄 . 农业信息化发展与新型职业农民培养：以湖南省的实践为例 [J]. 职业技术教育，2015，36（22）：49-54.
[2] 陆大道 . 我国的城镇化进程与空间扩张 [J]. 中国城市经济，2007（10）：14-17.
[3] 史晓君 . 浅析中国农业现代化思想的形成和发展进程 [J]. 农家参谋，2019（23）：38-39.

中，机械劳动占据越来越大的比例，2012 年中央一号文件提出"促进农业技术集成化、劳动过程机械化、生产经营信息化"，农业科技是现代化农业建设的决定力量，传统的农民已无法适应现代化农业的生产，新型职业农民的培育工作刻不容缓。

规模化意味着农业经营模式的变革。解决增加农产品有效供给与农业比较利益间的矛盾，解决农户分散经营与提高规模效益的矛盾。解决这些矛盾的根本在于培育适应现代化农业生产方式的新型农业经营管理人才。随着生产效率的提升，规模化生产必然参与市场化竞争，新型农业经营主体以市场为导向，要求具有敏锐的市场意识且能迅速做出反应。新型职业农民培育也是从普惠式职业农民转变为兼顾培训重点培养农村农业干部，继续加大外出务工农民职业技能培训力度，但同时强调重点培训种养能手、科技带头人、农村经纪人和专业合作组织领班人等。2012 年中央一号文件到 2019 年中央一号文件都突出强调了适应机械化、规模化、市场化农业生产实用专门人才的培育。

农业现代化意味着转变农业生产方式，增长生产力靠科技和高素质劳动力，农业实现规模化、产业化、标准化、集约化、信息化，形成优质、高产、高效、安全的新型的现代农业 [1]，迫切需要培养有较高生产技能、有一定管理能力、有较强市场意识的现代农业经营者。

3. 城镇化与乡村振兴战略的内在需求

由于城镇化进程加快，城乡统筹发展，缩小城乡发展差距的任务非常艰巨，城乡一体化建设、乡村振兴战略与乡村脱贫攻坚等一系列政策的出台，对促进四化同步发展、实现小康社会与和谐社会建立等国策都有着至关重要的意义。

我国正处在社会主义转型发展时期，社会发展难免出现断裂层，由于城镇化进程加快，出现了空心村现象，是当前影响农村发展的重要原因之一，不仅造成土地等资源浪费，而且带来人口空心化、管理空心化、经济空心化、文化空心化等问题。[2]伴随着城镇化，进城务工人员增多，农村劳动力人口减少，新生代农民"离农"问题严重，留守农业人群不仅呈现出总量不足，更为严重的是文化和科技素质偏低，"谁来种地""如何种地"成为问题，但是城镇化进程不可逆转。

党的十九大报告提出，实施乡村振兴战略，人才是关键，让越来越多的农民在生产上有能力、在经营上有办法、在精神上有追求，成为真正的新型职业农民，乡村发展才会更加生机勃勃。[3]2018 年，中共中央、国务院颁发《中共中央 国务院关于实施乡村振兴战略的意见》，明确了新时代乡村振兴的战略意义，提升农业装备和信息化水平，

---

[1] 李正梅，周静璇. 农业现代化与新型职业农民培育：基于第二次农业普查数据 [J]. 中国集体经济，2015（30）：1–3.

[2] 于莎，赵义情. 空心村治理下新型职业农民培育研究：基于内生发展理论 [J]. 中国职业技术教育，2018（26）：5–11.

[3] 曲永栋，刘庆帮. 谈乡村振兴战略背景下新型职业农民培育模式 [J]. 中国农村教育，2018（17）：12–14.

壮大新型农业经营主体，培育新产业、新业态，这些都要求汇聚全社会力量，强化乡村振兴人才支撑，这就对新型职业农民培育的规模与质量提出了前所未有的要求。

4. 农村地区人口结构变化的交错影响

农业现代化与城镇化同步发展，二者并不冲突，农村、城镇人口并不是简单的此消彼长的过程，而是存在市民化、逆向回流，甚至相互交错的过程。在城镇化进程中，把农民市民化、农村到城镇的人口迁移并不是我们所追求的，农村人口的迁移及数量结构、质量结构、年龄结构等对扎实推进农业现代化和新农村建设，全面深化农村改革有着错综复杂的影响。

首先是农村人口老龄化问题。在调查中，20岁以下的农民工中高达61%的人留在城市。农业从业人员老龄化、后继乏人问题日益严重。我国农业普查数据显示，我国农村劳动力人口中年满50岁以上的人占农村劳动总人口的52.1%。而相关媒体的报道数据显示，中西部从事农业劳动的都是50~65岁的中老年人，占农村劳动人口总数的75%，这是我国农村劳动力短缺不足的表现，是一种农业人力资源结构性失衡。[1]农村老龄人口是农村小农经济发展过程中传统农民的主要代表，其生产方式、经营方式、市场化意识等都比较滞后，无论是扎实推进农业现代化的基础性作用，还是增强乡村吸引力，缓解农村人口老龄化，都需要新生代农民和更多群体加入到培育行列中。

其次是农村人口流动的影响。农业产业链延伸是农业现代化发展的必然，当前部分农业产业链已经从第一产业延伸到第二、第三产业，农业这个改变也从传统的种植业向涵盖农林牧副渔"大农业"概念延伸。[2]工业化、信息化、市场化是农业现代化建设的必然趋势，在产业转移与产业结构升级中，农民的被迫性流动也是必然的。在政策引导下，返乡农民工回村创业，缓解了农村劳动力人口稀缺问题，其发展趋势必然走向现代化农业。无论是原住农民的生产素质提升，还是离农、回农人员，都必须进行科技、文化、经营管理、生产技术等方面的培训。

最后就是农村人口质量结构。目前我国农村地区从事农业生产的主要是专业大户、返乡农民工、农村留守妇女、初高中毕业生和兼农人员，这也是新型职业农民培育的主要对象来源。有关研究数据显示，当前农业从业人员中，文盲占3.59%，小学文化程度占16.37%，初中文化程度占63.87%，高中文化程度仅为14.97%，大专及以上只有1.0%。[3]在各产业从业人员中，人口素质偏低的仍然是农村农业生产者。新型职业农民的培育，一方面要缓解现代化农业本身的人口短缺和素质不匹配的问题；另一方面，要解决农村

[1] 邓太平, 胡钟平. 农村劳动人口老龄化背景下的新型职业农民培育研究 [J]. 新农业, 2017（21）: 46-49.

[2] 杜彬. 新型职业农民培育政策: 变迁特点、效应评析及完善方向 [J]. 继续教育研究, 2018（10）: 35-40.

[3] 沈琼. 农业从业人员与农业生产的匹配性分析 [J]. 农村经济, 2015（1）: 116-120.

劳动力人口向第二、第三产业转移过程中出现的现有农业劳动力老龄化、规模不足、产业素养不足等问题。

5.终身教育与职业教育现代化发展要求

新型职业农民又可以称为"农业工人"，把农业当作一种职业，所接受的教育为在职教育，涉及非学历教育、补偿教育、成人教育、职业教育等多个教育范畴，新型职业农民培育是教育与经济相互作用的一个重要耦合机制，加强新时期新型职业农民培育也是终身教育与职业教育现代化发展的重要内容。

新型职业农民培育是一项复杂而艰巨的基础性工程和创新性工作，需要深入研究新型职业农民培育的实现路径、方式方法等一系列问题，需要立足于构建学习型社会的格局，树立大教育、大培训的理念，新型职业农民需要不断学习新知识、提高素质、适应社会发展的需要以解决当前新型职业农民培育资源短缺、培育内容过窄等一系列问题。[1]农业部、教育部以及二部联合颁布的许多政策文件都积极强调农业广播电视大学、农技校、中等职业教育，以及高等教育涉农专业等，加强新型职业农民培育，为农村经济社会发展提供人才支撑。

职业教育作为新型职业农民培育的实践路径也逐渐上升为政策关切的重要问题，新型职业农民培育政策从职业农民培育政策与"三教统筹"的融合演进而来。职成教育受终身教育思想的影响，其政策导向也逐渐清晰，逐渐将新型职业农民培育采纳为终身教育的重要内容。2019年，国务院颁发《国家职业教育改革实施方案》，明确了职业教育学历教育与在职培训双重职能；并重申积极发展现代农业职业教育，建立公益性农民培养培训制度，大力培养新型职业农民。

（二）新型职业农民培育政策目标群体的变化

职业农民是国家工业化、城市化达到一定水平后应运而生的一种新型职业群体，也是农业内部分工、农民自身分化的必然结果。[2]传统农民—新型农民—新型职业农民的角色转化过程不仅仅是文字表述的变化，更体现内涵及特征的变化，政策目标群体术语的变化，是政策对象属性、身份、要求等一系列变化。[3]

最初的农民教育政策目标群体是"农村"地域范畴和农业生产主体的职业范畴相互交叉而产生的。2003年，农业部印发的《关于做好2003年科教兴农工作的意见》首次使用"新型农民"概念，主要培养对象是农村剩余劳动力。2005年，《教育部关于实施

[1] 金玲，陈冬，刘晓梅.以终身教育理念构建新型职业农民培育新格局的思考[J].农民科技培训，2019（3）：33-35.

[2] 陈中建，倪德华，金小燕.新型职业农民素质能力与责任担当[M].北京：中国农业科学技术出版社，2016：3.

[3] 刘西涛.现代农业视角下新型职业农民培育：现实困境与制度设计[J].职业技术教育，2016，37（13）：60-64.

农村实用技术培训计划的意见》已开始逐步将全部乡村劳动力纳入到培育对象中来。随着"四化同步"发展要求的提出，农村人口既有身份未变流向城镇的，也有返乡农民工；既有农业生产人员，也有农业服务、管理与经营人员。2007年，中共中央、国务院发布《中共中央办公厅、国务院办公厅关于加强农村实用人才队伍建设和农村人力资源开发的意见》，将农村实用人才的实用能力作为培养目标，一是将农村建设各领域的科教文卫人才纳入其中；二是将城镇化过程中，农村生产要素变迁的农村青年、被征地农民、回乡创业的外出务工人员；三是农村组织建设农村党员和基层干部。至此，农民教育政策目标群体的范畴扩大，早已超出"传统农民"的概念。

随着城乡统筹发展的进程加快，农民教育政策逐步扩展为农村教育政策，农民教育政策逐步关注到农村剩余劳动力和新生代农民等教育目标群体。2005年，《农业部关于实施农村实用人才培养"百万中专生计划"的意见》中，将具有初中（或相当于初中）及以上文化程度，从事农业生产、经营、服务以及农村经济社会发展等领域的职业农民作为培养对象范围；同时将村组干部、专业农户、农民合作经济组织骨干、农村经纪人、远程教育接收站点管理员、复转军人以及农村应届初高中毕业生等潜在的新生代农民和服务农村发展的人员纳入其中。随着终身教育理念的深入，农民教育也不再局限于非学历教育、社会教育范畴，而是逐步纳入学历继续教育范畴，农民教育政策目标群体接受继续教育的政策也变得更加多元。2011年，教育部等九部门联合发布《关于加快发展面向农村的职业教育的意见》，提出从农村职业教育发展的角度，致力于培养现代农业专业人才、经营人才、创业人才和新型农民，以此作为培养对象，更是农村职业教育的培养目标。2012年，中共中央、国务院印发《关于加快推进农业科技创新持续增强农产品供给保障能力的若干意见》，提出加快培养农村发展带头人（村干部、农民专业合作社负责人、到村任职大学生）、农村生产经营型人才（民植保员、防疫员、水利员、信息员、沼气工等农村技能服务型人才，种养大户、农机大户、经纪人）和未升学的农村初高中毕业生（潜在的新生代农民）。2017年，农业部印发《"十三五"全国新型职业农民培育发展规划》，首次对农民教育政策目标群体进行全面的科学界定，使新型职业农民培育政策的指向更加明确，同时建立起多维度培养对象遴选制度。一是从类型上明确新型农业经营主体和农业社会化服务主体两类，前者是根据新型职业农民素养定位，将专业大户、家庭农场经营者、农民合作社带头人、农业企业骨干和返乡下乡涉农创业者、农业工人作为专业技能型职业农民培育对象，后者是将从事农业产前、产中、产后服务农村建设的新型职业农民纳入培育对象范围。二是根据分层培养需要分渠道、分阶梯建立培育对象队伍，以务农农民为培训提高的对象，把农村创业兴业的农民工、中高等院校毕业生、退役士兵、科技人员等作为吸引发展的对象，把接受中、高等职业教育的农民和涉农专业在校学生作为培养储备的对象，这一种分法既阐述了当前农民教育对象的来源，也明确了农民教育政策发展的目标群体。

新型职业农民培育政策目标群体的变化，是对农村经济生产机械化、规模化、集约化、市场化过程中，以及农村城镇化过程中农民身份变化的准确把握。城镇化过程中出现了进程务工人员、返乡农民工、留守农民，推进了农民市民化培育；规模化与机械化生产过程中，部分农业产业链已经从第一产业延伸到第二、第三产业，出现了专业大户、龙头企业及家庭农场经营者，也有农村教育过程中出现的农科大中专毕业生、返乡青年农民工、复转军人等新生代职业农民。政策目标群体的变化体现了我国农村从封闭走向开放、农业从传统走向现代、农民身份走向职业，是农民专业化发展的要求，是我国农村社会经济转型升级和农业现代化发展的要求。

（三）新型职业农民培育政策目标演变

教育政策的产生与发展有着不同的出发点，一是现实的政策问题；二是理想导向的教育政策。在持续性的教育政策中，问题确认与理想建构是交错的。农民教育政策问题是一个具有历史永久持续性的问题，不同发展阶段衍生出不同的问题，新型职业农民培育政策问题的产生与发展既是历史问题，也是现实问题。政策问题的产生与发展过程中，政策目标群体不断嬗变，政策部门主体的价值偏好也在发生变化，影响着政策目标的演变。

"新型职业农民"概念经历了农民—新型农民—职业农民—新型职业农民的发展历程。中华人民共和国从初期到改革开放很长一段时间，农民教育政策主要围绕扫盲教育工作展开，政策目标在于提高农民的识字水平、政治思想与生产技能。改革开放后期，农村经济体制机制改革，农业生产方式变迁，迫切需要各类农村建设人才，鼓励开展多种形式的农民教育，开始逐步出现许多新的问题，催生着农民教育政策目标的演变。

首次使用"新型农民"的概念是在2003年农业部印发的《关于做好2003年科教兴农工作的意见》中，文件指出启动"新型农民创业培植工程"，其目标是为实施科教兴农提供人才支撑，从农村剩余劳动力中培育特色优秀人才；农业部特制定《2003—2010年全国新型农民科技培训规划》，旨在大力提高农民科技文化素质，新型农民概念的提出，最核心的要求就是科学生产的素养；事实上，培养农民的科技文化素养始终是一个外部导向，农民内在需求的激发则是农业教育政策进程中更复杂的任务，也正是如此，概念的不断变化就是需要不断让农民获得符合时代要求的身份认同。随着新型职业农民概念的确定，内涵也不断得到深化，最核心的就是提出文化、技术、经营与管理四大要素；2005年，党的十六届五中全会审议通过《中共中央关于制定国民经济和社会发展第十一个五年规划的建议》，主要致力于提升新生代农民工职业技能。2007 年，中共中央、国务院发布《中共中央办公厅、国务院办公厅关于加强农村实用人才队伍建设和农村人力资源开发的意见》，提出培养有文化、懂技术、会经营的新型农民，目标在于为建设社会主义新农村、实现全面建设小康社会奋斗目标的新要求，提供有力的人才保证和智力支持。

2005 年农业部颁布的《农业部关于实施农村实用人才培养"百万中专生计划"的意见》首次提出"职业农民"这一概念，从农村建设这一角度将农民纳入职业化范畴，实现了传统小农经济到现代化农业的定位转变。2012 年中央一号文件正式使用"新型职业农民"概念，在政策目标上更加综合，随后《国务院关于加快发展现代职业教育的决定》《新型职业农民培育试点工作方案》《职业教育与继续教育 2015 年工作要点》和《中等职业学校新型职业农民培养方案试行》等各类文件从职业教育与培训方面落实与推动该政策，也不断提升其政策价值，以此推进各项政策落地。至此，我国农村人才培养完成了从全面普及提高、以农村劳动力转移为重点的农民培训到以农村精英为重点的新型职业农民培育的转变，明确回答了"谁来种田""谁来种好田""谁来服务"的现实问题。[1] "新型农民"这一概念首先是从农村经济社会发展的需求端提出的，"职业农民"最初则是从农村实用人才的供给端提出的，新型职业农民的耦合是农村实用人才的供需对接，也是为建设社会主义新农村提供人才支撑的目的与方式关系的对接。

新型职业农民培育政策的目标演变，首先是理想建构，随后在制定与执行过程中衍生政策问题，进而在政策移植与政策扩展过程中赋予新的政策目标，例如城乡统筹、乡村振兴战略、"四化"同步发展、乡村脱贫攻坚、农业现代化与社会主义新农村建设等。

（四）新型职业农民培育政策主体分析

新型职业农民培育政策，在横向结构上涉及教育、农业以及财政等多个领域；纵向结构上，从中央政府部门到地方政府部门再到农村涉农组织多个层次；新型职业农民培育政策涉及多个政策主体，贯穿农民教育政策的制定、执行与评估等多个环节，强调政府决策（执行）部门、专业化政策研究者以及政策目标群体之间的合作与参与。不同的政策主体的价值诉求及其关系多变，形成了独特的政策领域。

1. 新型职业农民培育政策制定主体

农业部既是新型职业农民培育政策的主要设计者，也是具体实施者。为了推进政策要求落实到位，积极细化中共中央、国务院的政策，农业部和教育部牵头，协调人力资

---

[1] 张伟.2004—2017 年中央一号文件关于新型职业农民培育政策的演变分析 [J]. 河南农业，2018（32）：6–8.

源和社会保障部、财政部等相关部门，协同组织实施新型职业农民培育。新型职业农民培育政策的政策地位与政策目标不同，涉及的政策主体也会不同，《全国农业现代化规划（2016—2020 年）》在制定规划时，为保障政策实施，得到多部门支持，不仅涉及了农业部、人力资源和社会保障部，还包括中央组织部、教育部、财政部、水利部、国家林业局（现国家林业和草原局，下文同）、共青团中央等多个部门的职能职责。

为了保证政策实施效果，中央农广校不仅深入基层地市级农广校等垂直机构调研，开展摸底排查，了解办学情况，结合当地产业需要和农民实际需求，探讨培育方法，确定培育的目标方向，还加强与农业研究机构、农业大学、农业职业院校、农业园区、农业企业等农民实训基地之间的联系和沟通，通过召开会议等形式讨论培育政策的相关问题。[1]

2. 政策实施主体

新型职业农民培育政策的实施主体是一个多层级、多方面的政策主体结构，从政策发挥作用来看，分为政策直接实施主体与政策支持主体；从政策主体性质来看，可以分为政府组织、市场组织和第三方社会组织，参与新型职业农民培育的实施与评估主体。

首先是政策推动主体的政府组织。从纵向组织看，基本形成了中央、地方（省、市、县、乡）；从横向组织看，涉及农业、教育、人社、财政、科技等部门，各层级部门按照上级部门培训的要求，分部门、分层次制订计划，分别组织实施职业教育培训。在各个横向部门中，新型职业农民培育政策主要是涉农部门，地方各级政府也积极落实中央政策，做好制度规范，规范培训方式，省级农业主管部门则负责加强对省域内农民教育工作的指导，推动培训工作开展。县级农业行政主管部门牵头组织落实区域内培育工作，既有政策实施细则，也有机构、培训方式等具体安排。各级农民科技培育中心、农业广播电视学校参与其中，负责具体实施工作，开展机构合作、培育内容、方式与模式探索。

其次学校组织发挥非学历教育培训功能，主动参与新型职业农民培育工作，完成社会培训的职责，主要有涉农高校、高职院校与中职学校等已成为新型职业农民的培育主体。按照学校层级发挥培训职责，形成了以省级农业高校为主，地方职业院校为辅，社会培训机构为补充的三级培训体系，根据不同学历阶段、不同培养目标，共同推动新型职业农民的技能、文化培训和学历提升。

最后是第三方组织，也是新时期新型职业农民培育政策拓展的主要政策实施主体，并逐步形成"一主多元"的新型职业农民教育培训体系，主要实施农业技术培训与推广。参与实践培育的主体有国有农场、农业企业、乡镇实验站、农技推广中心建立实训基地。

---

[1] 冯晓霞，朱慧. 乡村振兴的新型职业农民培育：政策创新及启示 [J]. 未来与发展，2019，43（7）：39-44.

政策将高等学校、科研院所与农技推广机构作为公益性农技推广的重要力量，强化服务"三农"，履行服务农村经济社会发展的职责。建立利益补偿机制，扶持农民专业合作社、供销合作社、专业技术协会、农民用水合作组织、涉农企业等社会力量广泛参与农业产前、产中、产后服务人才的培育。鼓励和支持涉农企业、农业园区、农民合作社等市场主体建立实训基地。

（五）新型职业农民培育政策工具的运用

政策工具是政府推行政策的手段，也是政府在部署与执行政策时拥有的实际方法和手段。政策工具通过政府的资源（资金、规则以及权威）发挥作用，通过使用这些资源影响个人和组织的行为。[1]政策工具分为权威工具、激励工具、象征与劝诫工具、能力建设工具、系统变革工具和学习工具等，新型职业农民培育政策的制定与执行正是基于不同类型工具的功能而选择各类政策工具。

①权威政策工具。不同时期基于不同的政策要求，新型职业农民培育政策工具的强烈程度也是不同的，表现为自愿行动到强制义务连续性。权威工具的选用在政策术语上表达非常刚性，如许可、资格、认定与标准等，例如农业部在积极试点探索新型职业农民培育工作基础上制定的《新型职业农民培训规范编制计划》，也是学习工具运用后期阶段的选择。2015 年，《中共中央 国务院关于落实发展新理念加快农业现代化 实现全面小康目标的若干意见》提出，将新型职业农民培育纳入国家教育培训发展规划，从国家层面与农业现代化战略高度体现了其政策地位，2017 年，《"十三五"全国新型职业农民培育发展规划》要求规范认定、科学管理，加强新型职业农民培育的规范性，并强化监督考核，这些政策术语的运用就是基于权威性政策工具的选择。

②激励性政策工具。激励性政策工具是配合权威政策工具，直击政策目标群体利益的政策工具，是新型职业农民培育政策的主要运用工具。为了鼓励不同政策主体实施新型职业农民培育以及不同政策目标群体参与到培训工作中来，通过经济杠杆等发挥政策作用。要发挥激励性政策工具，必须是直接相关利益者。新型职业农民培育的激励性政策工具使用主要有两类：一是新型职业农民培育的资源供给主体，主要是涉农组织和（非）学历教育涉农院校，建立价值代偿制度，鼓励参与到培训中来；二是参与农民培育甚至农村工作的服务、管理与经营人员；并针对不同主体、身份的农民提供不同的激励性回报，主要包括市场准入、土地流转、产业扶持、财政补贴、金融保险、社会保障、人才奖励激励、用地用电、创业技能培训等，甚至为个体提供城镇职工养老、医疗等社会保障。

---

[1] 陈学飞 . 教育政策研究基础 [M]. 北京 : 人民教育出版社，2011：318.

③象征与劝诫工具。主要是从价值理念的角度提升政策实施、执行与评估主体对政策目标的关注，新型职业农民培育政策的背景意义呈现于政策宣讲就是对基本象征工具的选择。象征与劝诫工具路径也是多样的，一是各类宣传平台的建设，例如政府开通"中国新型职业农民"微信公众服务订阅号，及时发布全国及各省市关于新型职业农民培育的政策及工作进展，使农民了解政策，打造国家农业科技服务云平台；开通"中国新型职业农民网"，通过信息化、网络化手段执行"培育新型职业农民"政策。二是常用的政策解读和新闻发布会等方式，例如每一个新型职业农民培育政策文件的出台，都会聘请政策专家进行政策解读，通过舆论期刊等进行积极的宣讲。

④系统变革工具。政府权威在个人与机构之间的转移，组织结构的变化在于改变权力、利益达到一定的政策效果。新型职业农民培育政策作为新时期农业现代化发展的重要内容，在一定程度上，采用这一类型工具为农业现代化发展提供人才支撑。新型职业农民培育资源稀缺是主要的问题，因此政府积极采用系统变革工具，开放培育资源，逐步形成以各类公益性涉农培训机构为主体、多种资源和市场主体共同参与的"一主多元"新型职业农民教育培训体系，同时达到培育效果，为广大农村培育实用人才。政府为加强新型职业农民的培养教育，增加社区教育中心、村民学校的数量，将鼓励农民参加职业技能培训的职责交给家庭和社会，为并为其提供环境支持。[1]各项农民教育政策将涉农的学校教育主体、企业主体、市场主体以及各类社会机构纳入其中，建立起培训体系，就是系统变革工具的具体运用。从环境支持到培育制度再到参与主体的丰富，都是采取一系列配套政策进行系统推进。

⑤学习工具。在政策制定与实施遇到不知道、不确定的情况时，所使用的政策工具往往会通过配套文件与研发下位文件来补充，新型职业农民培育政策不断完善的过程就是对学习工具的选择过程。2012 年，农业部虽然提出并颁布了《新型职业农民培育试点方案》，但是具体培育政策与支持政策并没有形成可行性措施，而是鼓励政策参与主体积极探索新型职业农民培育模式、认定管理办法等，要求试点单位在试点结束后提交一套新型职业农民培育的规范性文件，在不断试点探索过程中完善政策。2013 年，农业部颁发《关于新型职业农民培育试点工作的指导意见》，提出明确的规范性意见，与此同时，进一步细化与政策落地要求试点单位继续积极探索构建新型职业农民教育培训制度。2016 年，农业部、财政部颁发《关于做好 2016 年新型职业农民培育工作的通知》，对培育制度体系、培育机制、培育对象、培育主体、培育方式以及配套制度做了详尽的规定，基本上是在前期政策探索基础上完善的。

政府在制定、实施与执行新型职业农民培育政策时，与其他政策一样，选择政策工

---

[1]　陈学飞.教育政策研究基础[M].北京：人民教育出版社，2011：318.

具往往是多个政策工具的组合，而且在不同时期对政策工具的选用会有偏向。在政策制定初期，会较少使用权威工具，会更多使用学习工具，鼓励新型职业农民培育试点县、单位探索，取得丰富的政策经验，积极推广过程则逐步转向权威性强制政策工具，或者基于重大发展战略推动政策实施，也会转向政策权威工具的运用。同时由于培育资源的不足，以及充分发挥市场化以及第三空间的社会组织，会较多地使用激励工具、系统变革工具，转移政府职能，鼓励更多的政策主体参与其中，而象征与劝诫工具使用的频繁程度，与我国政策落实体制有着极大的关系，是常用的政策工具之一。

三、新型职业农民培育政策的结构分析

（一）新型职业农民教育政策系统结构

我国政策系统具有较强的科层性。新型职业农民培育政策纵向的政策体系以及政策实施与执行体系既有统一性也有实践性，主要包括中央政策、地方政策与基层政策 3 个层次，它们相互调试与影响。在横向分布上，农业农村委员会、人力资源社会保障部牵头，中央组织部、教育部、财政部、水利部、国家林业局、共青团中央等多个部门协同，有单独的部门文件，也有联合发布的文件。

1. 新型职业农民培育政策分层结构

新型职业农民培育是新时期实现农业现代化、"四化"同步发展以及乡村振兴战略等要求的重要支点之一。国家高度重视新型职业农民教育培养工作，围绕培育政策，制定与完善了许多政策文件。首先是历年来中央一号文件对新型职业农民政策的指导意见，自 2012 年"新型职业农民"概念提出，为不断强化其重要性，2012—2019 年的中央一号文件从不同方面、不同程度为新型职业农民培育提出了指导性意见，见表 2.1。

表 2.1　2012—2019 年中央 1 号文件关于新型职业农民培育的意见

年份	政策文件	政策主题	新型职业农民培育政策表述
2012 年	《关于加快推进农业科技创新持续增强农产品供给保障能力的若干意见》	加强对职业农民的教育培训，建设新型的人才队伍，用科技创新引导现代农业	明确提出大力培育新型职业农民的要求，培养农业科技人才和大力培训农村实用人才
2013 年	《关于加快发展现代农业进一步增强农村发展活力的若干意见》	加大农村改革力度、政策扶持力度、科技驱动力度	大力培育新型职业农民和农村实用人才，着力加强农业职业教育和职业培训

年份	政策文件	政策主题	新型职业农民培育政策表述
2014 年	《关于全面深化农村改革加快推进农业现代化的若干意见》	完善城乡一体化机制，利用改革创新加快城乡一体化	中央财政对农民培训进行资金补助，支持开展培育工作
2015 年	《关于加大改革创新力度加快农业现代化建设的若干意见》	突破传统的农业发展方式，深化农村改革，优化农业结构	实施新的培育工程、形成教育培训体系、建立培育制度
2016 年	《关于落实发展新理念加快农业现代化实现全面小康目标的若干意见》	夯实现代农业基础；深入推进农村改革；加强和改善党对"三农"工作指导	将新型职业农民培育纳入国家教育培训发展规划，基本形成新型职业农民教育培训体系
2017 年	《关于深入推进农业供给侧结构性改革加快培育农业农村新动能的若干意见》	以推进农业供给侧结构性改革为主线，围绕农业增效、农民增收、农村增绿，加强科技创新引领，加快结构调整步伐，加大农村改革力度	探索培育农业职业经理人，培养适应现代农业发展需要的新农民
2018 年	《中共中央 国务院关于实施乡村振兴战略的意见》	紧抓"三农"工作，提升农业发展质量，推进乡村绿色发展，提高农村民生保障水平等实施乡村振兴战略	健全覆盖城乡的公共就业服务体系，大规模开展职业技能培训，促进农民工多渠道转移就业，提高就业质量
2019 年	《关于坚持农业农村优先发展做好"三农"工作的若干意见》	坚持农业农村优先发展总方针，以实施乡村振兴战略为总抓手，对标全面建成小康社会"三农"工作	落实更加积极的就业政策，加强就业服务和职业技能培训，促进农村劳动力多渠道转移就业和增收

　　新型职业农民培育属于农村、职业培训范畴，既涉及农业与教育两个领域，《中华人民共和国农业法》和《中华人民共和国职业教育法》是基本的指导法；也包括年度政府工作报告与国民经济和社会发展五年规划纲要等对新型职业农民培育的政策要求。与此同时，在阶段性的国家发展规划的政策文件中，从农业与教育发展两个角度，或强调新型职业农民培育的重要地位，或提出指导性建议，例如《国务院关于大力发展职业教育的决定》（2005）、《国务院关于加快发展现代职业教育的决定》（2014）、《关于引导农村土地经营权有序流转发展农业适度规模经营的意见》（2014）、《全国农业现代化规划（2016—2020 年）》、《国家乡村振兴战略规划（2018—2022 年）》，作为新型职业农民培育的支持性政策提出了若干意见。

　　在国家经济社会综合改革的政策框架下，国务院各部委也积极出台相关政策文件对新型职业农民培育提出指导性意见。一是农业部及农业办公厅办法的规范性、指导性文件以及部分配套文件，例如《关于实施农村实用人才培养"百万中专生计划"的意见》《新型职业农民培育试点工作方案》《新型职业农民培育试点工作的指导意见》《关于做好新型职业农民培育师资库建设的通知》。二是教育部门从职业培育角度履行新型职业农民培育职责颁发的政策文件，例如《教育部关于实施农村实用技术培训计划的意见》《关于扩大中等职业教育免学费政策范围进一步完善助学金制度的意见》《新型职业农民中等职业教育资助办法》。三是基于各部门协同实施新型职业农民培育的政策文件。2006年印发的《中央财政新型农民科技培训补助资金管理暂行办法》，2011年发布的《关于加快发展面向农村的职业教育的意见》，2014年编制的《现代职业教育体系建设规划（2014—2020年）》等文件都是多个部门联合发文和实施的对新型职业农民培育规范与支持性政策提出指导意见。

国家层面出台的政策，地方政府也积极落实，并对应国家规范性、指导性的政策文件，以及配套文件。一是新型职业农民培育工作推进实施方案，尤其是农业部《关于新型职业农民培育的试点工作实施方案》（2012）与《关于新型职业农民培育试点工作的指导意见》（2013）颁布以来，各省市积极出台了地方性的工作实施方案。二是配套政策，为落实国家政策要求，地方政府更细致、更系统地制定了地方政策文件，包括整省推进工作方案、培训大纲、认定管理办法、认定实施细则、教学资源库建设，以及扶持新型农业经营主体贷款贴息资金管理办法、新型职业农民社会保险补贴办法、培育机构认定工作等保障性制度。

2. 新型职业农民培育政策横向分布

新型职业农民培育政策的纵向分层，从中共中央、国务院到农业部、人力资源社会保障部牵头，中央组织部、教育部、财政部、水利部、国家林业局、共青团中央等官方部门，再到省市县地方政府各部门的政策文件，各层之间对应非常紧密。各政策层在横向分布上也涉及了多个范畴。首先在国家层面，新型职业农民培育的指导性意见，一是通过专门性的农业发展与教育改革性的文件提出政策要求；二是散见于相关文件，例如政府工作报告与国民经济和社会发展规划。

首先是农业部门系统。一是从"三农"问题出发提出的涉及新型职业农民培育的政策。例如，2011年农业部印发《农业科技发展"十二五"规划》和2012年印发的《全国农民教育培训"十二五"发展规划》和2019年的《国家质量兴农战略规划（2018—2022年）》。二是专门性的新型职业农民培育的政策。2012年的《新型职业农民培育的试点工作实施方案》，2013年的《新型职业农民培育试点工作的指导意见》，2015年的《农业部关于统筹开展新型职业农民和农村实用人才认定工作的通知》，2017年的《"十三五"全国新型职业农民培育发展规划》，这些政策都是农业部牵头，从"三农"工作角度出发，为解决"三农"问题，将农民教育放在重要位置而出台的相关政策。

其次是教育部门出台的支持新型职业农民培育的政策。2015年12月29日教育部举行的学习中央农村工作会议精神党组会提出，将新型职业农民培育纳入国家教育培训发展规划，基本形成新型职业农民教育培训体系。办好农村职业教育，将全日制农业中等职业教育纳入国家资助的政策范围。从政策类型来看，一是单独制定的政策文件，包括国家综合教育改革的政策文件与职业教育政策文件实施新型职业农民培育，例如2005年公布的《关于实施农村实用技术培训计划的意见》，2012年提出扩大中等职业教育免学费政策范围，进一步完善助学金制度。二是与其他部委联合发布的政策文件，2006年财政部、教育部联合出台的《财政部、教育部关于完善中等职业教育贫困家庭学生资助体系的指导意见》，2011年教育部等9部门联合印发的《关于加快发展面向农村的职业教育的意见》，2014年农业部与教育部《中等职业学校新型职业农民培养方案试行》，2014年教育部等编制的《现代职业教育体系建设规划（2014—2020年）》，主要从职业教育与农民培训的角度出发，支持农村发展。

（二）新型职业农民培育政策目标结构

我国新型职业农民培育的政策目标也是基于国家经济社会发展战略层层分解，细化到新型职业农民培育培训的实际操作，构成政策目标体系，同时也实现各级各类政策主体的价值诉求。

第一层次：政策目标所协调的内容是聚焦"四化同步"发展，其中首要的是聚焦"三农"发展、农业现代化发展的问题，职业教育培训职责的问题。2003年农业部印发的《关于做好2003年科教兴农工作的意见》提出，培育新型职业农民的目的在于通过提升农民的科技素养，定位为新型职业农民，就在于实施科教兴农；同时也颁布了《2003—2010年全国新型农民科技培训规划》。

农业现代化过程中统筹"四化同步"发展，关注农村地区政治、经济、文化、科技、教育、生态、环境等协调发展，实现乡村振兴的目的。第一层次的新型职业农民培育政策目标主要体现在年度政府工作报告关注的"三农"问题、国民经济发展的社会发展规划以及每一年的中央一号文件中（表2.1）。"四化同步"发展过程，新型职业农民培育之间离农性与向农性的调和，围绕农村人才结构之间的平衡问题；也包括农村土地资源与利用的问题是否协调，是否能够促进城市与农村统筹发展；其中为了支持农民工返乡创业，将其纳入新型职业农民培育政策体系中，并颁发了一系列文件，如《国务院办公厅关于支持农民工等人员返乡创业的意见》《国务院办公厅关于农村一二三产业融合发展的指导意见》《国家乡村振兴战略规划（2018—2022年）》《国家质量兴农战略规划（2018—2022年）》。

第二层次：聚焦新型职业农民培育政策的保障机制建立。一是出台专门性文件，从新型职业农民培育的实施、认定、管理、评价以及财政支持需求出发，制定详细的政策指南。二是从国民经济社会发展规划、"三农"政策和教育政策角度出发，既将农民教育作为支撑，又从整个农村经济社会发展角度出发，反过来支持农民教育政策落地。例如，通过不断的政策探索与实践完善建立的"一主多元"的新型职业农民培育体系。

第三层次：更细致地聚焦到新型职业农民培育的实际操作层面。我国新型职业农民培育大致可以分为农民劳动力转移培训教育、农民职业技能培训、农村服务与管理培训和新型农民文化素质提升培训4个类别。各类培训的区别主要围绕培训的方式、内容、管理等基本维度，再聚焦到学校内部，对基本学制、专业类别、课程设置、教学形式、教学管理、考试考核、学分认定等都作了具体安排。

新型职业农民培育政策目标在各个层次并不是单一化，而是多个层次的政策目标都有所覆盖，一般来说第一层次的政策文件都是基于国家重大政策文件而提出的，第二、三层政策目标相互覆盖较多，不同的政策文本侧重有所不同，形成立体化的新型职业农民培育政策体系。

（三）新型职业农民培育政策目标——政策工具结构

在教育政策执行过程中，政策工具是政策目标实现的杠杆，下位政策目标本身就是上级政策目标的政策工具，因为其不同的工具功能构成不同的政策工具类型。新型职业农民培育政策目标结构自上而下地形成了聚焦经济社会发展、培育保障机制与培育工作实施的3个层次的政策目标体系。第一层次政策目标的子目标包括农业现代化、城乡统筹、乡村振兴与农产品供给等，新型职业农民培育只是其政策目标实现的政策工具之一，此时新型职业农民培育是作为能力建设工具而存在，起着乡村振兴人才支撑的作用。其次是基于教育与经济的相互关系，为实现新型职业农民培育与农村农业等互动发展，为农村生产经营等要素提供保障机制，实现新型农民培育与农村经济共同进步，此时各种保障机制，以权威、系统变革、能力建设、学习工具的类型出现，使新时期农民获得发展。最后是在农民接受培育的过程中，对农民培育模式、内容、途径、机构，以及培育后农民的认定与考核等标准积极探索，通过各种工具路径来实现。

任何一项教育政策，不可避免地使用各种政策途径，为了进一步提升政策实施效率，对政策工具的功能与价值进行分类，从而有许多政策工具；另外，教育政策主体为了追求政策目标的最大效果，会选择多个政策工具综合使用。因此政策目标与政策工具的匹配性，凸显在政策工具之间的匹配性以及单一的政策工具的合理使用。在政策执行中，选用何种政府工具以及用哪一种标准来评价该工具的效果，对政府能达成既定政策目标具有决定性作用。[1] 新型职业农民培育政策的各种政策工具都作了综合选用，在后续政

[1] 刘思含. "培育新型职业农民"政策执行中政府工具的选择研究 [J]. 中国集体经济，2016（25）：65–66.

策工具运用中还需要不断优化，一是系统变革工具需要对政策目标进行效应评价，二是激励政策工具需要强化成本——效益分析，政策工具的选择不仅是出台了政策文本，更重要的是政策目标的达成度。

四、新型职业农民培育政策的效应评价与完善

教育政策效应评价即教育政策产出评价，具体来说即教育政策产出现象评价，依据其作用范围，可以分为教育政策本身完善情况、具体实践情况和实践效应扩展情况。据此对新型职业农民培育政策三个层进行效应评价，进一步提出政策完善方向。

（一）逻辑模型下新型职业农民培育政策效应评价及完善

逻辑模型下的教育政策是在优化的逻辑模型下，基于整体、理性、目标明确单一、一贯的价值偏好以及无成本消耗五个条件对教育决策目标与方案进行合理设计；其效应评价也就是对其优化条件以及是否达成最优化结果进行分析；同时又基于"政策循环论"，将此政策系统模型放到更大的系统间去或者延长政策链，动态地、宏观地理解政策产出现象。

在我国教育政策过程中，第一层次的政策产出现象是伴随着教育形势的变化不断变化的。随着人们生活水平以及对教育需求的不断增长，我国政府不断推出和教育立法及其相关的配套性法规。[1]新型职业农民培育也是我国政府层面为应对社会发展新形势提出来的。新型职业农民培育是为应对农村劳动力培育、农村实用人才队伍建设、农村教育、农业现代化、乡村振兴、城乡统筹发展、"四化同步"发展等，这些问题本身也会相互作用，形成一个系统，政策支持与统筹就是促进这个系统优化，实现单一的或整体的政策目标。

从逻辑模型下的政策效应评价新型职业农民教育政策，则主要体现的是围绕"新型农民""职业农民""新型职业农民"和"高质量农民"等概念演变过程，将农民放在不同时期、不同环境和不同需求的契合与实现程度。与此同时，概念演变本身也说明了国家关于新型职业农民培育的政策愈加精准，继承了前续政策精神，开启了新时期农村实用人才队伍建设的政策起点。政策术语的成熟是围绕新型职业农民培育政策整个农村经济社会政策系统优化的标志。

新型职业农民培育政策产出效应是非常积极的，不断支撑着我国新型职业农民培育工作的完善，培育的农村实用人才对于农业现代化等一系列政策诉求也有着极大的推动

---

[1]　陈学飞.教育政策研究基础[M].北京：人民教育出版社，2011：354.

作用。在一个政策系统内，在一个周期内政策目标的实现，也就意味着政策的结束。新型职业农民培育政策是一个长期性政策，围绕新型职业农民培育的社会政策目标也是一个持续性问题，需要的不仅是指导性政策法规，新型职业农民培育具有公益性、基础性和社会性的特征，国家应加快立法，促使其培训法制化。还应从立法角度对新型职业农民培育进行规范，以提升政策的执行力。同时，参考美国农民教育培训法律制度、德国《职业训练促进法》和日本的培养农业继承人措施和分层教育模式，为从国家层面推进新型职业农民培育的立法工作提供有益参考和实践依据。[1]

（二）过程模型中新型职业农民培育政策效应评价及完善

逻辑模型中的政策效应评价主要关注政策问题的制定与完善，过程模型中的教育政策效应则具体关注政策目标的达成度，政策对象获得政策资源，产生的实质性政策结果。新型职业农民培育的政策效应范围是极广的，新型职业农民培育政策的根本目标是培养农民的知识、素养、技能等，最终目标还是通过农民素养提升，实现农村经济社会发展，其效应评价内容主要是为实现农民素养提升的具体途径，以及农民培育对农村经济社会发展的影响情况。

（1）新型职业农民培育对象越来越聚焦。农民—新型农民—职业农民—新型职业农民的发展历程，从"培训"到"培养"，新型职业农民培育政策主体越来越聚焦，农民技能训练到综合素养培育，意味着新型职业农民培育对象更加精准。2004—2007年中央一号文件促进了农民培育到新型农民培育的转变，这是对农民身份及其培养诉求的认知更新；2008年中央一号文件提出"重点培训种养能手、科技带头人、农村经纪人和专业合作组织领班人等"[2]，自此新型职业农民培育由大众转向农村精英人才；2012年中央一号文件则明确提出了农村生产经营型人才；2013年中央一号文件又增加了经营管理人员和辅导员培训，2014、2015年农业部分别培育生产经营型、专业技能型和社会服务型新型职业农民。新型职业农民培育政策对象的不断聚焦也是充分适应城镇化过程以及农村社会产业发展的实际情况。农业包括种植、前期的生产资料供应与销售和后期的农产品加工、运输、储存，以及由此形成的物流、信息流。为适应现代化农业生产和新农村建设，需要与之匹配的高素质农民，具体可以划分为生产经营型农民、专业技能型农民、社会服务型农民，每种类型中又有不同的评价认定标准。新型职业农民培育的范围不断拓宽，突破了户籍与身份对农民的限制，使得农村劳动者、城镇劳动者均

---

[1]　费娜，魏红.日本职业农民培育的经验及启示[J].当代职业教育，2018（4）：37-41.

[2]　中共中央　国务院关于切实加强农业基础建设进一步促进农业发展农民增收的若干意见[N].人民日报，2008-01-31（1）.

可以成为新型职业农民的培育对象。[1]

（2）新型职业农民培育内容扩大。随着新型职业农民培育对象聚焦，精准培养需求，政策体系中对培育内容也在不断扩展。从整个新型职业农民培育政策来看，基本形成了"有文化、懂技术、会经营、会管理"四个方面素养结构，围绕新型职业农民培育的素养需求，内容也从识字、技能、文化逐步扩展到管理农业、与市场接轨、会经营等方方面面。培训对象从基本生产农民扩展到与整个市场化链接的农民群体，同时结合城镇化过程中城乡来去流动的农民（工）等发展环境，创业培训、家政推广，以及与二三产业有跨度的培训需求也出现，内容也得到实质性扩展。各类培训主体，例如涉农企业、学校及社会机构本身也在不断预设新的农民教育培训方向，提供与之匹配的培训内容。每一个维度的培育内容也在深化，2012 年"新型职业农民"概念提出后，更加强调要重视培育新型职业农民的经营管理能力，以大幅度地提高新型职业农民应对市场竞争的能力。随着内容的扩展，政策层面还出台了相关配套文件，对新型职业农民培育目标、培育内容、培育大纲、课程计划等做了进一步规范。

（3）新型职业农民培育体系逐步完善。一是为了进一步调动社会资源，加强新型职业农民培育，在政策制定过程中积极探索，逐步完善培育体系，形成了"一主多元"的培育格局，并上升为政策要求。2012 年的中央一号文件提出要建立部门协同、行业参与的新型职业农民培训体系，探索建立多元化的培训方式；2017 年中央一号文件则进一步提出了整合各渠道培训资金资源，建立政府主导、部门协作、产业带动的培训机制。其后的政策文件积极探索，将高校涉农院系，高职、中职学校，基层涉农组织，广播电视大学等纳入培育体系。二是培育方式的政策创新。主要是适应农业信息化建设，充分利用互联网工程、现代信息技术、远程教育、上门服务培训等形式灵活的教育活动。通过建立多种培训模式与体系，结合农民的实际需求来开展培训，从而扩大培训面，政策层面也不断得到完善。

（4）新型职业农民培育制度环境优化。为进一步保障新型职业农民培育工作的开展，有效培育农村农业实用人才，新型职业农民培育政策不断从外部保障与内部认证与扶持体系来促进。自 2012 年中央一号文件提出大力培养新型职业农民后，农业部快速启动了新型职业农民培训试点工作，历年来中央一号文件在金融支持服务、信贷支持体系上不断探索，更进一步在农村土地、产品输出等要素上实施政策倾斜，整体构建起了"三位一体、三类协同、三级贯通"的新型职业农民培育制度。各项保障性政策中最重要的就是财政、金融体系的支持。2006 年《中央财政新型农民科技培训补助资金管理暂行办法》和《财政部、教育部关于完善中等职业教育贫困家庭学生资助体系的若干意

---

[1]　杜彬 . 新型职业农民培育政策：变迁特点、效应评析及完善方向 [J]. 继续教育研究，2018（10）：35–40.

见》以及2012年《关于扩大中等职业教育免学费政策范围进一步完善助学金制度的意见》等系列政策的出台，持续性分担农民培训的成本，使得新型职业农民培训经费有了长期保障，大大地缓解了农民培训的后顾之忧，为新型职业农民培训工作的开展提供了巨大的动力。

（三）宏观社会中新型职业农民培育政策效应评价及完善

在进行教育政策产出研究时，必须认证考虑一项政策的"结果"，以及对当今甚至今后的社会政治、经济、生活所带来的一系列"影响"。当然，这样的影响包括显性的与隐性的、长期的与短期的、确定与不确定的、积极的和消极的等方面。[1]新型职业农民培育政策的实施有着许多方面的社会背景，包括城乡统筹、乡村振兴战略、"四化同步"发展、乡村脱贫攻坚、农业现代化与社会主义新农村建设等，政策结果并不一定能正向积极地促进各方面社会目标的实现，需要进一步评估。

新型职业农民培育政策的完善，充实了职业成人教育发展的内容。职业教育具有学历教育和非学历培训两种职能，学历教育方面，中、高职教育发挥了重要作用，也逐步发挥了其培训职能。新型职业农民培育政策，在农业部和教育部联合颁发的许多文件中，充分调用职业教育资源开展新型职业农民培育，在资金、机构、优惠政策方面给予了极大的倾斜。在培育过程中，农民受到自身职业认同、接受教育的程度与类型、所在区域经济水平与社会发展情况等多重因素的影响，对职业培训提出多样化的需求。不断内生的培训需求和社会发展要求，对职业教育资源供给产生的诉求，促进了职业培育内容完善与更新。这不仅是终身教育在新型职业农民培育中的又一重要体现，也是当前我国新型职业农民培育面临的棘手问题，是其政策转型的必要依据。[2]新型职业农民培育对象是农村青少年以上人员，也是成人教育的范畴，其政策的实施，也逐渐扩展了成人教育，甚至是终身教育的重要内容。

新型职业农民培育政策的完善，逐步为乡村振兴和城乡统筹发展奠定起坚实的基础。经过长时期的积极探索，在新型职业农民培育政策体系完善过程中，逐步建立起科学合理的培育机制。一是省级农业高校—地方职业院校—社会培训机构的三级教育培训体系。二是建立农业生产基地、农技推广中心等系列实训基地。三是拓宽融资渠道，积极吸引社会资本、专项基金、社会捐赠等多元方式投入分担机制。四是根据不同培育类型，通过对应的职业农民考试，制订认证考核标准。

---

[1] 陈学飞.教育政策研究基础[M].北京：人民教育出版社，2011：360.

[2] 樊筱，赵丹.终身教育视角下新型职业农民培育多样化需求与政策转型：基于陕西省太白县的实证调查[J].职业技术教育，2015，36（28）：64-68.

通过规范土地流转制度，以及科技推广政策、农业补贴政策、农业金融信贷政策和农业保险政策等逐步建立起农业扶持体系，这些政策的实施不仅为农民提供良好的培育环境，而且其本身就是实现乡村振兴的重大举措。同时，通过对新型职业农民培育对象进行深入剖析，对返乡创业农民工进行支持，对农村留守青少年以及种养大户、经营型人才进行培育。在城乡统筹进程中进行整体规划，对城乡劳动力合理流动也起到了极大的杠杆作用。

新型职业农民培育政策的完善，使农业现代化发展走出重要的一步。农业现代化发展首要的是人才支撑。新型职业农民的定位，首先在意识层面改变其认识，走出小农经济的局限性，合理规划与经营，与此同时提升其种养能力，对于农产品供给也会有极大的改善。在适合机械化生产地区积极探索机械化生产，大大提高了生产效率，这都预示着新时期农村生产力的转变与农村经济的提升。新型职业农民作为最重要的生产要素，其生产效率的提升必将释放新一轮农村改革红利，形成城乡融合的命运共同体，破解"三农"难题，促进农业现代化进步，进而真正实现"四化同步"发展。

五、新型职业农民培育政策的个案分析

为落实国家新型职业农民培育政策的基本要求，以及促进重庆市经济社会发展，重庆市积极出台一系列新型职业农民培育政策，市委市政府、农业、教育、财政等部门以及区县政府机构制定的政策文件构成了重庆市新型职业农民培育政策体系，各层级政策从不同角度使用政策工具实现系列化的政策目标。研究新型职业农民培育政策执行过程中的政策工具使用，对政策制定、效应评估、实践方式有着十分重要的理论意义，对重庆市新型职业农民培育也有着实践推动意义。

（一）重庆市新型职业农民培育政策的价值意涵

1.重庆市新型职业农民培育政策文本分析

围绕新型职业农民培育的问题，中央各部门及地方各级政府不断细化政策规范，出台了诸多的政策文件，这些文件就新型职业农民的内涵、类别、范围、培育方式、认证资格、政策支持、经费来源等做了具体的规范。[1]重庆市农委决定2013年在全市较大范围内开展新型职业农民培育试点工作，出台了《重庆市万名新型职业农民培育试点方案》，要求组织有关方面的专家在开展深入调查研究的基础上，制定现阶段重庆市各类新型职

[1]　杜彬.新型职业农民培育政策：变迁特点、效应评析及完善方向[J].继续教育研究，2018（10）：35-40.

业农民的认定条件、标准和认定工作程序。经过几年实践探索，2015—2018 年，万州区、潼南区、武隆区、巴南区、梁平区、渝北区、垫江县、忠县、黔江区、永川区等试点区县出台了新型职业农民认定管理办法与扶持政策。2017 年，重庆农业委员会出台《关于开展新型职业农民认定管理办法的通知》，2019 年，重庆市人民政府办公厅出台《关于加快培育新型职业农民的意见》，这些文件为重庆市新型职业农民培育提供了政策指导。

除了直接涉及新型职业农民培育的政策文件，还有部分涉及"三农"问题的政策文件，例如《重庆市实施乡村振兴战略规划》以及各区县的《乡村振兴战略行动计划实施方案》等，都将新型职业农民培优作为重要的政策举措，为区域发展战略提供农村人才智力支撑。除了市、区县人民政府，农业、教育、财政、人力资源和社会保障等部门在相关政策文件中制定了新型职业农民培育政策的指导实施意见外，市、区县历年关于新型职业农民培育的工作要点，以及具体的专项政策文件也对新型职业农民培育政策进行了完善。

2. 教育政策执行与政策工具选择的基本内涵

教育政策执行是指教育政策执行主体（主要为政府机关）根据中央教育政策目标要求，通过政府机关之间关系的协调，将教育政策内容转化为具体教育实践活动，从而实现教育政策目标的主观能动过程。[1] 透过这一概念可以看出，政策执行需要检视政策主体、政策主体间性、政策文本、政策执行模式与执行效应评价等多个问题。同公共政策一样，教育政策执行经历了不同的发展阶段，也形成了不同的政策执行模式。第一代教育政策执行研究，主要聚焦于政策实施的困难、归因及措施；第二代教育政策执行研究，主要关注为什么有的政策实施较为成功和为什么一些教育政策没有得到充分实施。在两代公共政策执行研究的启发中，分别出现了自上而下教育政策执行模式、自下而上教育政策执行模式和综合性教育政策执行模式。第一种模式强调完美的顶层教育政策设计对政策执行的控制；第二种模式强调基层、中层、高层教育政策执行者的相互调试；第三种模式则是强调形成多元政策主体参与，联合设定政策目标和综合考虑政策环境的影响。

教育政策执行的深入研究，要求系统性地关注教育政策执行的影响因素，如衣华亮提出"教育政策问题、教育政策、教育政策执行主体、教育政策执行客体、教育政策工具、教育政策执行环境等是主要影响因素"[2]。教育政策工具是最直接的影响因素，其类型的选择、与教育政策目标的匹配性、同教育政策执行环境的相互适应等非常关键。麦克唐纳尔和埃尔莫尔认为存在 5 种选择性的政策工具，即命令、报酬、职能拓展、权威重组和劝告政策。政策工具分类繁多，陈学飞在《教育政策研究基础》（2011）一书

---

[1] 孙科技 . 教育政策执行碎片化的整体性治理研究 [D]. 上海：华东师范大学，2018.

[2] 杨聚鹏 . 教育政策执行者的行为研究述评：模式、影响、规制 [J]. 现代教育管理，2016（11）：46-50.

中将教育政策工具分为权威工具、激励工具、象征与劝诫工具、能力建设工具、系统变革工具和学习工具6种，是更适应我国教育政策体制的教育政策工具分类方法。

（二）重庆市新型职业农民培育政策工具的运用现状

重庆市在完善新型职业农民培育政策以及政策实践过程中广泛运用了政策工具，一是政策文本本身所体现的政策工具选择，二是区县、涉农机构等执行新型职业农民培育对政策工具的选择。为构建新型职业农民培育政策支持体系，6类教育政策工具的选择也不是单一的，而是基于政策环境，匹配政策目标综合使用。

1. 权威工具

教育政策权威工具主要借助行政力量提出政策要求，表现为自愿行动到强制义务连续性。一是政策的制定方面，新型职业农民培育扶持政策，市级层面各部门积极落实中央政策要求，主要由人民政府、农业部门、教育部门、财政部门颁布相关文件，各区县部门（尤其是政策试点区县）积极制定相关政策要求。二是政策文本中刚性术语的运用方面，以达到对政策条例的高度重视；主要体现在提出强化教育培训、开展评选认定、实行动态管理的硬性要求。三是政策实践方面，建立新型职业农民动态管理制度和退出机制，定期进行评价，不合格的予以退出并不再享受相关扶持政策，对新型职业农民教育培训、认定管理、扶持政策、跟踪服务等工作进行绩效评价。

2. 激励工具

教育政策激励工具是配合权威政策工具，直击政策目标群体利益的政策工具。为进一步落实重庆市农业委员会的《重庆市万名新型职业农民培育试点方案》，随后潼南区、武隆区、忠县、梁平区等试点区县先后通过实践探索出台新型职业农民认定管理办法与扶持政策，激励工具的选用在这一系列文件中最为突出。一是直接针对新型职业农民提供免费培训资源，包括学费、师资与实践基地等。二是项目支持，新型职业农民可以优先申请农业经营项目。三是直接惠农资金补贴政策，农业保险补助、生产要素向新型职业农民流转、贷款贴息、项目支持以及各项融资优惠政策。四是专家技术指导支持，对新型职业农民进行技术帮扶、指导和服务。

3. 象征与劝诫工具

教育政策象征与劝诫工具，主要是从价值理念的角度提升政策实施、执行与评估主体对政策目标的关注。一是广泛利用信息化平台，各区县要充分利用广播、电视、报刊等传统媒体以及网络、微信、微博等新媒体，加大宣传力度，最常用的是召开新闻发布会，对政策进行解读。二是设置评选活动，寻求典型案例，通过舆论引导，强化新型职业农民培训的重要性。例如，重庆市组织了各区县遴选优质培训机构、实训基地、教师、十佳新型职业农民等评选活动。

4. 能力建设工具

教育政策能力建设工具是指政府通过一系列引导性和支持性措施、制度供给和体系建设以及政策层面的倾斜和帮扶。[1]一是制度能力建设工具。全市层面提出市、区县建立新型职业农民培育工作联席会议制度，建立探讨新型职业农民培育问题的长效机制。区县层面也基于政策要求，探索出可推广的制度与模式，例如荣昌区建立"三位一体""三类协同"和"三级贯通"的新型职业农民培育制度；永川区探索的"1+1+5 > 10"的新型职业农民培育模式，推动永川区现代化农业发展。二是培育资本投入机制。重庆市新型职业农民培育政策主要通过支持农民在产业发展、生产服务、营销促销等方面开展联合与合作，通过农业生产补助项目、农业政策性保险和农村信贷业务等向农村倾斜。

5. 系统变革工具

教育政策系统变革工具，是指政府权威在个人与机构之间的转移，组织结构的变化在于改变权力、利益格局，从而达到一定的政策效果。重庆市新型职业农民培育政策主要借助涉农机构和具备培育职能的机构组织供给培育资源。一是将新生代新型职业农民培养纳入普通高等职业学历教育，将培育任务借助高职实现，利用大专院校、科研院所、现代农业产业技术体系等培训资源支持新型职业农民培育工作。二是充分利用涉农组织支持新型职业农民培育。加强对农民协会社会组织的指导和服务，进而支持新型职业农民培育，加强新型职业农民培育的田间学校等农村实用人才培训主阵地的建设等措施。

6. 学习工具

教育政策学习工具的选择，主要是指制定与实施政策时遇到不知道、不确定的情况所使用的政策工具，往往会通过配套文件与研发下位文件来补充，新型职业农民培育政策不断完善的过程就是对学习工具的选择与运用。重庆市农业委员会决定 2013 年在全市较大范围内开展新型职业农民培育试点，出台了《重庆市万名新型职业农民培育试点方案》，要求相关试点区县先行先试，组织有关方面的专家在开展深入的调查研究基础上探索实践经验，将可推广的实践经验上升为政策指南。潼南区（2016）、武隆区（2017）、梁平区（2017）、渝北区（2018）、垫江区（2018）与忠县（2017）等试点区县在试点培育方案基础上，出台了新型职业农民认定管理办法与扶持政策。在区县积极探索基础

---

[1] 周付军, 胡春艳. 政策工具视角下"双一流"政策工具选择研究：基于政策工具和建设要素双维度的分析 [J]. 教育学报, 2019, 15（3）：84-93.

上，也为重庆农业委员会《关于开展新型职业农民认定管理办法》的出台起到了极大的借鉴作用，推动了 2019 年重庆市人民政府办公厅出台《关于加快培育新型职业农民的意见》，保证了重庆市新型职业农民培育政策的连续性。

教育政策工具的选择与运用主要体现在政策执行过程中，即政府部门正式采纳的政策被付诸实践，是执行权威性公共政策指令的过程。[1]教育政策执行的形式主要分为两种，一是政策文本上，教育政策系统性、持续性地完善与更新；二是政策实践上，各级各类政策目标通过政策工具产生了实质性的政策影响。重庆市新型职业农民培育政策政策执行过程中，对政策工具的选用绝不是单一的，而是多种政策工具的混合使用，构建政策实施体系。

（三）重庆市新型职业农民培育政策工具的优化建议

通过上述重庆市新型职业农民培育政策执行过程中政策工具选用分析，既有单一政策工具运用问题，也有为追求政策效果最大化而在政策工具组合中忽视匹配性问题，基于此提出一些优化建议。

1. 优化多样化政策工具的组合使用

任何一项公共政策都不可能使用单一性的政策工具，关键在于如何使选择的政策工具协调一致。权威、象征与劝诫工具是一种自上而下的使用途径，是紧缩性的，是隐性政策价值诉求工具；激励、能力建设、系统变革与学习工具，是开放性的，是显性的政策价值诉求工具。政策工具综合性使用需要充分考虑政策目标、实施环境、工具特性，进而相互配合、协调一致。重庆市新型职业农民培育政策在主要政策的制定过程中，充分利用学习工具，采纳区县新型职业农民培育经验，在各项具体政策的执行中，使用权威、激励、系统变革等多种工具；但是在保障政策持续性过程中，缺乏对前期教育政策的效应评价，以及具体问题的收集，倾向于从政策供给角度考虑，对政策需求考虑不足。学习工具使用是从问题到政策措施的过程，重庆市新型职业农民培育政策的完善需要遵循教育问题—教育政策—教育（新）问题—教育（新）政策的路径，其他各项政策工具要与学习工具紧密配合，贯穿整个过程。

2. 系统变革工具使用要注重效应评价

系统变革工具又称权威重组，是个体和机构之间转移正式权威政策工具，新型职业农民培育工作需要借助一些培育组织机构来完成。首先是教育系统，重庆市为促进新型职业农民培育，中职学校、高职学校、大专院校、科研院所实施培育工作，涉农高校专

---

[1]　弗朗西斯·C.福勒.教育政策学导论[M].2 版.许庆豫，译.南京：江苏教育出版社，2007：247.

业积极提供培育资源；其次是涉农部门系统，建立农民协会、联合会、创业联盟，示范培养基地、农民田间学校、创业孵化基地。新型职业农民培育工作必须借助第三空间组织来落实，首要的就是政府组织的赋权。重庆市新型职业农民培育政策的落实需要充分利用系统变革工具，还需要对系统变革工具进行效应评价，并出台配套政策或政策条例。开展系统变革工具的效应评价需要考虑两个问题，一是被赋权机构是否愿意回应政策；二是回应政策的积极性，是否存在权责不对称问题。在政策完善过程中要制定第三方被赋权的培育组织遴选标准以及培育职责与任务考核标准，对其进行有效监督。与此同时，对系统变革工具使用监督考核评价时，结合权威、激励、能力建设工具对培育组织提供补助等优惠政策或制度性支持，促进政策工具的多样化，充分发挥各培育组织的效能。

3. 激励型培育政策需要加强政策工具的成本—效益分析

激励类型的政策工具巧妙地操作政策设计者假定与情境相关的可见汇报、成本和可能性，[1] 主要要素是资金（收益），或者其他通过资金成本转化而来的项目资源。为解除重庆市新型职业农民培育的后顾之忧，重庆市政府提供各种政策性支持，充分运用激励政策工具。一是直接供给培育教材、课程、师资、机构等；二是围绕这些培育资源，保障农村、农民与农业发展的一些生产要素支持，例如惠农资金补贴政策，农业保险补助、技术要素支持、项目倾斜等。使用激励政策工具是需要成本的，为了解决当前资金保障存在的问题，有必要增加政府和社会的资金投入，建立新型职业农民培育的经费保障体系，[2] 新型职业农民培育政策激励工具的使用，还必须考虑成本—效益问题，这是当前培育政策比较忽视的部分。在市、区（县）的新型职业农民培育认定及扶持办法等文件中，要针对扶持激励政策提供配套政策条例，基于各项扶持政策的扶持目标与扶持效果达成度进行有效评估。对评估结果进行合理判定，配合学习工具将激励政策的使用纳入调查—试验—推广的轨道上来。

[1] 陈学飞.教育政策研究基础 [M].北京：人民教育出版社，2011：326.

[2] 张亿钧，朱建文，李想.新型职业农民培育保障体系：政策回顾、效果评价和完善路径 [J].职教论坛，2019（6）：91-96.

第三章

新型职业农民培育的比较分析

国内关于新型职业农民培育的研究起步较晚，尚处于理论框架设计与制度分析探索阶段，相关研究工作推进过程中有必要借鉴西方农业发达国家的成熟经验与先进做法，以建立起符合我国新型职业农民培育实际需求的理论体系与实践模式。因此，本章着重对美、法、澳、韩、日等世界主要农业现代化强国就新型职业农民培育工作进行纵向的、系统的考察与梳理，并在比较分析的基础上，立足我国实际，提出促进我国新型农民职业化转型的对策建议。

一、国外职业农民培育的个案介绍

（一）美国

"美国"是"美利坚合众国（The United States of America）"的简称，总面积达937万平方千米，是仅次于俄罗斯与加拿大之后的第三大国家。美国东西部地处大西洋与太平洋之间，总长4 500千米，南北方接壤加拿大与墨西哥，总宽2 700公千米。正如美国建国历史在所有发达资本国家中最短一样，美国农业发展历史同样不长。[1]美国农业发展起步虽然晚于其他资本国家，却后来居上，早在1970年就实现了农业现代化，并在有限的耕作面积（据我国外交部网站统计，美国国土面积达937万平方千米，然而在全部土地面积中，约29%是森林，26.4%是草地，仅有17%是农作物）与劳作人员（据我国外交部网站统计，截至2019年1月，美国总人口约3.3亿，而农民仅有200万，只占人口总数的0.6%）的现状下成为世界上最大的农产品出口国，其农业技术之先进、农民教育之成功、农业制度之健全是毋庸置疑的。

美国农业的迅猛发展在支撑美国经济提升的同时，也培养出了一批批具备农业科学知识、懂农业技术、对食品和农副产品的工业加工与市场销售都较为在行、懂电脑、互联网等现代科技的新型职业农民。根据美国农业部的定义，新型职业农民是指从事农业生产经营时间不超过10年的农业生产经营者。[2]也有学者将其定义为有机的、生物动力的、全能的、非传统的、关注生态环境的、实用的、创新的且致力于农业可持续发展的农业生产群体。还有学者认为新型职业农民是一个多元化的群体。他们包括新兵，即对农业具有资质或兴趣的人，但并未将其视为职业选择；探险家，那些将积极研究农业作为职业的人；有抱负的农民，即致力于成为农民，但尚未开始实现商业化转型的人；

[1] 刘邦振，李成林等.主要资本主义国家的农业现代化[M].北京：农业出版社，1980：1.
[2] 程松杰.借鉴国外经验加强新型职业农民培训的问题探析：基于家庭农场背景下[J].安徽农业科学，2014，42（3）：953-956.

初创农民，即从事农业生产头几年的人；重新制定生产战略的农民，即在成为新农民的最初几年，现在重新评估他们的农业运作的人；新农民，即有稳定的农业生产和营销产业的群体。在美国，成为新农民大致都要经历资本的获取（即资金需求，包括购买机器和设备、牲畜、建筑物和土地等），得到生产知识、技能和技术援助，进入农场土地、市场及营销等几个重要阶段，而每个阶段，都有相应的保障措施予以支撑与扶持，以助力新型职业农民实现职业化转型。

1. 健全的政策保障体系

与我国处于劣势地位的农民群体不同，美国农民是一份令人兴奋且充满机遇的职业，他们享有与其他职业同等的尊重与认可，并有着更为优厚的薪酬待遇。"低投入、高收入"的农业发展现状离不开美国从法律、政策、服务层面架构的资本保障体系，由此使大多数农民愿意投身于农业生产并乐在其中。

（1）政府职能的适度化

对于新型农民的职业化发展，美国政府并不过多干预，而是给了农民足够的空间与权利，人们可以根据自己的意愿与想法自行选择是否加入职业化转型行列，从而吸引了更多的人自愿从事农业生产，成为一名新型职业农民。而政府参与农业的唯一目的便是确保国家粮食安全，更早以前则是确保有足够的家庭愿意并能够继续耕种，以满足国家的粮食和纤维需求。尽管不过多干预，但政府同样积极扮演着组织者、协调者及支持者的角色，提供政策支撑、给予经费支持、制定培育项目、增设培育机构等，为顺利培育新型职业农民提供适度服务。

（2）立法保障

美国同样重视通过立法的方式来形成保障农民基本权益的制度环境。19世纪以来，美国先后颁布了《莫里尔赠地学院法案》《哈奇法案》《史密斯—休斯法案》《乔治—里德法案》《职业教育法》《乔治—埃雷尔法案》《班克黑德—琼斯法案》《2013年农业改革、食品和就业法案》《2013联邦农业改革与风险管理法案》等数十部法案，[1]在有效巩固美国农业的战略地位的同时维护了农业经营者与劳动者的合法权益，并确保新型职业农民培育能够得到足够的资金扶持。例如《乔治—埃雷尔法案》规定联邦政府需每年为各州赠地学院提供1 400万美元的财政拨款；[2]《2013年农业改革、食品和就业法案》规定将提供850亿美元，用于补贴退休农民将农场转让给新手农民；[3]《史密斯—

[1] 刘益真. 发达国家新型职业农民培育经验及其启示 [J]. 合作经济与科技，2017（6）：144-145.

[2] 张亮，周瑾，赵帮宏. 国外职业农民培育比较分析与启示 [J]. 世界农业，2015（9）：214-217，221.

[3] 张亮，周瑾，赵帮宏. 国外职业农民培育比较分析与启示 [J]. 世界农业，2015（9）：214-217，221.

休斯法案》规定了在公立学校中开展农民教育，并为其设置统一的农业课程大纲；[1]《新农业法案》则规定了 2014—2018 年美国财政将提供 8 500 万美元用于新农民和农场主的培训。[2] 此外，美国早期颁布的《人力开发与培训法》《经济机会法》也提出要重视农民教育培训班的开设，[3] 以此提升农民教育培训质量。

（3）政策支撑

政策在美国农业高速发展、新型职业农民培育过程中起着主导作用，因为美国绝大多数农场运作都是靠贷款与补贴支撑。而相关强农惠农政策的出台不仅有助于增加农户农业收入，还有利于减轻农民参训负担，提高农民生产积极性。例如，美国政府出台的相关惠农政策规定每年投入 600 亿美元用于农民教育培训，因此，美国农民参加职业培训基本免费，也能获得额外的工资和津贴补助；[4] 系列农业税收政策为农场主提供"延期纳税、减税、免税"等优惠，减轻了农民的税收负担；健全的农业金融政策，主要包括农业信贷政策与农业补贴政策，也有效地缓解了农场主因财务困难以及补偿外界因素（如农产品低价格）而带来的损失；农业价格与收入支持政策，则最大限度地保障了农业生产者最基本的利润与收入。

2. 完善的支持服务体系

美国有完善、高效的支持服务体系，其作为维护自耕农户权益、提高务农人员素质以及推进农场主产业化、职业化、专业化经营的载体，对美国新型职业农民获取从农资本发挥着重要作用。

（1）"计划"支持

由联邦政府或州政府制订执行的各类计划是助力新型职业农民养成的关键举措。例如美国康涅狄格（Connecticut）、缅因（Maine）、宾夕法尼亚（Pennsylvania）3 个州实行的"阅读农场计划"（Reading the Farm-Training）是一个利用"团队力量"解决实际问题的专业发展计划，旨在通过汇集来自各种机构且具有专业知识与经验水平的农业服务供应商进行为期 2 ~ 3 天的典型案例研究，以提高农业生产者专业能力并促进农场的可持续发展。面向美国全地区的"新农民培训计划（Training Program for New Farmers）"，免费为初学农民提供为期一年的包括蔬菜、水果、切花、草药和牲畜等各种农业类型的专业培训，并且允许初学农民在维持自己农场生产或参加其他工作之余参加培训，旨在让所有有抱负的农民通过培训都能有最大的收获。此外，诸如农场

---

[1] 王丽丽，赵帮宏，吕雅辉，等.国内外新型职业农民培育的典型做法与启示 [J].黑龙江畜牧兽医（下半月），2016（7）：278–280.

[2] 张亮，周瑾，赵帮宏.国外职业农民培育比较分析与启示 [J].世界农业，2015（9）：214–217，221.

[3] 杨柳，杨帆，蒙生儒.美国新型职业农民培育经验与启示 [J].农业经济问题，2019（6）：137–144.

[4] 周洁红，魏珂.发达国家职业农民培育政策的演变及启示 [J].农业经济问题，2019（8）：138–144.

贷款计划（Farm Loan Programs）、灾难计划（Disaster Programs）、非保险作物灾害援助计划（Non-insured Crop Disaster Assistance Program）、营销援助贷款计划（Marketing Assistance Loan Programs）、保存储备计划［Conservation Reserve Program（CRP）］等一系列保障计划的实施执行，使得美国农场主不再受资金限制，不用承担过多风险并能有效减少自然灾害损失等，从而极大地推动农户积极从事农业生产工作。

（2）技术创新

美国是最早实现农业机械化的工业国家。农业机械化水平的迅速提高使农民从事农业生产更具效率，从而在与以往同等投入的情况下具有更高的产出水平；农业生物、化学技术的不断发展，有助于农业种植者科学播种、有效测试农业病虫害、提高农作物营养价值等；现代信息技术的普遍应用，使新型职业农民培育工作的开展更加高效、顺畅，尤其体现在新型职业农民学习资源的创建、新型职业农民信息网站的创办以及新型职业农民培训课程的开展等方面，并为农民带来了一个与"现代信息文明"完全相符并助力其实现职业化转型的环境。

（3）"组织"援助

美国农户钟情于加入各种农业组织机构，通过彼此合作共同解决农业生产问题。为了满足农户的多样化需求，美国政府除了设置美国农业部（USDA）等政府机构来统筹安排新型职业农民的培育工作，还积极鼓励不同行业、社会团体等创办职能互补、侧重不同、完整高效的民间农业组织，旨在通过各组织之间的相互配合与协调，共同助力新型职业农民的成长与培育工作。例如，美国农民合作社（American Farmer Cooperatives）将分散的农业生产者组织起来，旨在以集体的力量抵御农业风险，并从生产、种植、储藏、运输、加工、销售、采购、消费、保险、融资、技术等方面，为农业生产者提供"全站式"服务，并助力其提高自身市场竞争力，创造更大的利润空间，获取更多的务农资本，为新型职业农民的培育工作谋求更大的发展；面向青年农民的美国未来农民组织（Future Farmers of America）侧重于新生代职业农民的培养，旨在加强青少年农业科学技术知识教育培训的同时，增进其对农业生产生活的了解与关注；针对成年农民思想（head）、技能（hand）、心灵（heart）以及健康（health）提升的"4H"俱乐部，旨在通过农民培训将其培育成对农村农业发展有贡献的新型职业农民；还有专门为新型职业农民提供农业知识培训、技术指导以及职业发展规划的"农业行业协会""农民研究所"等组织，同样也对美国新型职业农民培育事业的成功起着不可忽视的关键作用。

3. 完备的农民培育体系

20世纪早期，美国农业杂志和报纸，如俄亥俄州农民（Ohio Farmer）大力传播农业新概念：农业需要有专业知识、有组织、有计划且高效的专职农民。农业的"新"概念即向农民传授最新技术，可以最大限度地降低农场的运营成本，增加利润，得到了广泛的支持与认可，而降低运营成本、增加农业利润的最佳方法则是通过培训教育来实现农业劳动者由低效向高能、在职向专职转变。

（1）农业教育、科研、推广一体化

事实上，美国的农民教育培训已有150多年的历史。19世纪初，美国农工学院的兴起，培养了大批掌握实用农业技术的专业型人才，促进了美国农业由简单原始的人力、畜力耕种的粗放型农业经营方式向科学种田、机械化生产的现代化农业过渡；19世纪60年代，美国农业实验站的创建，培养了大批从事农业科学研究、致力农业科技成果转化以及全力解决农业生产实际问题的研究型人才，为美国农业的科学发展提供了有力的人才支持与技术保障；20世纪初，为了兼顾所有农业从业人员且更好地将农业科研成果推广普及，在美国国会的呼吁下，由美国联邦政府赠地拨款建立了农业技术推广机构，专门服务于农村农业农民的发展。[1]至此，美国各州基本形成了以农工学院为培训实施主体，农业试验站、农业技术推广站等组织机构辅助支撑的农民培育体系。此外，美国农民培育形式多样，除了涉农院校开展的涉农课程培训，一些营利或非营利的涉农组织还举办了"田间日农业活动"、农业研讨会，创建了"新兵训练营""有机种植者学校""农场实训中心"，开设了"农场经营规划课程""农民创业课程"，提供了青年农民农业实习机会与学徒职位等，这些活动都直接或间接地帮助了农业生产者按需参与多种形式的教育培训，由此进一步加速了其职业转型。

（2）注重农民可持续发展理念的培养

美国农业的竞争力更体现在农业劳动者的素质上。所有农业生产力和土地的经济价值都来自自然或人民，农民是实现农业可持续发展不可或缺的关键群体。随着美国农业问题的持续增加，美国越来越认识到仅靠经济利益驱动的农业生产是难以实现可持续发展的，农业的未来发展取决于农民是否愿意并能够平衡好个人经济需求与农业道德责任之间的关系，因此，美国格外注重新型职业农民可持续发展理念的培育。首先，注重可持续发展的新型职业农民更应该重视与自然的合作而不是试图控制或征服自然，通过减少对合成农药的依赖、肥料的使用等破坏农场的生态环境；其次，注重可持续发展的新型职业农民注重合作关系，他们并不过分看重快速获利的机会，而是努力突围农民的传统形象，乐于分享有用信息，尊重合作伙伴，满足客户需求，建立长期友好互惠的合作伙伴关系；再次，注重可持续发展的新型职业农民同时注重生活质量，对大多美国农户来说，农场就是一个生活、养家、保持健康以及精神养成的好地方，他们热爱土地、关

---

[1] 唐珂.发展中的世界农业：美国农业[M].北京：中国农业出版社，2015：343.

爱社区、保护动物、注重环保、与自然和谐相处，他们做着自己擅长的事，过着自己喜欢的生活；最后，注重可持续发展的新型职业农民也是一个思考者，随着现代农业朝着更加专业化、机械化、信息化以及可持续化方向发展，其中必然会涉及一些艰苦工作与棘手问题，新的美国农民必须自己思考，注重将信息转换成知识，再将知识演变为生产力的能力培养，才能帮助他们在精神、思想、经济上变得更加强大。

（二）法国

法国，位于欧洲西部，国土面积共 55 万平方千米，农业用地 2 884 万公顷，约占本土面积的 54%。法国是最发达的工业国家之一，截至 2019 年 1 月，总人口 2 299 万，农业人口约 90 万，占全国总人口的比例不到 4%，但却是欧盟最大的农业国，也是世界主要农产品和农业食品出口国。随着法国工业化、城市化、全球化的发展步伐，其农业也基本实现了机械化、现代化，农业生产效率很高，这为进一步加大农业投资、加速土地流转、加快农机设备升级、加强农业技术创新等一系列促进农业现代化发展举措提供了前提与可能，更为促进农民从传统型向创新型转变创造了有利条件与环境。

1. 法律保障健全

为了促进国家农业的现代化发展，立法与兴农惠农政策的制定工作始终贯穿职业农民培育全过程，法国通过立法规定农民必须接受职业教育并在取得教育培训合格证书后才能成为农业生产者以及农场经营者、管理者等，才能享受国家颁发的相关农业补贴与优惠政策。20 世纪中期，法国《农业指导法》的出台与实施，改善了农民从农务农条件，大范围普及农业科学知识与技术，从根本上保证了农民的基本权益；21 世纪初，法国又制定了《2000—2006 年全国农村发展计划》，进一步加强对农民培育工作的重视与关注，加大政策执行落实监督力度，为新型农民职业化的成功转型创建了更扎实、更稳定的政策环境与法律支撑；2009 年《新条例》的颁发，通过向青年农民提供技术指导、资金补助、教育培训等服务，吸引更多的青年学生到农村就业，储备与发展农村农业后继力量。[1] 此外，法国政府还通过对农场主购买农业机械进行价格补贴与优惠政策，通过对小型及中型家庭农场实施技术援助、资金扶持、信用贷款、减免税收等惠农政策来加速土地集中，以扩大农场经营规模与运营利润，从而为农民的职业化转型创造充分的前提与条件。

2. 健全的兴农惠农组织

法国农民之所以获得了较为职业化、专业化的成长，一个主要的原因在于法国有数

---

[1] 张富良.法国兴农政策及其启示 [N].学习时报，2004-03-25（2）.

量庞大的兴农惠农组织，概括起来主要有五大范畴：农民工会、农民协会、农民会议、农民合作组织、农民专业（行业）组织，这些组织按照不同的目的、作用以及行业组建而成，向农民提供教育培训、技术咨询、金融资助等多种服务，在促进法国农业快速发展、增加农民收入、保护农民利益以及提升农民专业技能等方面都发挥了重要作用。[1]其中法国发展比较成熟的农技推广组织有中央一级创办的"全国农业发展协会"，还有省、县（区）级分别创办的"技术推广委员会"，以及农场主自发创建的农业推广组织，[2]对法国农民职业技能的提升起到了最直接、最关键的作用。为了维持各种兴农惠农组织的正常运营与发展，法国政府每年会根据组织的不同层级、不同类型、不同大小给予相应的财政拨款与金融补助，并且通过立法确立各组织的战略地位与功能作用。而农民便成了各类兴农惠农组织最直接的受益人，可以随时随地获得各类服务，包括通过相关培训助力自身职业竞争力的提升与职业化转型速度的加快。

3. 完善的农民培育体系

法国新型职业农民培育取得的现有成效与完善且多元的农民职业教育培训体系密不可分。经过多年的发展，法国逐渐形成了由教育协会主导、政府管理、社会广泛参与的农民职业教育管理体系，[3]建立了与新型职业农民职业化转型趋势相符的职业准入与教育评价机制，形成了一套完备的新型职业农民职业教育与培训体系。而农民职业教育与培训体系主要由中等农业职业教育、高等农业职业教育以及农民职业培训3部分构成，[4]三者共同为法国培育了一批批具有较高文化水平与农业技术的现代农业劳动力，且有效地巩固了法国农业强国的战略地位。

（1）中等农业职业教育

尽管面向农民职业化发展的培育工作主要从中等职业教育阶段开始，但实际上法国在初等教育阶段就已经开始向学生或多或少地渗透了一些与农业生产相关的常识与技术，旨在增长学生的农业见识、培养学生从农兴趣的同时帮助学生明确未来的职业方向。经过初等教育的初步培养与熏陶，在学生逐渐明晰了自身发展定位之后，便自行选择是否进入以农业专业知识与技能传授为主的中等农业职业教育学校中去。当下，法国中等职业教育学校越来越强调对农业预备人员综合素养的培养，以期为法国持续培育出一批批"会耕作、有文化、懂科学、善经营"的高素质新型职业农民和"农民工人"[5]。法国中等农业职业技术教育办学形式多样,注重学生职业素养提升与技能培养的并序发展,

---

[1] 张富良.法国兴农政策及其启示 [N].学习时报，2004-03-25（2）.

[2] 郭婷婷，孟瑶，刘常晟.国外支持新型农业经营主体政策对河南的启示 [J].河南农业，2019（25）：10.

[3] 郑子豪.法国中等农业职业教育的经验及启示 [J].中国农业教育，2013（2）：31-36.

[4] 赵恒.新型职业农民培训的国际比较及经验借鉴 [J].继续教育研究，2016（8）：30-35.

[5] 平培元.法国的农业教育 [J].世界农业，2002（11）：35-37.

主要设有中等职业高中、中等技术高中以及学徒培训中心 3 种培育形式，教育年限一般为 2~3 年，学生可以基于自身实际以及职业发展的现实需要，自行选择进入更加重视具体职业技能培养的职业高中的职业预备班或者注重农业技术专项指导的技术高中的技术分流班。[1] 进入不同班次学习的学生在毕业后可分别获得"农业职业能力证书"与"农业技术员证书"。[2] 这样既保证了中等农业职业技术教育质量，又满足了不同层级人才培养的多元需要。而作为中等职业高中、中等技术高中补充形式存在的学徒培训中心主要面向社会中已经从事农业生产工作但仍愿意参与到相关农业知识技能培训的青壮年农民，参训学员以学徒身份在培训中心以半工半读的形式接受农业职业教育培训，进一步提升自身农业知识技能水平。[3] 此外，农业见习也是法国中等农业职业教育中的关键一环，除了基本的课堂理论学习，所有农学学生还要在农业生产基地进行农业实践。学生可以根据自己的职业规划与从农兴趣所在，申请到不同类型的农场进行全方位的跟踪实习，将农学理论知识与实践经验相结合，从而为更好地接受高等职业技术教育或从事农业生产工作做好准备。

（2）高等农业职业教育

法国高等农业职业教育主要包括农业高级技术班、大学技术学院、农业职业学院 3 种，前两种主要接收从中等技术高中毕业且获得合格证书的学员，学生在学有所成并通过考核毕业后将获得"农业高级技术员证书"，而农业职业学院则主要面向已学完大学一年级课程的学生或已取得大学技术学院毕业文凭或高级技术员证书且有一定经验的学员。[4] 高等农业职业教育年限一般也是 2~3 年，课程设置追求专业性、实效性与针对性，以期为培养高级农业人才奠定扎实基础。此外，在法国，高级农业人才养成还要经过高等农业教育的培育，其中包括农业工程师教育和研究生教育。集农业教育、科研、技能人才培养于一体的高等教育体系，为法国农业现代化发展提供了优质、高端的人才储备与资源。法国注重"产学研"紧密结合的高等农业职业教育，真正实现了农业生产与农业学习、农业技术研发相结合，既促进了法国农业以最快的速度、最好的方式以及最高的质量发展，也为农民实现农业生产的低投入、高收入以及加快自身职业化转型创建了良好的培育氛围与环境。由此，健全、完善且层次分明的国家农业职业教育体系，为法国源源不断地培养具有较高农业技艺、较好务农涵养和较深从农情怀的农业工人、农业技师、农业工程师、农业硕士和农业博士等各类人才。

[1]　郑子豪 . 法国中等农业职业教育的经验及启示 [J]. 中国农业教育，2013（2）：31-36.
[2]　马吉帆，曹晔 . 法国现代农业职业教育体系及对我国的启示 [J]. 职业技术教育，2012，33（22）：88-93.
[3]　马吉帆，曹晔 . 法国现代农业职业教育体系及对我国的启示 [J]. 职业技术教育，2012，33（22）：88-93.
[4]　马吉帆，曹晔 . 法国现代农业职业教育体系及对我国的启示 [J]. 职业技术教育，2012，33（22）：88-93.

（3）农民职业培训

除了正规体系内的中等、高等农业职业教育，法国每年还组织各类面向务农人员的教育培训。据不完全统计，法国有农民技术培训中心八百多个，每年举办各类农业培训超过 6 000 次，加上地方一些专门机构和企业举办的培训达 1.2 万次，每年有 5 万多人接受各种培训。[1] 培训内容充分立足于市场、农民生产生活需要，帮助参训学员以更好的农业技术、更专业的农业知识以及更饱满的农业情怀投入农业耕作、经营以及管理等各个环节中。农民职业培训方式灵活，培训费用主要由当地政府负责，另外还对参训农民进行一定的津贴奖励与补助，一定程度上提高了农民参训的积极性，增强了农民对职业化转型的认可度。此外，法国成人教育、职业教育也承担了侧重不同、方式各异的农民教育培训工作，由此为农民职业教育培训事业注入了强大动力，与其他农民职业教育形式共同为法国农民的职业化转型建立了优势互补的农民终身学习体系。

（三）澳大利亚

澳大利亚位于太平洋西南部与印度洋之间，四面临海，是世界上较大的矿产资源国之一，其国土面积 769.2 万平方千米，总人口数 2 544 万（截至 2019 年 7 月），人均农牧业用地 30.2 公顷，相对于其他国家而言，澳大利亚农民的主要优势就是人均占地面积大、资源丰富。优越的自然环境为澳大利亚农牧业的发展提供了强劲动力，使其早已迈入农业现代化强国之列，其农业现代化程度使得澳大利亚从事农业的人口虽然仅占劳动人口的 3% 不到，但其出口的农产品却供养着全球 6 000 多万人口的生活。如此高的农业生产效率必定离不开背后辛苦耕耘、付出且以农业为职业的高素质农民。

1. 完备的政策法律保障

澳大利亚作为一个重要的农产品出口国，其在农民培育方面的政策与法规的制定、设计与贯彻、落实等方面都有相对完善的体系框架。就政策而言，澳大利亚健全的政策体系涵盖了农业风险管理、农业财务管理、农业可持续发展、农业资源可持续发展、农场金融支持援助以及农业研发、创新与教育培训等方方面面，为助力农民更好地从事农业生产活动提供了坚实的制度保障；[2] 就法律法规体系建设而言，澳大利亚同样重视新型职业农民立法工作，为农民职业培训设立的法案有《国家培训保障法》《澳大利亚技术学院法》《职业教育与培训经费法》和《澳大利亚职业教育与培训法》等。[3] 其中，澳大利亚将《澳大利亚职业教育法》作为指引新型职业农民培育事业的首要纲领，包括

[1] 郝婧 . 法国农业职业教育的启示 [J]. 北京农业职业学院学报，2008，22（4）：69–71.

[2] 叶湘 . 澳大利亚的农业政策及其启示 [D]. 福州：福建农林大学，2013.

[3] 胡景祯 . 新型职业农民培育现状与发展对策研究 [D]. 长沙：湖南农业大学，2016.

《技术学院法》等一系列法律，以期创建更为规范、完善的制度环境。例如，1990 年制定颁发的《国家培训和保护法》规定了各农民培训机构的责任与标准；2011 年制定颁发的《职业教育和培训法》则要求专门建立一个负责制定职业培训标准，并监督、考察培训效果的技能认证机构；同年，澳大利亚还制定颁发了《澳大利亚技术学院法》和《职业教育与培训资助法》等法规文件，明确规定了新型职业农民教育培训的商业化、市场化运作方式。[1]系列政策、法律的不断完善，有效地保障了新型职业农民队伍的不断发展壮大。

2. 稳定的资金投入

稳定的资金投入对澳大利亚农民的职业化转型起着关键作用。据统计，澳大利亚政府对公办职业院校的办学经费投入非常大，尤其是对高等大学与职业技术学院等政府办学校，早在 1986 年就拨款 8 200 万澳元（约 2 亿人民币）专门用于农民职业技术教育的发展。[2]同时，澳大利亚政府还对该国的农产品研发、农产品检验、农业环境优化以及农区经济发展等项目给予了大量的经济补贴和政策优惠。[3]除此之外，澳大利亚也针对农民培训经费的相关问题出台了专门的法案。例如《培训保障法》明确规定，年收入在 25 万澳元以上的农牧企业主，应将其工资预算总额的 15% 用于农工培训，[4]《职业教育与培训经费法》指出，应设立一个全国性的认证组织以教育培训机构的就业率与用人单位的满意度等因素来规定和测评全国的教育培训机构，并根据测评结果决定该机构是否有存在的必要以及是否持续对其提供总经费的 20% ~ 30% 的教育补贴等，通过此办法来扶持优秀的职业农民教育培训机构，淘汰不合格机构。[5]较为严格的资金供给、补贴制度与测评标准，一方面督促相关教育培训机构严保办学质量，提高服务水平；另一方面有效避免了国家有限资源的无效、低效供给，也降低了新型职业农民培育的经济成本。

3. 特色鲜明的教育培训制度

澳大利亚的农民教育同样层次分明、形式多样、覆盖面广，主要由中等农业教育、高等农业教育和农业职业教育培训 3 大类组成，且在对农民开展教育培训时基于农民自身文化水平、综合素养、知识技能等实际，切合国家、市场、农业现代化发展等需要，采用短期培训、全日制授课、半工半读、农场实训、企业实习、模拟练习等多种形式的

[1] 周瑾，李逸波，张亮，等 . 澳大利亚职业农民培育的探索与研究 [J]. 世界农业，2015（4）：184-190.

[2] 朱冰莹，董维春 . 世界一流农业大学的内涵及建设路径 [J]. 中国农业教育，2016（2）：16-23，36.

[3] 肖洁，孙宇 . 澳大利亚农民教育对我国新型职业农民培育的启示 [J]. 现代化农业，2019（4）：61-62.

[4] 朱鹤卿，曹晔 . 澳大利亚现代农业职业教育体系及其借鉴 [J]. 辽宁农业职业技术学院学报，2013，15（5）：37-40.

[5] 邓志军，黄日强 . 澳大利亚的农业职业教育 [J]. 世界农业，2004（12）：45-47.

授课方式，将培育理论与实践、教育科研与农业 3 者紧密结合，以增强新型职业农民培育活力，促进参训学员终身学习理念的培养、实际务农从农技能的提升等。

（1）注重学生实操能力的培养

注重农民农业生产、经营实践能力的培养是澳大利亚农业职业教育强调的一大重点。因此，几乎所有的在澳农学院都为学生开设了占整个教学时数 30% 的农业实践课程。[1]许多农业院所积极与附近农场、农业企业合作对接，努力为农学学生提供实训平台、创造就业机会，鼓励学生多参加农业实践，利用课余时间主动到农场参观学习，将课堂知识与实践相结合，真正做到"学以致用、学用结合"以及理论知识与实践操作技能的并序发展。澳大利亚农业职业院校注重农学学生实操能力提升这一做法为澳大利亚培养了不少实用型、技能型农业人才。

（2）实行学分制与证书管理制度

澳大利亚农民教育培训普遍实行学分制和证书管理制度，由此构建了学历、技能、培训证书互认互通的教育培训体系，即参训农业劳动者只要在规定时限内修完相应学分并达到规定的技能培训要求就能获得相应的资格证书。[2]学分制最大程度地整合了教育资源，实现了各种农民资格证书的互认与衔接以及各类农民教育与培训的沟通与融合，参训农民凭借资格证书便有了更大概率找到符合自身实际发展规划的农业岗位以及参与到更贴合自身实际需要的职业农民教育培训中去，为新型农民的职业化转型提供了多种可能。

（3）现代化培育手段

澳大利亚地广人稀，要将农民集中起来开展教育培训工作极为不便，因此，不仅多数教育培训机构充分利用现代技术手段开展远程农业教育，向农民发送最新的农业知识与信息，或是通过网络把专门为农民编写的涉农书籍、录制的音像视频等传播到农村地区；而且很多农民协会、教育组织、社会涉农机构等通过线上创设农业训练营、农业研讨会议等形式为新型农民职业化转型提供多样化服务，以满足不同层级、不同类型农民的个性化需要。新型职业农民培育是一项系统的民生工程，周期长、见效慢，需要为新型农民职业化转型提供不间断、可持续的长效服务，而借助现代化手段开展新型职业农民培育工程，能有效突破教育培训地点、时间、内容以及空间等限制，随时随地满足农民自主成长需要，是推动澳大利亚农业现代化发展的重要途径。

（4）规范新型职业农民教育培训标准

为了保证各大农民教育培训机构培育质量以及新型职业农民教育培训的科学性与合

[1] 邓志军，黄日强 . 澳大利亚的职业农业教育 [J]. 世界农业，2004（12）：45–47.
[2] 朱鹤卿，曹晔 . 澳大利亚现代农业职业教育体系及其借鉴 [J]. 辽宁农业职业技术学院学报，2013，15（5）：37–40.

理性，澳大利亚以政府为主导的涉农组织机构不仅对农民教育培训实施的全过程进行了严格的审查与监督管理、评估与整改，还对农民教育培训内容、方式等进行了规范化、统一化设计。首先，澳大利亚建立健全了新型职业农民培育的资格框架体系（Australia Qualification Framework，AQF），要求新型职业农民教育培训结业资格证书必须严格遵循国家标准进行颁发与评定；其次，澳大利亚为培训机构提供了一套基于农业发展现实需求与新型职业农民专业能力要求基础上制定的教育培训包（Training Package，TP），每个教育培训包涵盖了职业农民培育简介、能力评估标准、结业资格证书等内容，供培育组织机构在开展教育培训工作时参考，以保证参训学员在教育培训结束后可直接将其运用于实际等。[1]

（5）重视与农业市场经济相结合

重视与政府职能部门、农产业生产经营部门、咨询部门、农民培训机构的协调配合是澳大利亚职业教育成功的关键因素之一。[2] 这种配合、协调不仅能使相关育农机构更加明确育农方向，还能根据农业市场发展需求、农业生产经营现状等及时改变育农方向、变革育农方法、增设育农课程以及调整育农专业设置等，以扩大农民培育弹性，并在紧密契合农业市场发展需求的基础上，增强新型职业农民培养的针对性与时效性。[3] 同时，符合农业市场经济发展需求的新型职业农民培育事业也能争取到更多、更广的办学经费资助，有更好的发展前景。

（四）日本

日本作为一个岛屿国家，国土总面积为 37.8 万平方千米。其中，农业耕地面积 476 万公顷，仅占国土面积的 14%；全国人口约 1.27 亿，但农业人口数量却不足 200 万（截至 2016 年）。[4] 日本人均农业经营规模小、劳动力资源匮乏，但其农业现代化程度却远超我国，并在以小农户为主的背景下，逐步形成了小农户加农业协会的农民职业化模式。[5] 日本农业取得卓越成效必然离不开健全的制度保障体系、全方位的资金保障、独特的农业协作合作社（简称"农协"）、多层次的教育体制保障以及综合素养高、职业能力强的新型职业农民。

1. 健全的法律保障

日本重视立法与新型职业农民培育的协调发展，将法律法规体系的建立健全作为推

---

[1] 周瑾，李逸波，张亮，等.澳大利亚职业农民培育的探索与研究 [J]. 世界农业，2015（4）：184–190.

[2] 邓志军，黄日强.澳大利亚的农业职业教育 [J]. 世界农业，2004（12）：45–47.

[3] 李月.发达国家新型职业农民教育培训的经验总结与建议 [J]. 职业通讯，2020，35（6）：114–122.

[4] 李瑶，万蕾.职业农民培育：日本的经验及对我国的启示 [J]. 农民科技培训，2019（3）：42–44.

[5] 洪仁彪，张忠明.农民职业化的国际经验与启示 [J]. 农业经济问题，2013，34（5）：88–92.

进国家农业现代化发展与新型农民职业化转型的前提与保障。19世纪80年代，日本政府颁布了第一个关于农民教育的通则，即《农学校通则》，为新型职业农民培育工作的开展确立了最初的法律依据；[1]20世纪40年代，日本政府颁布了《农业改良助长法》，规定国内所有地方政府都要构建农民培训机构，且政府需要负责农民职业培养费用的50%，该项要求持续至今，成了日本新型职业农民的发展基石。[2]此后，日本政府又相继颁发了《社会教育法》《青年振兴法》《粮食、农业、农村基本法》等法律法规，在资金、资源、基础设施以及公共服务等各方面加大对新型职业农民培育的支持力度，有效保障了新型职业农民的素质提升与可持续发展，[3]这为日本新型职业农民队伍建设提供了强大的助推力。此外，为保障新型农民职业化转型教育培训的高效高质实施，政府还出台了一系列农业补贴、信贷优惠、资金支持等政策措施，以期在各个领域为新型职业农民培育提供政策支撑。

2. 全方位的资金扶持

日本政府对新型职业农民培育工程经费的投入、补助的重视有利于推动该工程的顺利开展。日本新型职业农民培育经费通常由中央政府与地方政府共同承担，[4]以保证能对所有有需要的农民提供免费的技能培训与实习指导。除了通过提供农民培训经费、降低参训门槛，日本政府还为农业生产经营者提供务农补助。例如，日本政府会对能在国家承认资格的农业学校或机构接受培训，准备从事或已经开始从事农业生产、经营的45岁以下的青年农民提供不同数额的青年务农补助金。前者在培训期间可获得150万日元/年，最长5年的补助；后者在培训期间则可获得150万日元/年，最长2年的补助。而对开展新务农者培训的组织或机构，也可提供最多120万日元/年，最长2年的补助。[5]日本政府为新型农民职业化转型提供的参训补助，在一定程度上免除了农民后顾之忧，提高了农民参训积极性与主动性。

3. 农协发挥至关重要的作用

与其他农业现代化强国不同的是，日本主导农民培育事业开展的组织机构不是政府，而是农协。农协是集农村、农业、农户3类组织为一体的综合型社区组织，既是政府的别动队（意为政府各项农业政策的实际执行人），又是农业经营组织，发挥着联结农户

[1] 费娜，魏红.日本职业农民培育的经验及启示[J].当代职业教育，2018（4）：37–41.

[2] 覃扬庆.国外新型职业农民培训的经验与合理借鉴研究[J].农村经济与科技，2018，29（8）：225.

[3] 姜华珏.日韩职业农民培育机制研究[J].世界农业，2016（8）：224–226.

[4] 王丽芳.新型职业农民培训路径分析：基于国际经验的思考[J].河南财政税务高等专科学校学报，2017，31（3）：50–53.

[5] 李瑶，万蕾.职业农民培育：日本的经验及对我国的启示[J].农民科技培训，2019（3）：42–44.

与市场、农户与政府的作用。[1]截至2012年，日本综合性农协已发展至2 472个，专业性农协3 513个，遍布日本农村各地。[2]日本农协已经深入农民生产生活的方方面面，其工作范围极广，服务内容极其全面，从农业政策、法规等顶层设计的贯彻落实到市场农业人才需求调研、新型职业农民培育规划制定，从农具、农机、肥料等农业生产资料的销售与租用到农作物、农产品的种植与购销，从农民农业贷款、保险等金融服务到农民教育、培训等专业成长等各个方面规范着日本农业耕作质量、调控着农业市场价格、保障着日本农民最根本权益。此外，日本农协还为日本新型职业农民培育事业提供最切合实际的指导与支持，农协成员会在农民有需要的时候主动上门为其提供技术指导与问题解答，会将农民组织起来开展教育培训、举行农业经验交流会等，在潜移默化中不断改善农民的农业技术与生活水平，助力新型农民的职业化转型。

4.多层次的农民职业教育培训体系

日本相对完善的农民职业教育体系为其培养了大批新生代农民，提升了成年农民农业专业素养与实践技能。目前，日本农民职业教育体系采用双轨制，一轨为"文部科学省系统"，另一轨则是"农林水产省系统"，[3]并由低到高分为5个层次，依次为农业指导士教育、就农准备校教育、农业高等学校教育、农业大学教育以及大学本科教育，分别为日本培养农业指导士、转岗进入农业的人员、新手农民、应用型农业人才、农业高科技人才和教学人才。[4]其中，文部科学省系统主要负责中、高等农业教育，开设农业机械、园艺、畜产等课程，主要对学生实施专门的农业知识与技能的培养，更多地体现为一种学历教育；而农林水产省系统则偏向于为农民提供继续教育与学习的机会，属于非学历教育性质，通常通过举办系列涉农讲座、短期培训、农业教育活动、试验等形式为农业生产者提供持续的再教育工作。[5]此外，日本还特别重视将农业科研与教育成果转化为实际生产力，因此建立了融农业教育、科研、农技推广为一体的农民职业教育体系。[6]

（五）韩国

韩国位于亚洲东北部，国土面积约10.4万平方千米，截至2022年6月，耕地面积175.9公顷，总人口约5 200万，农业人口约占总人口数的6.8%。韩国比较重视先进农

[1] 李逸波，张亮，赵邦宏，等.中日比较视角下的日本职业农民培育体系研究与借鉴[J].世界农业，2016（5）：186–193.

[2] 陈楠，郝庆升.国外农业组织化模式比较分析及对中国的启示[J].世界农业，2012（8）：57–61.

[3] 澤田守.Status and problems of agricultural training to new farmers[J].Japanese Journal of Farm Management，2003（41）：96–99

[4] 洪仁彪，张忠明.农民职业化的国际经验与启示[J].农业经济问题,2013，34（5）：88–92.

[5] 李瑶，万蕾.职业农民培育：日本的经验及对我国的启示[J].农民科技培训，2019（3）：42–44.

[6] 李瑶，万蕾.职业农民培育：日本的经验及对我国的启示[J].农民科技培训，2019（3）：42–44.

业技术在农业生产中的运用以及综合素养高、职业技能强的新型农民在农业职业教育中的培养，是在亚洲最早实现农业现代化的资本主义国家。在韩国，新型职业农民是指在新生代青年农民基础上培育出产业经营与管理水平具有国际市场竞争实力的农业大户。[1]

1. 健全的政策与法律体系

农业政策与法律的制定与落实是确保农民基本权益以及推动新型职业农民培育工程稳步前行的有力保障。韩国政府尤其重视出台相关政策与法律来统筹农民、农业乃至农村的发展，并始终坚持以农民发展为中心的目标导向，以切实维护农民的根本利益。韩国 1949 年颁布的《教育法》，规定大力兴办农学院，并将农协大学设立为培养新型职业农民的主阵地；1978 年推行的"产校协作"政策则明确指出，企业应为学校提供实习场地，而学校要为企业培养适用人才。[2] 随后，韩国政府又相继颁布实施了《农村振兴法》《农渔民后继者培养基金法》《农渔村发展特别措施法》《农业、农村基本法》《兵役法》等系列法律法规政策文件[3]，规定了农民培育的目标、方式、内容，明晰了农民培育的经费来源、设施建设，详细规定了农渔民后继者的培养方向、培育对象以及成长规划等。其中《农村振兴法》作为韩国农民职业教育的里程碑式文件，更是提出将农民职业教育发展成为一个"终身教育的过程"[4]，由此为韩国职业农民的长期发展奠定了更加扎实的政策基础与法律依据。

2. 重视农业后继劳动力的培养

韩国尤其重视对新生代职业农民、后继农民以及留守妇女农民的培养，为此专门出台了相关的扶持政策，制定了专门的法律条款，开展了相关的教育培训，以推进韩国农业的可持续发展。除了制定颁布诸如《农渔民后继者培养基金法》等专门的法律法规来持续补充农业后继劳动力以改善韩国农民老龄化、没文化等现状，各地方政府还相继出台不少配套政策激励、吸引更多青壮年投身农村事业，成为有文化、懂技术、善经营的新型职业农民。例如，在农业生产资料方面给予帮扶，为农产品生产销售创造平台，为农民参与教育培训提供资金补助，成立专门的农民组织为其随时提供技术援助与信息咨询服务，免除农渔民后继者兵役时间并提供从事农业创新生产经营与管理所需的贷款等，确保新型职业农民在惠农兴农政策上的优先享受权及特别权益等。据统计，截至 2013

---

[1] 王丽丽，赵帮宏，吕雅辉，等. 国内外新型职业农民培育的典型做法与启示 [J]. 黑龙江畜牧兽医（下半月），2016（7）：278–280.

[2] 刘科：韩国农民职业教育对我国新型职业农民培育的启示 [J]. 现代化农业，201（1）：46–47.

[3] 张亮，周程，赵邦宏，等. 国外职业农民培育比较分析及经验借鉴 [J]. 高等农业教育，2015（6）：122–127.

[4] 王丽丽，赵帮宏，吕雅辉，等. 国内外新型职业农民培育的典型做法与启示 [J]. 黑龙江畜牧兽医（下半月），2016（7）：278–280.

年，韩国政府每年投入2.4万亿韩元，吸引了4 500名青年到农村，培训了5 000名正在从业的青年农民，并培养了20万高素质专业农户。[1]韩国政府的重视、各种惠农兴农政策的出台以及农业信息技术的引导，为韩国新型职业农民的培育创建了宽松且极具吸引力的政策环境。

3. 多层次、多形式的农民培育体系

韩国新型职业农民培育主要由教育部门、农林部门和农协3个系统提供的4H教育、农渔民后继者教育和专业农民教育来完成，[2]并在3个系统的统筹规划下逐步形成了以农协中央院、农协大学和农协指导教育院为主体，各地教育院、新农民技术大学和农业经营技术支援团为支撑的职业农民培育体系。[3]其中4H教育是一种面向韩国大多青年学生的教育，主要为韩国培养有智慧、身心健康、动手能力强的青年农民，旨在改善韩国农业后备力量不足的处境。因此，4H教育的培育内容相对广泛，不只局限于青年农民对农业知识与技能的学习，而且是在中小学教育中通过设立与农业知识相关的选修课程，渗透农业职业教育思想等，使得在普及农业知识的同时发展学生务农兴趣与智慧；农渔民后继者教育与专业农民的教育是相辅相成的，专业农民教育是在农渔民后继者教育基础上的进一步深化与精准，是以农业知识技能提升、管理经营能力培养等为目标的专业教育。因此，其教育培训系统内有层次相对完整、形式相对多样的中等、高等农业职业教育以及农民教育培训，其最终目的是让农民实现思想素质化、职业技能化、能力专业化。

二、国外职业农民培育的典型经验

（一）健全的农民保障体系

1. 政策、法律保障健全

新型职业农民培育事业的成功必然离不开系列惠农兴农政策与法令法规。以美国为首的农业现代化强国完善的政策保障体系使得大多农民愿意投身农业生产行列、参与新型职业农民教育培训事业并乐在其中，健全的法律法规体系维护了新型职业农民培育工程的合法地位，使得职业农民培训更加规范化、合理化。此外，法国、澳大利亚、韩国、

[1] 高翠玲，王德海. 韩国农民培训的经验及启示 [J]. 内蒙古农业大学学报（社会科学版），2006，8（2）：197-198.

[2] 王娇娜，曹晔. 韩国现代农业职业教育体系及对我国的启示 [J]. 职教论坛，2013（25）：88-92.

[3] 姜华珏. 日韩职业农民培育机制研究 [J]. 世界农业，2016（8）：224-226.

日本等国家同样也颁发并实施了诸多维护农民培育工作顺利开展的政策与法规，为新型职业农民的职业化转型奠定了坚实的法律基础以及提供了有力的制度保障。

反观我国的农民培育政策与法律制定的实施现状，却处于相对匮乏与缺失状况下，由此难以保障新型职业农民培育所需投入的人力、物力与财力资源，难以维护农民基本权益、界定各涉农组织机构的权责与义务，更难以维持新型职业农民培育工作的有序开展等。目前，相关政策、法规等在顶层设计方面不断显现出一些与其战略定位不协调的障碍，阻碍了新型职业农民培育工作的顺利开展。首先是在政策层面，长期以来政府持续努力建立健全政策体系并明确"到2020年，基本建立框架完整、配套协调、措施精准、机制有效的政策支持体系"，然而现实的育农政策却凸显出完整性、协调性、实用性以及针对性不够等特征，主要表现在配套政策措施相对缺乏、区域政策倾斜力度不够、惠农强农政策落实偏差以及政策执行缺少协同、约束力不够等方面，从而导致为促进农民职业化转型而开展的教育与培训工作跟不上农民自身发展需求、农业现代化转变要求以及新农村建设需要。[1] 其次是法律层面，尽管现有的《中华人民共和国教育法》《中华人民共和国职业教育法》均从国家层面规定了"允许适当将农村科学技术开发、推广经费用于农村职业培训"，"鼓励开办多种形式的实用技术培训以促进农村职业教育发展"等，并因此赋予了我国新型职业农民教育培训工作开展的规范性与法定性，但却因为缺少专门且全面的农民教育培训法律法规对育农管理制度、保障条件等方面进行细则说明与专项罗列，从而导致农民培训经费使用效率不高、教育培训效果不理想、受训农民津贴补助难以保障等现象仍时有发生[2]。

2. 经费保障充足

新型职业农民培育工程的顺利开展除了需要健全的政策支撑与法律保障外，持续且稳定的资金投入也是决定其培育质量的关键。几乎所有农业现代化强国用于新型职业农民培育的经费都以政府资金投入为主，同时鼓励各组织机构、企事业单位以及民间涉农协会等社会资本积极参与。据相关统计，英国用于农民培育的费用70%来自政府，美国在这方面的年均投入也高达600亿美元，德国农民教育经费同样占国家教育总投资的15.3%；[3] 而法国不仅对农民教育提供经费资助与补偿，还设立了专项资金用于扶持农业科研与科技推广工作；韩国政府更是明确规定每年划拨2 000万～5 000万韩元用于农渔民后继者与"二代"农民的培养，还为专业农户提供2 300万～1亿韩元的资

[1] 兰海涛，李月，屠明将 . 论新型职业农民教育培训的现实困境与优化路径 [J]. 教育与职业，2020（10）：74–78.

[2] 兰海涛，李月，屠明将 . 论新型职业农民教育培训的现实困境与优化路径 [J]. 教育与职业，2020（10）：74–78.

[3] 吕莉敏 . 基于新型农业现代化发展 培养新型职业农民 [J]. 中国职业技术教育，2013（30）：73–76.

金援助。[1]

相比之下，我国在新型职业农民培育工程的经费资助力度上还有待加强。中华人民共和国成立以来，我国在优质资源投入、基础设施建设以及经费扶持等各方面都有意向城市倾斜，乡村也一直扮演着以牺牲自身发展而支持、哺育城市建设的重要角色，因此促进农民发展的培育事业也处于政府经费扶持的"边缘地带"。新型职业农民的培养需要大量的培育资金作保障，尽管近年来我国中央财政为促进新型职业农民培育工程秩序开展划拨了大量经费，从 2016 年的 13.86 亿元到 2017 年的 15 亿元再增至 2018 年的 20 亿元，为新型职业农民的培养提供了一定的资金保障，但来源渠道单一的扶持方式使得育农经费仍然处于投入不足、分配不均、争取困难的尴尬境地，由此进一步导致了现有新型职业农民培育成效不明、覆盖面不广等问题出现。

（二）完善的农民管理体系

1. 以政府为主体的多元一体化管理格局

调动多方涉农组织力量、强化涉农机构支撑作用，逐步建立健全以政府为主体，农业部门、农业大学、农协以及社会涉农组织与机构多方参与的多元一体协同管理格局是发达国家更好统筹、治理新型职业农民培育工程的重要举措。[2] 例如，韩国农业后继者的培育通常是由教育部门主管的中高等育农院校、农业部门统筹的国立农业专业学校以及农协负责的农业研修院等 3 方机构共同推进；美国政府也在推行农业科研、农技推广、农业教育"三位一体"的教育管理模式；日本农民培训同样由国家统筹规划，政府农业部门指导协作，教育系统分工实施，农业改良普及系统再予以配合；[3] 德国农民培育也在整体上表现出政府与非政府组织、营利与非营利机构、育农系统与社会企业、农协与农户共同承担的特点。[4] 由此来看，各国均在集聚来自政府、市场、社会、学校、农协以及农户个人等的多方力量，旨在创建以为农民服务为宗旨且有助于维护农民基本权益、获取优质农业资源、提升农业知识技能以及促进农民职业化转型等为导向的多元一体化管理格局，共同保障新型职业农民培养工作的开展。

就我国育农组织机构现状来看，尽管农业部的文件指出，目前已然形成了"政府统筹、农业部门牵头、社会力量参与、农民自主自愿"[5]的管理格局，但反观现实却不难发现，我国育农培训依旧处于管理失衡状态，整体呈现出政府包揽、部门力量弱小且缺乏合作

[1] 高翠玲，王德海. 韩国农民培训的经验及启示 [J]. 内蒙古农业大学学报（社会科学版），2006，8（2）：197–198.
[2] 李月. 发达国家新型职业农民教育培训的经验总结与建议 [J]. 职教通讯，2020，35（6）：114–122.
[3] 洪仁彪，张忠明. 农民职业化的国际经验与启示 [J]. 农业经济问题，2013，34（5）：88–92.
[4] 赵恒. 新型职业农民培训的国际比较及经验借鉴 [J]. 继续教育研究，2016（8）：30–35.
[5] 李月. 城乡融合背景下新型职业农民培养的困境与对策研究 [J]. 成人教育，2020，40（1）：47–53.

意识、基层干部失职等特点。[1]而相关职能部门之间也缺乏有效的协同合作，尚未建立起基于各自职能与现实情况的相互协调、相互统一的领导机制，无法保障新型职业农民的培育工作有序实现从战略决策部署到贯彻执行落实再到测量评估监测等各环节的有序衔接。此外，社会力量参与不足、涉农组织服务理念与服务意识薄弱等困境，也使现有育农服务体系出现相关部门各自为政、新型职业农民培育工作处于无序状态等，由此进一步导致育农工作效率低下、有效资源分散、难以持续发力等诸多问题出现，阻碍了新型农民职业化转型的步伐。

2. 重视发挥各类兴农惠农组织或农协的帮扶作用

各类农民协会组织作为政府与农民之间的中介与桥梁，是维护农民利益、保障农民权益、表达农民诉求的最根本途径，也是发展现代农业、培育新型职业农民最重要的平台。发达国家普遍重视各类农民协会组织的创建与发展，也正是因为农民协会组织的助力，才得以支撑起各国新型职业农民培育工程的顺利实施。各类农民协会一方面承担着将基层农民的实际需求反映到不同职能部门，以促进相关问题及时解决；另一方面，又在政府的统筹下向农民普及农业技术、为农民提供购销渠道、给农民提供金融贷款等服务，为新型农民的职业化转型提供全方位、多功能的服务。例如，日本几乎每个农村村落都有农协组织，且全国99%以上的农业经营生产者都加入了农协。农协承担着为农民提供"从摇篮到坟墓的一切帮助"的职责，涉及农户生产经营的方方面面，如农产品加工、销售、农业技术指导、职业培训、金融服务等；[2]美国的农民合作社、"4H俱乐部"等农协组织同样为美国新型职业农民的发展提供了巨大推力；韩国也在政府的统一部署下，建成了以农民协会为主体的农村振兴厅、农业院校等，旨在尽可能多地吸纳社会力量投入到农民教育培训体系的建立健全过程中。[3]

就我国而言，农民组织化程度低是当前很明显的现状。与国外新型职业农民发展境遇相比，我国新型农民职业化转型过程中因为缺少相关农民协会与惠农兴农组织的帮扶而相对缺乏农业信息资源获得渠道、发展诉求表达通道以及农业知识技能沟通平台，农民群体得不到社会真正的关注、重视与帮助，使其难以融入与认可新型职业农民培育工程，新型农民职业化转型更是滞后发展。而当下在我国农民组织化的发展实践中，涌现出的各种类型的合作经济组织，有的并不属于严格意义上的合作经济组织，[4]并不能真正有效贴合且满足农民实际发展需要，其为农民提供的服务内容与范围过于狭窄，组织营利性质较强、扶持力度十分有限等弊端也日益明显。但是要长期助力新型农民职业化

[1] 秦启光，刘剑虹.协调治理与新型农民教育培训管理体制改革 [J].宁波大学学报（教育科版），2016，38（1）：90-94.

[2] 张峰珍.农民收入问题的国际比较研究及对我国的启示 [D].保定：河北大学，2006.

[3] 赵恒.新型职业农民培训的国际比较及经验借鉴 [J].继续教育研究，2016（8）：30-35.

[4] 陈楠，郝庆升.国外农业组织化模式比较分析及对中国的启示 [J].世界农业，2012（8）：57-61.

转型，培育优质的现代化农业人才，就需要一定的外部环境支撑与组织依靠。因此，推动建立相关农民团体、惠农兴农组织以及农民协会等成为当下助力新型职业农民实现增收致富、推动农业产业兴旺以及建设农业现代化强国亟待解决的重要问题。

（三）严格的农业职业从业标准

1. 强调实行职业资格准入与证书制度

大多农业现代化国家对投入农业生产经营的从业者都推行了严格的职业资格准入制度，即农民被视为一种职业，从事该职业的人需要经过系统的职业培训、专业检测以及资格考核，考核合格且获得不同等级的从业资格证书之后，才能从事不同类型的农业生产与经营工作。针对农民实行的职业资格准入与证书制度，在提高农民从农、务农门槛的同时，也促进了农民的职业化、技能化以及专业化转型。例如，德国的绿色证书制度规定农民须持证才能上岗。而绿色证书的获取需从农、务农人员先接受3年正规的农业职业教育，再接受3年学徒期的农业技能培训，最后再参加相关考核；[1] 英国也同样设置了多达11种农业职业培训类证书和4种技术教育类证书，明确规定，只有持相关证书的人员才能从事农业生产、经营与管理活动，并且英国还成立了严格的职业资格考试委员会，对职业农民等级资格证书考试进行严格管控，以提高农民的准入门槛；澳大利亚农业职业教育培训体系则与学历教育体系互联，职业农民资格认证书又与学历互相承认，同样提升了农民职业资格证书的含金量与认可度；[2] 韩国农民培训体系中虽然没有专门的职业资格认定程序，但其强调将农业技术教育与培训贯穿在职业教育的各个阶段，并实施"农民接班人申请选拔制度"，这从另外一个层面表现出该国对农民职业资格准入与证书制度的认同[3]。

我国在农民职业资格准入与证书制度方面与国外发达国家存在较大不同。首先，就我国新型职业农民培育实际来看，农民参与了新型职业农民工程短期培训且经考核认定合格后才能被确定为新型职业农民，并发放新型职业农民培训"绿色证书"，但证书认可度和含金量与国外此类证书相比还存在很大差距，尽管获得"绿色证书"在我国可以享受国家部分优惠扶持政策，但与普通农民所能获得的帮扶区别并不大；其次，与国外分等级、分层次、分类别的新型职业农民资格证书相比，我国新型职业农民资格证书类别相对单一，并不能很好地体现出农民擅长从事的农业职业的不同；最后，新型职业农民准入门槛相对国外较低，我国大多数农民的文化水平落后于国外农民，但具有初中

[1] 胡景祯.新型职业农民培育现状与发展对策研究[D].长沙：湖南农业大学，2016.
[2] 胡景祯.新型职业农民培育现状与发展对策研究[D].长沙：湖南农业大学，2016.
[3] 李月.发达国家新型职业农民教育培训的经验总结与建议[J].职教通讯，2020，35（6）：114-122.

以上文化程度、收入主要来源于农业的农民，都可申请参加新型职业农民培育。此外，当前职业农民培育工作本身面临着农民内生动力机制匮乏与外生动力激励不够的艰难处境，再加上我国农民"离农""去农"现象明显，农村农业人才流失严重等使当下农村农业劳动力数量十分有限、力量非常薄弱。因此，目前在我国建立严格的新型农民职业资格准入体系以及证书制度还面临着巨大挑战。

2. 注重新型职业农民综合素养的提升

在农业现代化强国中，所有值得坚持的技能，如精明、适应能力和商业头脑，都被列为有助于新型职业农民成功种田的必备素质。农业被看作一种创业、一个综合性的项目，其中个人必须完成多种任务，如"经理、工人、工匠和商人"的组合。为此，大多发达国家都将农民文化、科技、思想等综合素质的提升视为必然之举也是应有之义。例如，美国农民不仅文化水平普遍较高，还很重视农业人员可持续发展理念的培养，其高中以上（包括大学）文化程度的农民占90%，50岁以下的农民中也有50%具有大学或大专文化水平；[1]德国每万名农业人口就有40多名农业科技人员。由此可见，国外发达国家对农村劳动力文化素养以及职业技能的重视程度。

我国国家统计局统计显示，我国在农业生产经营方面存在技术性人才严重不足的困境，实用人才仅占农业劳动力的1.5%，且大部分农民文化水平较低，一般只有小学、初中学历，仅有4.3%的农业经营者接受过中等或中等以上的学历教育，而参加过农业技术教育及培训的更是寥寥无几。[2]因此，与国外发达国家的农民相比，我国农民整体上表现出文化水平较低、科技素养不强、思想素质不高等现状。正是因为这样，农民由于自身文化水平限制，难以在农民教育培训中高效吸收自身所需的农业生产知识与技能；由于自身科技意识不强、科技应用能力薄弱，难以实现"科学种田""高效生产""精准务农"的职业化转变；也因为农民处于自我封闭、保守、短视、盲从状态，所以其对新型职业农民教育培训更是表现出参与性不强、积极性不够、认可度不高等现象。

（四）完备的农民培育体系

农民培育体系的建立是影响新型职业农民培育的关键因素之一，农民思想观念的转变、专业技能的提升、综合素养的培养等都有赖于农民教育培育体系的健全与完善。几乎所有农业现代化强国都十分注重农民教育与培训问题，无论是在政策立法、经费投入等方面，还是在基础设施、师资队伍建设等方面，都为国家农业培育体系的完善与健全提供了充分的支持与保障。包括美国、法国、日本、韩国等在内的诸多国家都建立了制

---

[1] 周一波，储健. 构建新型职业农民培育机制的探索 [J]. 江苏农村经济，2012（8）：61-63.

[2] 周婕. 国外农业经营方式的比较研究：以美国和日本为例 [J]. 世界农业，2017（12）：169-174.

度完善、体系健全的农民培育体系，且基本形成了初、中、高等农民职业教育相互衔接，学历教育、职业教育相互贯通，正规教育、职业培训相互补充，各职能部门相互联系的农民教育与培训体系。

与发达国家健全且完善的农民教育体系相比，我国新型职业农民培育体系的发展却逐渐表现出不同层级的农民教育相互分离、培育机制交叉混乱、参培机构结构布局不合理等现实问题。首先是不同层级的农民教育相互分离、对立的问题。在我国，面向农民并助力农民身份的职业化转型的教育类型大致可以概括为农村普通教育、农村成人教育以及农村职业教育3类，但3类教育一定程度上却表现出农村普通教育不"为农"、农村职教发展滞后以及农村成人普通教育陷入徘徊、停滞的尴尬处境，且三者处于相互分离、对立的状态，相互缺乏协调与沟通，没能形成有效的衔接与融合，农民教育资源难以得到最大的整合与利用；[1] 其次是新型职业农民培育机制交叉混乱。按照我国目前农业生产关系和劳动力结构，新型职业农民可以划分为生产经营型、专业技能型和社会服务型3类。为了最大程度保障人才培育质量，新型职业农民的培育工作本应以不同职业农民类型的需求为导向建立健全的新型职业农民培育机制。然而，现行新型职业农民培育机制存在的交叉混乱现象进一步导致了培育对象定位不清、层次不明，培育内容浮浅笼统、没有针对性，培育方式相差无几、缺乏灵活性，培育效果差强人意、难以评估等问题；[2] 最后是参培机构结构专业布局不合理问题。涉农院校承担着新生代职业农民培育以及短期农民教育培训项目开展的重要职责，但却在专业设置上存在着与地方特色产业不匹配、深度不够、同质化严重以及脱离农业实用人才输出技能需要等局限；涉农组织，如农业科研所、农技推广站、涉农企业等，尽管在专业设置上立足于农民实际生产耕作知识技能的培训与推广，旨在定向定岗培养，但却相对缺乏理论知识、道德素养、生态环境等方面的内容；[3] 涉农培训机构能有效对接各区域产业特色与农民实际需求来开展教育培训工作，但同样存在专业设置覆盖面小且散、专业性欠缺等不足。

（五）国外农民收益可观，职业化转型概率大

国外发达国家开展新型职业农民教育培训事业以来，农业生产效率普遍提升，农民收入稳定提高，农业生产的营利性保证了农民这一职业的吸引性。据美国农业部统计，美国农户2017年的平均年收入达11.3万美元，远高于一般家庭的8.6万美元；[4] 澳大利亚农业和资源经济科学局也指出，澳大利亚单个农场的年净收入能达到11.6万澳元；

[1] 李月. 城乡融合背景下新型职业农民培养的困境与对策研究 [J]. 成人教育，2020，40（1）：47-53.

[2] 李月. 城乡融合背景下新型职业农民培养的困境与对策研究 [J]. 成人教育，2020，40（1）：47-53.

[3] 李月. 城乡融合背景下新型职业农民培养的困境与对策研究 [J]. 成人教育，2020，40（1）：47-53.

[4] 吴彬. 美国的新农业与新农人及其启示 [J]. 中国农民合作社，2019（11）：49-52.

而法国更是从 19 世纪便开始实行"离农终身津贴"（IVD）制度，解决了从农、务农人员的后顾之忧。[1]农民收益高、福利保障到位，由此提升了农民自愿加入农业生产活动中来的兴趣与积极性，使其更愿意接受让自身农业素养与技能提升的职业教育与培训，以获得更高效的可持续发展。此外，在发达国家，新型农民职业化转型的机遇大、渠道多，不管是正规的农民教育体系还是非正规的职业培训机构，均具备"数量多、覆盖面广、层次齐全"等基本特征，农民受益度高、参训效果好。例如，截至目前，澳大利亚已有 5 600 个职业培训机构，173 所学徒培训中心，421 所职业培训中心；[2]英国有 200 多个农业培训基地等。[3]所以，国外现有务农队伍中 80% 及以上的农民都有机会接受良好的职业教育与培训，传统农民成功转型的概率大。

相比国外新型职业农民培育事业的成功发展，我国新型农民职业化转型尚处于起步阶段，还面临诸多的现实挑战，比如正规的农民教育体系有待完善、非正规的社会职业培训机构数量有待提升等。但影响新型农民职业化转型成功的关键因素之一是在我国长期从事农业生产的农民，因为农产业成本高、投入大、收益低等，其难以获得长期、稳定、可持续的农业收入。由此大大降低了农民从农、务农的意愿，更直接影响了新型职业农民培育工程的顺利开展。

三、国外职业农民培育的主要问题

（一）培育对象不精准

农业人口老龄化是当前世界各国面临的共同问题，随着经济社会的发展，越来越多的青年一代因为农业生产的高成本、低收入以及较高的职业入职门槛、农业技术水平要求等原因选择跨入非农行业，农业劳动者行列中青年农民数量不断减少。例如，日本稻农的平均年龄在 73 周岁[4]，美国农民平均年龄在 60 岁且不断呈上升趋势等，国外发达国家农业人口老龄化严重。农业人口老龄化为新型职业农民培育工程带来了诸多挑战与困难，也为新型农民职业化转型的教育培训工作增添了阻碍。尽管各国针对这一现状采取了不同措施，例如，韩国着重培养农业后继者与青年渔民，美国注重新生代农民的塑造与培养工作等，这能在一定程度上有效缓解当前农业劳动人口老龄化的尴尬现状。但各国现有的新型职业农民教育培训工作在政策制定、资金扶持以及法律保障等各方面更

[1] 周瑾, 李逸波, 张亮, 等. 澳大利亚职业农民培育的探索与研究 [J]. 世界农业, 2015（4）: 184–190.

[2] 郑子豪. 法国中等农业职业教育的经验及启示 [J]. 中国农业教育, 2013（2）: 31–36.

[3] 李慧静. 现代农业发展中的职业农民培育研究 [D]. 哈尔滨: 东北林业大学, 2015.

[4] 李红欣. 日本农业人口高龄化危机研究 [J]. 世界农业, 2016（10）: 44–48.

多的是重视新生劳动力的教育培训工作而忽视了对长年稳定扎根农业生产一线且经验丰富的成熟农民潜能深层次挖掘与培育。新型职业农民培育工程在育农对象上显现出的不精准现状与当前农业劳动人口的年龄构成情况不适应。因此，各国新型职业农民教育培训工作在大力培养农业后继者的同时思考如何克服年龄障碍，更好地激发成熟农民内在潜力、提升老年农民知识与技能等是当前值得关注的重点问题。

（二）职业化转型门槛高

在农业发达国家，为更好地培养新型职业农民，大多都设立了专门的新型职业农民认证管理机构，制定了专门的教育培训准则并实施了专门的从业资格证书等，且普通农民要成为新型职业农民需要经过基础教育、技能培训、考核认证等系列环节。例如，在德国，青年需要在接受 9 ~ 10 年基础教育且获得学徒工证书的基础上，再经过 3 年农业职业教育并通过规定课程考核才能获得相应资格证书，成为新型职业农民；[1]以英国、法国等为代表的发达国家的农民同样需要经过严格的考核且获得职业资格证书才可以从事农业生产活动、开办农业企业等。[2]较为严格的职业资格准入模式、较为正规的职业认证考核环节以及较为健全的教育资源保障体系等，使发达国家新型职业农民培育工程获得了较为高质且长效的发展，也为各农业强国培养了大批劳动人才。尽管如此，发达国家新型职业农民教育培训工程仍然面临考核认证流于形式、培训内容脱离实际等现实困境，使部分新型职业农民表现出参训与转型积极性不高、主动性不强等现状，且过于烦琐的考试、审核、认证等环节对于较多只看重眼前利益的农民来说，是一种奢侈的浪费，这也从根本上限制了新型农民自身职业化转型的可能性与效率性。因此，如何改变现有的新型职业农民教育培训形式、提升教育培训质量以激发新型农民从农务农积极性、加速自身职业化转型是当前各农业发达国家亟待解决的共同问题。

（三）农民兼业化严重

农民兼业化一方面是指家庭收入主要以农业为主要来源的农户，同时也指以农兼工、以农兼商或兼营其他职业的农业经营者；另一方面也包括那些以从事非农行业为主要收入来源的农户，即以工兼农、以商兼农或者其他职业兼农的农业经营者。[3]农民兼业化在农业现代化国家十分常见，尽管国外农民农业收益可观，但大多数农户表示仅依靠农业收入较难维持日益增长的家庭生活需要，因此不得不同时身兼数职，通过兼

[1]　杨瞻菲.德国培育新型职业农民的经验与启示[J].新西部（中旬刊），2016（9）：139-138.

[2]　杜俊灵.国外主要农民教育模式的比较与借鉴[D].武汉：华中农业大学，2012.

[3]　樊英.职业农民培育问题研究[D].长沙：湖南农业大学，2014.

职其他产业来弥补从事农业生产收益的不足。以日本为例，1906—2011 年，日本专职农民占总农户的比重从 71.01% 下降至 28.03%，而兼业农民的比重却从 28.99% 上升至 71.9%。[1]农户兼业化尽管在一定程度上可以为农户创造多种收入来源，从而有效缓解农民生计危机，提升农户人力资本。同时农户的双重身份还有利于转移农村剩余劳动力，从而助力农村农业与城市产业的快速发展。但"以农为主、以工商为辅"或"以工商为主、以农为主"的农民兼业化现象的背后同样反映出国外农业生产规模小、农业产业收益低、农村农民流失严重以及农户无心经营农业等现实问题，这与新型农民职业化转型工程的初衷与目标取向不符。与兼业农民相比，新型职业农民是一种农业技能更专业，管理经营理念更科学，更愿意把农业作为终身职业的专职农民，是更有利于农业产业实现规模化经营、跨越式发展的新型农民。因此，基于现有背景，如何改善农民兼业化严重，推动农民由兼业化向职业化转型是大多农业现代化国家需要关注的重点问题。

（四）各层次涉农教育衔接不足

为了使教育培训更好地适应农民实际知识水平和能力，国外大多针对新型农民职业化转型开展的教育培训工作都是以不同参训对象的不同需求且分为不同层次进行的。总体而言，可以概括为农业职业教育、证书教育、教育培训三大类，基本形成了初等、中等、高等 3 个农民教育层次相互衔接的育农体系。学历教育与非学历教育并举、正规教育与业余培训相补充以及短期培训与持续教育相结合的多元化教育培训格局能有效适应新型农民职业化转型的多层次需求，但不同类型、等级的农民教育培训工作同样也存在育农方向不明、培训重点模糊、内容设置交叉混乱以及各教育层次衔接不足等问题，这容易导致农民教育培训资源被大量、重复消耗，农民参训效果减半、职业化转型意愿逐渐下降等。因此，如何明确不同层次农民教育培训方向，如何区分不同类型农民教育培训重点以及如何实现不同层次教育相互衔接等以促进各育农组织机构共同努力与协调，为新型农民的职业化转型提供全方位多角度服务是当前世界农业现代化强国应该思考的重点问题。

（五）涉农部门配合不够

以政府为主导、社会多元化机构广泛参与的治理格局为新型职业农民培育工程提供了坚实力量。以俄罗斯为例，其不仅强调充分发挥政府统筹作用，注重构建农业科研、教育、培训一体化发展格局，还主张设立系列涉农组织、培训中心等机构，来助力相关农学院、农业职业学校等完成新型职业农民的培育工作。此外，俄罗斯还允许设立对农

---

[1] 七户长生 . 日本农业的经营问题：现状与发展逻辑 [M]. 俞炳强，译 . 北京：中国农业出版社，1994：139-246.

民实施职业技能培训的私人学院，以增大农民参训可能性以及转型覆盖率等。[1]多部门、多组织、多机构参与配合，尽管能形成合力保证新型职业农民教育培训工作的顺利推行，但同样也存在以下问题[2]。例如，各职能部门之间因缺少相互链接与整合、缺乏及时沟通与协调等，造成育农组织各自为战、育农工作效率低下、育农资源分割分散、育农效果欠佳等问题出现；或是尚未建立起基于各自职能与现实情况相互协调、统一的领导体制的原因，而无法保障新型职业农民的培育工作能有序实现从战略决策部署到贯彻执行落实再到测量评估监测等各环节的有序衔接；又或是各职能部门服务理念与服务意识薄弱等原因，而存在被动地、应付式地实施新型职业农民教育培训工程，这同样阻碍了新型职业农民教育培训步伐。

（六）缺乏长效培育机制

通过总结、梳理世界农业强国在新型职业农民教育培训工程中的典型经验，本书认为，在国外育农事业中相关育农机构往往过于重视农民教育培训事业中的组织与实施工作，但却在助力职业农民持续转型与成长的跟踪、巩固与提高等环节存在明显的断层现象，缺乏培育长效机制与跟踪服务机制等。例如，农业现代化强国美国在推进新型职业农民培育过程中，虽然存在系列较为规范的育农政策宣传与实施、氛围营造与创设以及参训需求调研与分析等奠基工作，有着较为严格的资格认定与审核、教育培训与管理等根本环节，也形成了较为健全的育农保障体系以及较为完善的监督管理机制等，确保了美国新型农民职业化转型工程的高质高效进行，但新型农民接受职业化转型培育的时间受限。具体表现为相关育农组织机构没有为参训农民提供能助力其长久且持续获取农业知识、提升农业技能以及相关服务咨询工作的平台与媒介，使其所学农业知识技能指导实践效果不佳、针对性不强以及难以真正满足参训农民后续转型及知识更新需求等。新型职业农民教育培训工作的短期行为在一定程度上削弱了新型农民职业化转型效果，影响了新型农民职业化转型步伐。

（七）育农资源不均衡

受经济、文化以及自然环境等各种因素的影响与制约，国外新型职业农民培育工程的发展同样表现出明显的区域性差异、资源供给差异、投资管理差异以及育农政策执行差异等不均衡现状。以美国为例，尽管新型职业农民教育是以政府投入为主，但不同层

[1]　赵宗峰，赵邦宏，王丽丽 .“金砖国家”职业农民培育比较及对中国的启示 [J]. 黑龙江畜牧兽医（下半月），2015（6）：25-27.

[2]　李月 . 城乡融合背景下新型职业农民培养的困境与对策研究 [J]. 成人教育，2020，40（1）：47-53.

级的农学学生所能得到的相关政策扶持方式与力度是不尽相同的。比如，在美国接受中等职业技术教育的农业学生可以得到政府的全额资助，但是在高等职业技术教育层次中，只有公立教育机构就读的农学大学生可以得到政府 5/6 的学费资助，而在私立教育机构就读的学生则需要全部自费。[1]且近年来，美国对教育事业的投入正被越来越多的其他公共事务投入挤压，其引发教育资源短缺的同时农民教育的财政状况更是雪上加霜。育农资源的不均衡进一步拉大了不同地区、不同层级职业农民的培育差距。要构建起科学规范的新型职业农民培育体系，各国应最大限度克服自然环境带来的不均衡差异，减少外部条件带来的困扰，为所有愿意长期从事农业生产、经营、管理职业上的农户提供均等的育农资源与转型环境。

四、国外新型职业农民培育的启示与借鉴

（一）建立健全农民利益保障体系，提高新型农民职业化转型积极性

1. 构建科学完善的政策与法律体系，为新型职业农民的培育提供基础保障

加快新型职业农民培育步伐，是党和国家在新的历史条件下做出的重大战略部署，是事关国家建设、社会发展与人民福祉的重大决策。要改变当下的新型职业农民培育工作"无法可依""无策可询"的尴尬现状，我国可以充分借鉴美国新型职业农民培育的立法标准，坚持"依法治农""依法促农""依法护农"这一基本原则[2]，加快我国农民培育的立法步伐，明确规定在公立学校初等、中等教育中渗透农业职业教育，加强新型职业农民培育工作的法制化建设，进一步明确农民教育培训工作的战略地位，健全其资金投入、教师队伍建设等制度设计，确保各级政府、涉农部门以及基层干部等依法行政，帮助各参培机构、参训农民明确自身权利义务，法定新型职业农民认定管理、考核测评程序，以保证新型职业农民教育培训工作的高效、可持续发展；[3]又可充分借鉴法国政策制定取向，把相关育农政策的执行与落实工作放在突出的第一顺位，明确新型职业农民培育的教育方针、目标、举措等具体内容，并把具体的工作成效、相关的政策落实情况等作为该地绩效考核的重要内容，及时对政策执行过程中的薄弱环节与重难点工作进行研究总结与整改纠偏，不断增强地方政策的实效性、针对性、精准性；[4]还可充

[1] 张守权.国外职业农民教育的启示 [J].决策探索，2015（16）：80-81.

[2] 李月.发达国家新型职业农民教育培训的经验总结与建议 [J].职教通讯，2020, 35（6）：114-122.

[3] 兰海涛，李月，屠明将.论新型职业农民教育培训的现实困境与优化路径 [J].教育与职业，2020（10）：74-78.

[4] 兰海涛，李月，屠明将.论新型职业农民教育培训的现实困境与优化路径 [J].教育与职业，2020（10）：74-78.

分借鉴英国新型职业农民培育的典型做法，确切指出新型农民职业教育培训在国家教育体系中的重要地位、财政投入情况、涉农组织权责等具体规定，以加快出台强农、惠农、富农配套政策，切实维护农民利益，增进农民福祉，确保在法律上创建有效机制，在政策上作出具体安排，使我国新型职业农民培育工作得到高效、迅速发展。

2. 构建持续、稳定的经费投入体系，为新型职业农民培育工程提供财力保障

我国在育农经费投入方面应该充分参考农业现代化强国的做法，拓展资金投入的来源渠道，加大对育农工作的补贴力度，逐步实施助力农民职业化转型的激励制度、无偿机制等，为我国新型职业农民的培育工作提供原动力。首先是提供稳定的资金保障。比如美国、日本等国家，主要是通过立法的方式进行规定的拨款与使用，从而为农民职业教育提供稳定的资金保障，以避免培育经费出现"错发""漏发""少发"与参训农民"重复领取""多次领取"等现象。我国也应该注重保障育农经费的高效使用，通过立法、政策制定等举措确保育农资金到项目、福利到农户；其次是拓宽资金来源渠道，加大对新型职业农民培育的补贴力度。除了由国家财政拨款成立专门用于农民教育培训的专项资金，各区域应该发挥自身农业产业特色，在增加农户个人资金积累的同时吸引更多的社会资金投入到"三农"建设中，以拓宽地方农民教育培训经费来源渠道，为新型职业农民培育工程提供更坚实的资金支持。[1] 此外，我国还可参考美国"形式多样、灵活的激励制度"，结合农民在参训过程中的整体表现以及联系实际生产中的工作业绩对其进行不同程度的表彰与资金补助，以提高农民参训报酬，激发参训学员的积极性与热情；最后是逐渐在我国实行农民培育的无偿机制。农业现代化国家几乎都在践行这一机制，例如，英国明确规定农场工人在培训期间的费用以及工资都不用自己承担或者农场主支付，而是由农业培训局的政府基金予以支付，[2] 从而间接鼓励、引导农民参与到新型职业农民培育工程中来。此外，育农专项资金的拨付、分配与使用应该严格管理、监督与检查，以最大限度发挥有限经费的无限可能性。同时育农补助经费的发放工作应全面做好相关的记录与核查工作，以提高资金使用效益。

（二）建立健全新型职业农民服务支撑体系，确保育农工作有力有序开展

1. 强化涉农机构组织支撑作用，创建协同合作的育农管理体系

新型职业农民教育培训是一项民生系统工程，既要发挥政府的主导、统筹作用，又

---

[1] 兰海涛，李月，屠明将.论新型职业农民教育培训的现实困境与优化路径 [J].教育与职业，2020（10）：74-78.

[2] 张亮，周瑾，赵帮宏.国外职业农民培育比较分析与启示 [J].世界农业，2015（9）：214-217.

需要各职能部门的协作、支撑与配合。为推动新型职业农民培育工作的顺利开展，我国应该虚心汲取农业现代化强国的有用经验，建立健全由政府管理统筹、部门配合协同、基层干部监督执行的新型职业农民教育培训管理体制。[1]首先，协调各职能部门明确分工，加强各组织机构的协同配合。明确政府是职业农民培养的资源配置协调者以及各行为主体之间的链接者，应该担负整体规划与统筹工作；农业部门在职业农民培养中起决定性作用，应该担负贯彻落实政府相关决策部署以及监督、保障职业农民培养质量、方向等职责；农业职业院校、农业科研院所等其他相关部门则集聚人才、科技、信息等资源优势，对新型职业农民的培养有着最直接、最明显的影响，应该充分承担其新型职业农民的教育培训工作。[2]其次，各组织机构可以成立相应的职能部门，积极承担应负职责。例如，政府可以成立农业组织、领导、监督、调控等部门，农业组织机构成立决策、执行、管理、反馈、咨询等部门，农科院校则可以成立培训、服务、研究等部门，将职业农民培育工作予以细化，促进各部门职能的相互协调，以保障其培育质量。最后，针对各职能组织机构服务意识淡薄、民主意识缺乏现状，政府应该尽快采取相应的激励、督促措施，充分调动其参与新型职业农民培育工作的积极性。[3]总之，各涉农组织机构要最大限度地发挥自身效用，既要明确分工，又要注重协作，为我国新型职业农民的培育提供强力支撑。

2. 建立各类兴农惠农组织与协会，提高职业农民组织化程度

要想转变我国新型职业农民培育力量薄弱、资源分散等不利局面，我国可以借鉴国外经验，重视各类兴农惠农组织与农民协会的创建与发展。首先，大力鼓励、支持农协的创建。除了始终坚持政府主导，农业部门、农林院校、农技推广站等相关部门协调配合的新型职业农民培育的工作机制与格局，还应该大力鼓励成立具有较强的农民组织能力、较好的农民服务意识以及较丰富的农民培育经验的各类兴农惠农组织与农民协会，以提高农民的组织化程度。[4]例如，建立以农民专业合作社、农民协会、农民互助小组、农民交流团队等为交流互动平台的培训体系，并充分运用现代化信息技术手段实现群体资源共享与优势互补，充分利用"团队力量"解决自身发展困境，共同抵御农业生产经济风险等，最终随时随地满足我国新型农民职业化转型的知识与技能需要；其次，赋予兴农惠农组织或农民协会相应的权力并督促其履行相应的职责与义务。正如日本农协在农业生产生活中所承担着的农业加工、供应、储存、信贷、科技指导以及农民群众的理赔、

[1] 李月. 发达国家新型职业农民教育培训的经验总结与建议 [J]. 职教通讯，2020，35（6）：114-122.

[2] 李月. 城乡融合背景下新型职业农民培养的困境与对策研究 [J]. 成人教育，2020，40（1）：47-53.

[3] 李月. 城乡融合背景下新型职业农民培养的困境与对策研究 [J]. 成人教育，2020，40（1）：47-53.

[4] 李月. 发达国家新型职业农民教育培训的经验总结与建议 [J]. 职教通讯，2020（6）：114-122.

健康、旅游、相关礼仪、购销等一系列服务职责以维持农村地区农民的长期发展一样，[1] 我国也应该充分发挥相关兴农惠农组织与农民协会作用，为基层农民群众提供综合性服务，为新型农民职业化转型提供信息、资源与科技等方面的支持；最后，各类兴农惠农组织与农民协会的建立要明确以新型职业农民的培养为导向，尊重农民发展意愿，最大限度帮扶与指导农民的成长与发展。

（三）建立健全严格的农业从业准入体系，培养优质农业现代化人才

1. 严格农业人才职业资格准入与证书制度

与传统农民不同，新型职业农民培育工程是我国站位更高、立意更深远的战略部署，要想真正实现我国新型农民的职业化转型，培养优质的现代化劳动力，创建相应的农业人才职业资格准入与证书制度才能扭转传统农民发展的尴尬走势，才能提高农民的待遇与社会地位，才能深入挖掘农村地区留守农民的发展潜力、吸引各类"有志于农村农业发展"的进城务工人员返乡创业，才能助力新型职业农民培育工程获得更好成效。[2] 因此，相关涉农部门可以根据我国农民发展实际情况，适切地参考国外发达国家职业资格准入制度，以着力健全我国新型职业农民资格准入制度，为培养优质现代化农业人才承担好把关之责。首先，提高新型职业农民准入门槛。对申请新型职业农民培育的劳动者，不仅要设置文化水平门槛，规定教育水平需达到中等教育水平，还要注重对其现有的农业知识技能的考核，对其道德水平、乡土情怀、价值观念的审查，评测其是否具有高度的社会责任感，是否有农业创新理念，是否有共享意识，是否愿意带动其他人共同发展等，同时帮助其杜绝证书即砝码、证书即保障等心理；其次，加大新型农民职业资格证书的认可度与含金量。一方面，资格证书认可度的提升可以通过加强认定人才队伍建设、认定制度逐渐完善、认定标准逐渐严格等措施从外部保障；另一方面，也可以建立全国统一认定标准、统一评价体系等，使职业资格证书能在全国联网通用，增加其认可度。证书含金量的提升可以通过技术资助、人才引进以及资金补助等；也可以通过资源优先配置、基础设施优先设置、示范农场资格优先得到认定等措施加大对其帮扶力度，为其农业产业建设、升级、转型等提供绝对的支持与保障，使其在获得经济收益的同时提升自身的竞争力与吸引力。[3]

---

[1]　郭锦墉，蔡根女.加拿大农产品营销协会及其对我国的启示[J].农村经济，2006（3）：127–129.

[2]　李月.城乡融合背景下新型职业农民培养的困境与对策研究[J].成人教育，2020，40（1）：47–53.

[3]　李月.城乡融合背景下新型职业农民培养的困境与对策研究[J].成人教育，2020，40（1）：47–53.

2. 注重农民综合素养提升，培养优质现代化农业人才

我国新型职业农民培育工程应该立足农民发展现状，在充分借鉴国外发达国家有用经验的基础上，加强农民文化、科技以及思想素质的提升教育。首先是文化素质提升。文化素质提升是推进新型农民职业化转型的奠基工程。提高农村劳动力文化素质除了依托健全的农村教育体系，还可以通过文化下乡、开办乡村文化系列活动、建设乡村文化阵地、完善农村文化产业等举措帮助农民尽快融入现代乡村文明，为农民文化素质提升创建良好氛围。[1]其次是科技素质提升。新型职业农民科技素质提升可以从引导、帮扶、鼓励等方面着手。通过加强职业农民教育培训课堂的科技渗透，引导新型职业农民扎实掌握先进的农业科技知识与技能；通过创建"农业科技帮扶示范基地"、成立"驻村农技推广小组"，帮扶新型职业农民参与到农业科技的运用与管理中来；通过开展农业技术科普、宣传、展览等活动，鼓励新型职业农民在一定程度上了解重大农业科技成果与创新技术。[2]可以通过引导农民对自身小农思想与狭隘观念的自我审视与反思，帮助农民树立大局观念、舍弃个人私利，服务于"三农"工作发展整体布局；也可以通过加大乡村环境治理力度，加快基础设施建设步伐，创造美丽宜居的乡村生活环境，提升农民幸福感；或是注重对农民正确价值观的引导，提高自我职业化转型积极性等。最后是新型职业农民可持续发展观念的培养，应该将正确的务农、从农价值观贯穿到整个培育工作中，为他们合理使用自然资源、科学种植以及健康生活提供实用建议、操作指南等，帮助他们实现综合素养的全面提升。

（四）深化新型职业农民教育培训体制改革，最大限度地发挥教育培训整体效益

新型职业农民文化技能的培养、道德素质的提升以及思想观念的转变等离不开教育这一基本前提。首先，统筹农村普教、职教、成教一体化发展。调整农村农民教育结构体制，强化职业教育的引领作用，构建以职业教育为主，普通教育、成人教育并举的农村教育结构体系，同时充分利用互联网、大数据等现代科技，真正落实农村普通教育、职业教育、成人教育三教统筹工作，最大化整合城乡资源、优化教育配置，以全方位适应新型职业农民发展需要，共同助力新型职业农民的养成；[3]其次，践行"因材施教"的培育理念。主张根据我国职业农民的3种类型，即生产经营型、专业技能型和社会服务型来分别建立新型职业农民创业培植机制、基本文化技能培育机制以及职业农民自我

---

[1] 兰海涛，李月，屠明将.论新型职业农民教育培训的现实困境与优化路径[J].教育与职业，2020（10）：74–78.

[2] 兰海涛，李月，屠明将.论新型职业农民教育培训的现实困境与优化路径[J].教育与职业，2020（10）：74–78.

[3] 李月.城乡融合背景下新型职业农民培养的困境与对策研究[J].成人教育，2020，40（1）：47–53.

提升机制3种培育机制。[1]新型职业农民创业培言养机制主要是为培养从事建筑业、商业、运输业、餐饮业、服务业等经营主体带头人，应该更有针对性地对其进行创业生产管理、经营理念、经营方式、市场营销等方面的培养。基本文化技能培育机制的建立主要是面向农村实用型、技能型人才的培养，如农业技术人员等，应该注重对其种植技术、栽培方法、保育技能的培养。职业农民自我提升机制主要针对社会服务型职业农民，即长期从事产前、产中、产后的服务人员、农村信息人员、植保员等，应该重点对其进行服务理念、基本农业产业发展理论、信息技术应用能力等方面的培养；[2]然后，调整专业结构布局。地方涉农院校、组织以及培训机构专业设置应该统一协调、分工互补、协同发力，共同办好地方急需、优势突出、特色鲜明、多层多级的新型职业农民教育培训专业。涉农院校是育农主阵地，直接决定务农人才培养方向以及人才结构质量，其专业设置要根据世界农业科技发展、国家现代农业建设和地方农业农村经济发展的要求做到全面、深入且避免低效同质化，形成不同层次、不同规模、不同学科和区域特色协调发展的农业院校专业布局结构新格局。[3]同时涉农院校及各种育农组织机构的专业设置还应该主动对接新型职业农民培育工程，加快与地方特色产业深度融合，根据各地农业发展规划与新型职业农民培育的市场需求开设凸显地方农业产业特色且联系农民实际的特色专业，在教育培训内容、方式以及专业设置等方面做到区别于彼此，但同时又能在相互有所欠缺的理论学习、操作实践等层面形成补充，以最大限度地发挥新型职业农民教育培训整体效益。[4]

（五）增强育农工作的国际交流与合作，提升农民职业化转型机遇

当下已进入全球化时代，农业现代化、农业强国引领着各国经济的发展。相比之下，我国农民更缺乏的是信息、机遇、知识和自信。首先，要突破这一瓶颈，我国应该积极形成政府与农民群体共同努力、携手共进的合作局面。一方面，政府要顺应全球经济一体化发展趋势，加强与世界各国的农业技术交流与合作、农产品输入与输出、农业人员交换与培训等，为我国新型职业农民培育工作提供国际经验，丰富农业科技资源，拓大贸易市场等；[5]另一方面，政府要平衡好我国各区域间农民发展差异，重点体现在农民收入、技术、资源等各个方面，加强区域间合作并重点关注和帮扶先天资源匮乏、后天发展不足的边远贫困地区，通过评选"杰出新型职业农民""新型职业农民培育示范村""新

[1] 李月. 城乡融合背景下新型职业农民培养的困境与对策研究 [J]. 成人教育，2020，40（1）：47-53.

[2] 李月. 城乡融合背景下新型职业农民培养的困境与对策研究 [J]. 成人教育，2020，40（1）：47-53.

[3] 兰海涛，李月，屠明将. 论新型职业农民教育培训的现实困境与优化路径 [J]. 教育与职业，2020（10）：74-78.

[4] 兰海涛，李月，屠明将. 论新型职业农民教育培训的现实困境与优化路径 [J]. 教育与职业，2020（10）：74-78.

[5] 李典军. 美国农政道路研究 [M]. 北京：中国农业术出版社，2004：280.

型职业农民培育示范基地"等充分发挥榜样的示范带动作用，以提高培育工作的吸引力与影响力；其次，要把握乡村发展机遇，加快新型农民职业化转型步伐。与美国工农一体化发展国情不同，我国工农发展处于失衡状态。在此环境背景下，我国城乡二元差距明显，由此导致的农村教育发展滞后、农业耕种技术落后、基础设施建设不到位等现状使得农民在资源获取、信息整合、技术提升等方面呈现出分散性、低效性特征。因此，要牢牢把握乡村发展新机遇，充分依托"乡村振兴""城乡融合"等战略计划部署，在促进我国乡村实现工业化、城市化的基础上推动我国农业的现代化、机械化发展，为新型职业农民的培育工作创建良好的物质基础与技术支撑；最后，提升农民收入，增强新型职业农民培育工程吸引力。农村居民收入提升依托农村产业发展，大力发展农村种植业、农产品加工业、农村服务业、乡村旅游业、服务业等，促进城市资本向农村流动的同时拓展农村居民收入来源渠道，[1] 以吸引更多的青壮年主动投身到新型职业农民建设队伍中。

---

[1] 李月 . 城乡融合背景下新型职业农民培养的困境与对策研究 [J]. 成人教育，2020，40（1）：47–53.

第四章

新型职业农民培育的现状考察

2012 年，《中共中央 国务院关于加快推进农业科技创新 持续增强农产品供给保障能力的若干意见》创新性地提出要大力培育新型职业农民，以适应农业现代化的发展，并满足其发展需求，这是新型职业农民这一术语或者说是概念第一次出现在我国官方的政策文件中。到 2019 年，培育新型职业农民的工作已经连续 8 年成为中央一号文件中重点提及和强调的内容。与此同时，从中央到地方的各级政府以及农业、教育等相关部门也都高度重视该项工作的落实，发布了一系列政策文件，提出了一系列方案措施。自然而然，在党中央 8 年的总体领导和农业部的整体规划下，经过反反复复的实践探索和多次大规模的试点实践，我国新型职业农民培育工作取得了实质性的进步和令人瞩目的成绩，积累了丰富的培育经验。有资料显示，2017 年，我国新型职业农民的总量已经突破 1 500 万人，相关培育工程覆盖全国 2 000 多个农业县。新型职业农民队伍规模持续扩大，年龄结构不断优化，受教育程度和组织化程度逐步提升，其发展呈现出来源多元化程度高、规模化经营程度高、农业绿色发展水平高、互联网利用程度高和农业经营纯收入比较高的"五高"特点。具体来看，全国各地形成了多种各具特色且富有成效的新型职业农民培育模式，"三位一体"（教育培训、认定管理和政策扶持）、"三类协同"（生产经营型、专业技能型和社会服务型）、"三级贯通"（初级、中级和高级）的新型职业农民培育制度框架基本形成并不断得以完善，为新型职业农民培育工程的全面贯彻落地奠定了浑厚扎实的基础，一支综合素质水平较高、生产经营能力较强、主体作用发挥较明显的具有中国特色和现代化特征的新型职业农民队伍被建设起来，同时我国现代农民职业技术教育也得到创新性的推动和发展。尤其是自党的十九大报告提出实施乡村振兴战略以来，我国农业农村发展对新型职业农民的诉求不管在质上还是量上都更显迫切。当然，这一战略也为新型职业农民培育工作的落实和推进提供了良好的发展背景和发展平台。在现实诉求和发展机遇的共同推进下，我国新型职业农民培育工作在全国大范围内迅速展开。当然，情况也并非如此乐观，我国新型职业农民的培育还存在着不少"疑难杂症"。其中，地区之间还存在着较大的发展差距，西部地区发展水平相对较低，与新时代要求也还存在一定差距，法律政策体系等社会支持系统也不健全、不完善，严重影响培育工作的推进，进而影响乡村振兴战略和农业农村现代化目标的实现。本章通过呈现我国新型职业农民培育所取得的成效和涌现出来的典型模式，以及总结培育中存在的问题，考察了新型职业农民总体培育现状，并从社会支持系统视角探讨分析了新型职业农民的影响因素。

一、新型职业农民培育的典型经验

（一）新型职业农民培育的总体成效显著

2012 年以来，尤其是 2017 年党的十九大报告提出实施乡村振兴战略以来，在党中央的总体领导，农业部的整体规划，各级政府、非政府部门以及农民群体的积极配合下，我国新型职业农民培育不管是数量和质量，还是组织和实践方面都取得了较大的成效，为我国乡村振兴战略的切实落地和农业农村现代化进程的推进提供了强有力的乡村高质量、高水平人才支撑和保障。首先，就质量来看，新型职业农民的数量有大幅度增加，质量也有大幅度提升。有资料显示，从 2012 年国家正式提出"培育新型职业农民"的任务开始，这一农民队伍的规模就一直在高速扩大。经过五六年的推进，到 2017 年，我国已经培育了超过 1 500 万的新型职业农民，这类农民占到第三次全国农业普查中农业生产经营人员的 4.78%。与此同时，我国新型职业农民的发展质量也在同步提高，具体表现在持续优化的年龄结构和不断提升的文化程度上。据统计，在这类新兴群体中，有过半农民的年龄在 45 岁以下（包括 45 岁）；有超过 3 成农民的文化水平在高中及以上水平。

其次，就组织化程度和示范带动能力而言，都得到了较大的提升。有资料显示，2017 年，来自全国 16 个省份的新型职业农民组织（协会或者联盟）有 324 个，其中，有近一半的新型职业农民与这些组织密切相关，比例为 49.69%。与此同时，新型职业农民在辐射带动周边农民方面也发挥了巨大效用，并取得了较为明显的成效。从数据上看，平均每个农民所带动的农户高达 30 户，而所有新型职业农民中，有接近 70% 的农民起到了辐射带动作用。此外，这类新兴群体在农业发展新理念、新技术和新装备的推广应用中也发挥了重要作用，推动了现代农业产业的发展，促进了贫困农民走上了一条摆脱贫困、走向富裕的道路。

最后，新型职业农民培育的整体成效还体现在"五高"特点上。其一，在新型职业农民的来源方面，退伍军人、务工返乡人员、科技研发和推广人员等新生力量超过 40%，人员组成较为多元。其二，有超过一半的农民的农产品销售总额在 10 万元以上，有近 30% 农民的土地经营规模在 100 亩之上，农业经营规模化且程度较高。其三，有超过 70% 的农民能够利用畜禽粪便、秸秆等资源，使农业向绿色化发展，且发展水平不断提高。其四，有 70% 的农民能够充分利用手机平台来开展农业生产和销售工作，互联网的利用程度较高。其五，农业经营的纯收入比较高，2017 年，新型职业农民的人均农业经营纯收入已经达到 2.78 万元，有近 30% 农民的人均农业经营纯收入超过了城镇居民人均可支配收入。

（二）"三位一体""三类协同""三级贯通"的新型职业农民培育制度基本确立

经过多年的不断摸索和多次实践，我国基本确立了"三位一体""三类协同""三级贯通"的具有中国特色的新型职业农民制度框架。其中，"三位一体"是指教育培训、认定管理和政策扶持3个培育环节走向一体化，缺一不可；"三类协同"是指培育的新型职业农民包括生产经营型、专业技能型和社会服务型3个具体类型；"三级贯通"是指培育的新型职业农民在认定上实行等级制度，具体划分为初级、中级和高级3个级别。可以说，这一基本制度框架的构建是我国精准地、规范地、大规模地、系统地培育新型职业农民的奠基石和操作指南。从培育环节来看，这一制度框架主要由3个子制度构成：教育培训制度、认定管理制度和政策扶持制度。

①教育培训制度。在我国，新型职业农民的教育培训环节主要涉及遴选培训对象、明确培训主体、创新培训方式、设置培训内容等几个方面。农业部每年都会对新型职业农民教育培训的这几个方面作详细的说明，归结起来主要是：a.严格遴选培训对象，选取真正有意愿、有需求的农民参训，主要是种养大户、家庭农场主、农业合作社负责人和职业经理人等；b.建立完善的教育培训体制机制，这一体制机制由党委政府领导，农业部门牵头，教育部、财政部等相关部门密切配合，多元主体进行参与，主要包括农职院校、农业科研院所、农广校、农业合作社和农业产业龙头企业等；c.按照农业产业特色和农民特点设置培训内容、创新培训方式，做到因地制宜、因材施教、因时施教，理论与实践相结合。在农业部的总体思路和整体规划下，各地按照当地的农业特色，制定了不同的本土化的教育培训制度。

②认定管理制度。在我国，"政府主导，农民自愿，突出重点，统筹推进，因地制宜，分类认定"是开展新型职业农民认定管理工作始终遵循的基本原则，这些原则是对针对认定对象、标准、内容和程序作出的明确规定。对于认定标准，坚持因地制宜的原则，地方根据各自的生产情况制定具有地方生产特色的认定标准。例如，湖南省建立了主要由基本要求、职业道德素质、专业技能、生产经营规模和效益5个部分构成的新型职业农民5级评价指标。就认定类型而言，一般分为3个类型——生产经营型、专业技能型和社会服务型。认定标准也有级别之分，一般分为初、中、高3级。认定工作通常由专门的认定机构负责。在认定程序方面，主要是以下流程：农民填写相关表格自愿提出申请→县级农业主管部门组织专家进行认定→公示（若无异议则认定成功）→农业部统一

发放新型职业农民证书。[1] 地方有很多县城都印发了《新型职业农民认定办法》，对具体的认定工作做了详细规定与说明，使新型职业农民的认定工作有章可循、有标准可依。以南江县为例，其于 2016 年就制定了南江本土化的新型职业农民认定办法，并印发了专门的文件进行介绍和说明，主要是在县上成立认定工作领导小组以有组织地进行领导，在县农业局设立办公室以有专人办事，2016—2017 年，全县共认定 86 位新型职业农民。

③政策扶持制度。国家在新型职业农民培育方面给予了极大的政策扶持，具体体现在免费开设各种生产技术培训课程、对培训进行经费补贴、给予师资队伍建设支持等，相关扶持政策有土地流转政策、农业保险政策、农村信贷政策、社会保障政策等，同时还注重政策扶持的精准性。继续以南江县为例，该县在政策上对新型职业农民培育的扶持主要体现在以下几个方面：a. 将其纳入全县农村实用人才管理范围，为其提供免费的生产技能经营类知识培训、各类科技信息和技术服务；b. 在社保、医保、养老、农业保险等保障方面提供帮助；c. 现有惠农政策向新型职业农民倾斜，在很多方面具有优先权，例如，优先参加各种学习、考察和交流活动，优先享受土地流转政策和金融信贷支持，优先申报农科技推广项目及各项配套服务，以及推选省市两级农业相关奖项的评选，优先享受政府制定的产业或产品取得品牌认证的激励政策。强大的强农惠农政策体系为新型职业农民培育工作的开展扫除了很多障碍，大大提高了农民参加职业培训的积极性和从事农业工作的主动性。

（三）"一主多元、产教融合、政企合作"的新型职业农民培育体系初步形成

在多年的实践探索和理论研究下，我国初步建立了"一主多元"的新型职业农民教育培训体系，其中，"一主"是指这一体系的参与主体是以农广校为主体，"多元"是指这一体系的参与主体除了农广校外还有各类市场主体，具体包括农职院校、农业龙头企业和科研院所、农民合作社等。这一体系的基本工作格局由党委政府进行主导，农业部门进行牵头，教育部、财政部等相关部门进行密切配合，各类教育培训机构和社会力量广泛参与。党中央和农业部从国家层面颁布新型职业农民培育的相关政策，从宏观上提出新型职业农民培育的总体目标，并进行全国性的总体规划，设计总体思路。地方各省的农业部等部门基于各省基本情况，在党中央和总体规划下颁布制定各省的新型职业农民政策和具体的实施方案，其他相关部门则积极参与其中，中央、地方上下联动的纵向交流机制和各部门相互配合的横向合作机制，大大彰显了我国对新型职业农民培育工作的重视，这也是该项工作取得重大成效的主要原因。与此同时，我国在开展该项工作

---

[1]　沈琼. 中国新型职业农民培育研究 [M]. 北京：中国农业出版社，2017：46-47.

时极其重视发挥农广校、涉农院校等在新型职业农民教育培训中的重要功效。在实训基地和农民田间学校的建立方面，非常注重农业相关企业、园区和合作社等市场主体角色的扮演。在跟踪服务和对接方面，极为看重农技推广机构的重要作用。在这一背景下，以各类公益性涉农培训机构为主体、多种资源和市场主体共同参与的"一主多元、产教融合、政企合作"的新型职业农民培育体系基本形成。到 2019 年，我国新型职业农民培育机构共有省级校 34 所、地（市）级校 280 所、县级校 1 922 所、乡村教学点（田间学校）2.4 万个，五级办学体系基本稳定。[1] 再次以南江县为例，该县建立起了以县农民科教培训中心为龙头，小河职中、县民办教育机构为补充的培训体系；在县北极牧场、沙河红禽养殖场、八庙镇普照寺李明华种植专业合作社等场所建立实训基地；此外还与四川省崇州市、广元市，以及陕西省汉中市等地建立起互为参观点的密切联系，2014年以来全县共培训了 2 153 位新型职业农民。

在职业教育集团化办学趋势持续增强的大环境下，我国市面上涌现了大量的现代农业职教集团，这些集团出现之后便开始参与到我国新型职业农民的教育培训中，使该项工作走向了集团化办学。一方面，职教集团的参与促进了我国现代农业职业教育的改革与创新；另一方面是新型职业农民教育培训体系得以不断完善的创新性措施，也是培育走向专业化和规模化的重要推动力。职教集团的参与完善了"一主多元"的办学方式，吸引了更多的社会力量积极参与办学，促进了集团成员之间的资源共建共享，推动了产教研融合发展，深化了政行校企之间的合作，将教育链、产业链、信息链、市场链紧密结合起来，大大提高了我国新型职业农民培育的效率和效果。例如，重庆市现代农业职教集团由全市唯一以现代农业为主要办学方向和特色的高职院校——重庆三峡职业学院为牵头单位，成员单位则包括众多机构，主要有高等院校 10 余所，中职学校 9 所，农业科研院所、行业协会和行业主管部门各 6 个，以及涉农企业 55 余家和乡村振兴乡镇府多个。集团在打造高素质技能型人才目标的引领下，建立起了政府、学校、科研院所和行业企业"共享、共建、共赢、共长"的新机制和"育人为本、范式相符、实践主导、五线并举"的现代农业人才培养模式。基于此，重庆市现代农业职教集团在培育新型职业农民方面取得了较大成效，因此成为典型代表。实践表明，在新型职业农民培育过程中，职教集团的参与有利于深化产教研的融合程度和政行校企的合作程度，从而吸引更多的办学力量，激发社会力量办学的积极性，并打通各类办学主体之间的沟通交流屏障，为新型职业农民提供更加广阔畅通的平台，进而完善办学体制机制。职教集团的参与也便于采用"订单式"、师徒制、一体化等新型培育模式，从而提高人才培养的效率和质量。

---

[1] 杭大鹏. 发挥体系优势 聚焦主责主业 切实推动新时期农民教育培训再上新台阶：在全国新型职业农民培育管理培训班暨农民教育培训工作现场会上的讲话（节选）[J]. 农民科技培训，2019（6）：7-10.

（四）基于现代信息技术的信息服务平台初步建立

随着我国新型职业农民培育工作的深入推进和现代信息技术的高速发展，我国新型职业农民教育积极利用现代信息技术，初步建立起了以现代信息技术为载体的新型职业农民信息服务平台。在这些平台中，影响较大的主要有智慧农民云平台、师资库网络平台等，此外还专门开设了"中国新型职业农民网""中国新型职业农民微信公众号"等，同时实现了这些平台与"12316农业综合信息服务平台""全国农业科教云平台"等相关平台的互通与对接，大大增强了信息互通共享的可能性。建立信息化服务平台，一方面有利于充分利用现代信息技术手段进行科技赋能，主要包括云计算、大数据、互联网等，从而为农民提供智能、便捷、灵活、高效的在线教育培训服务，移动互联网服务和全程跟踪指导服务。将新型职业农民学习资源通过网络向广大需求者开放，使广大农民可以跨越时空障碍，实现随时学习、随地学习，以满足不同学习者多样化的学习需求。到2017年，通过手机进行农业生产和销售的新型职业农民高达70%，可见信息化对农民农业生产方式的影响。另一方面，将新型职业农民培育的相关信息放在网络平台上，能够使更多的群体了解新型职业农民培育工作，能够为相关机构和研究人员提供搭建交流和合作的桥梁，从而不断推进我国新型职业农民培育工作进程，以取得更大成效。新型职业农民信息化服务平台的完善为我国新型职业农民培育工作提供了强大的信息交流平台。

（五）探索出多样化的具有中国特色的新型职业农民培育模式

在党中央和农业部关于新型职业农民培育的总体思路下，地方各省制订了符合本省省情的新型职业农民培育的具体实施方案，基层则根据地区的农业产业现状及经济发展状况，坚持"目标导向、需求导向、问题导向"原则，因地制宜地进行新型职业农民培育，探索出了符合当地农业发展需求的各具特色的新型职业农民培育模式，对多地培育新型职业农民培育具有示范和启发作用。例如，河南省"专家教授＋课堂培训＋基地实训＋创业指导＋扶持政策＋新型职业农民"的精准培育模式；河北省"资质准入＋校村合作＋工学结合＋写实性考核评价＋经费奖补＋动态管理"的培育模式；山东省"集中培训、考察实习和企业规划设计"的"三段式"培育模式等。这些典型的新型职业农民培育模式是我国新型职业农民培育工作中取得的重大成效，对在全国范围内新型职业农民培育工作的推进具有重要的意义，典型模式的具体做法将在下一部分详细论述，在此不做过多赘述。

二、新型职业农民培育的主要模式

（一）山东省"三段式"创业培育模式

山东省的新型职业农民培育工作主要由山东省农业农村厅和山东省农业广播电视学校负责，经过长期的实践探索，形成了独具特色的"三段式"创业培育模式——集中培训、考察实习和企业规划设计。该模式在培育过程中，非常注重学生主动性的发挥、问题探究能力的培养和理论与实践的结合，通常采用互动式、案例式、情景式教学形式，或者让参训学员在创业实践中亲自发现问题、分析问题、解决问题，或者通过游戏互动的方式来培养学员的团队意识和合作意识，或者通过全景式企业模拟训练实现从理论学习→实践练习→理论总结→创业设计的成长。这一模式充分调动了学员的学习积极性，大大提高了培育的效率和效果。[1]这一模式的具体做法[2]包括以下几个方面。

①加强组织机构建设。具体来看，山东省农业广播电视学校成立了专门的新型职业农民创业培训工作领导小组，组建了专门的创业培训讲师团和跟踪服务导师团，为提高授课水平、开展后续跟踪服务等培育工作提供了坚实的组织保障，大大提升了培训服务能力。与此同时，为满足学员考察学习和实习的需要，省农广校还以区域为单位建立了农民教育培训基地，并基于此挂牌成立了相应的农民创业实训基地和创业园。

②创新遴选方式和管理模式。在培训对象的遴选方面，省农广校强调要保证生源质量，因此在选择培训对象前进行了广泛的调研，并在此基础上进行了大力宣传，广设招生报名点，通过自主招生的方式优先选择文化素质较高、创业意愿较为强烈的农民参训。在管理上，则以军事化的模式进行管理，还专门聘请了军事教官帮助管理，全省培训在编班、住宿、职责、训练、时间和资料 6 个方面进行了统一。这种模式是针对学员时间观念差、纪律差而提出的有效应对措施，在这一管理模式的实施下，农民学员的时间纪律观念大大增强，学习时间和出勤率得到保证，整体培训效果得到大大提升。

③科学设置培训内容，合理采用培训手段。培训内容主要包括创业意识与理念、知识与技巧、训练与实践、计划与企业创办 4 个模块，具体又下设创业理念、扶持政策、市场机遇、企业实习、创业计划书等 22 个专题。培训主体丰富多样，涉及方方面面，能够满足新型职业农民发展的需求。为增强培训效果，采用多种培训手段，主要包括案例式教学、参与式培训、情景式模拟训练，符合农民学习和生活生产规律，保证培训效果。

[1] 沈琼 . 中国新型职业农民培育研究 [M]. 北京：中国农业出版社，2017：95–96.

[2] 姜家献，秦宗昌，李鲁涛，等 . 山东省："三段式"新型职业农民创业培育模式 [J]. 农民科技培训，2015（9）：17–20.

④建立培训考评机制和督导制度。在培训工作的考评方面,建立了专门针对学员、教师和组织的考评机制,即学员培训考核机制、教师授课评价机制和培训组织评价机制。为对学员进行严格考核,省农广校编制了"农民创业培训班学员考勤记录表",全省使用统一的工具对学员的培训情况作详细记录和考核。同时对教师的授课状况和整个培训的组织、管理等情况作客观的评价。在资金管理方面,实行《山东省农业广播电视学校新型农民创业培训工程资金管理办法(试行)》,加强对培训资金的管理,同时注重培训档案的管理和对培训工作的总结宣传,使整个培训工作过程完整,有始有终。在管理方面,同时实施"督导员管理制度",培训全过程的督导任务主要由省农广校的专职教师和兼职教师承担,其任务主要是对培训的各个环节进行综合分析和考核,以保证全省的培训质量,主要通过听课、调研、评价、反馈、沟通等方式完成。

⑤搭建后续服务平台。在搭建后续服务平台方面的努力主要体现在三个方面。一是建立了多元化的网络服务平台,主要包括农民创业培训班微信平台、QQ群和"山东省职业农民教育培训网"。网络服务平台的搭建在扩大宣传、相互帮助、资源共享、交流合作等方面发挥着重大作用。二是建立了创业联谊会平台,主要划分为3级:第一级是省级层面所创立的"农广校创业培训联谊总会"及其下设的"秘书处",第二级是市级层面的"市分校创业培训联谊会",第三级是县级层面的"分会"。三是建立了后续跟踪服务平台。通过研究和实践,编制印发了统一的"新型职业农民创业培训工作教师跟踪服务手册",对参加过培训的学员定期开展后续的跟踪服务,不断对其进行技术指导,真正做到"扶上马,送一程"。

2012年以来,山东省积极响应国家号召,创新性地开展新型职业农民培育工作,探索出了"三段式"创业培育模式,累计培育出14万新型职业农民,涌现了陈传良、董海峰、杨春红、于喜鹏、宋宝英等众多优秀学员,他们来自山东省内沂源、临淄、牟平等多个区县。这些优秀学员不仅努力发展自己,还积极带动附近农户进行学习,在当地起到了很好的示范带动作用。农业部科技司和山东省农业厅领导对"三段式"创业培育模式进行了高度评价。

(二)山西省"两精、三教、四结合"培育模式[1]

2012年,在提出培育新型职业农民的任务后,农业部推出了100个试点县来培育这类新兴群体,并基于此选出2个省份来整体示范推进该项工作,山西省就是这两省之一。该省于2014年7月启动新型职业农民培育工程,将其培育目标定为每年10万,并将这一任务作为为农民办的5件实事之一来落实,将其作为推动现代农业发展的重要抓

---

[1] 张绚.两精三教四结合:山西省创新新型职业农民培育模式[J].农村工作通讯,2015(20):62-63.

手，也将其纳入了省政府目标责任制考核范围。该省在开展培育工作时非常重视工作氛围的形成、经营主体的培养、培育制度的探索和内生动力的激发，为实现这些目标，该省在谋划全省的培育工作时坚持在以政府为主导的同时发挥各部门的协调作用；强调要结合实际，以产业为立足点；坚持在政策引导下加强机制创新，同时要以农民为主体、以需求为导向。经过反复的实践与探索，最终形成一个符合山西省省情的、具有山西省特色的"两精、三教、四结合"新型职业农民培育模式。

"两精"是指培育的精准化和培训的精细化。前者主要是指在挑选培育对象时要选择真正有需要且有潜力的农民参加培训。为了达到这一目的，省农业厅对想要参训农民的数量、主导产业、文化程度等基本情况进行了详细调研，并由此将培育对象划分为4类，在农业部统一划分设置的3类基础上增加了引领带动型，这一类是山西省创新性地增设的。而这一类农民的素养整体较高，主要是村组干部群体中的产业致富带头人和返乡务农的大、中专毕业生等人群。培训的精细化体现在培训内容的细化方面。一方面，强调要根据不同产业、专业、层次和类别设计培训内容、设置培训课程，培训标准和考核要求等的设置也要根据专业来进行，以提高针对性。另一方面，则强调要实现从培训向培育的转变，具体来说，就是要加强从播种到收割、从生产到销售的全程化的技术和经营培训以及后续的跟踪指导服务。

"三教"是指"因材施教""因需施教"和"因时施教"。因材施教是指要根据不同类型农民的从业特点和能力要求来制订，具体来看，引领带动型和生产经营型农民要根据产业类型来制订，专业技能型农民要根据工种性质来制订，而社会服务型农民则要根据按岗位需求来制订。在山西省，前两类农民是认定和扶持的重点群体，因此不管是学时安排，还是补助，都会对其进行倾斜。在培训内容方面，则强调对农产品质量安全、农业政策法规和经营管理等的重视。后两类农民培训要强化实践实训，以提高其专业知识和技能的应用能力和社会服务能力。因需施教是指要坚持农民在培育中的主体地位，以农民的真正需求为导向，不管是培训内容还是培训方式都要充分考虑农民的实际需要以提高培育的针对性。具体是通过采取"菜单式"和"订单式"的培育方式来实现的。因时施教即培育要充分考虑农民的作息习惯和学习特点，通过采用"分段式、重实训、参与式"的方式来实现。

"四结合"是指培训与产业发展的结合、培训与农民需求的结合、培训新型经营主体与兼顾普通农户的结合、培训与认定扶持的结合。具体来讲，一是强调将新型职业农民培育工作，不管是遴选培育对象，还是课程设置，与省内农业产业的发展紧密结合起来。二是强调培训要以农民的实际需求为出发点，以解决农民在生产经营过程中遇到的实际问题。三是要处理好新型经营主体和普通农户之间的关系，二者分别代表农业发展的现在和未来。四是要将培训和认定结合起来，二者是新型职业农民培育的两个重要环节。

自 2014 年启动新型职业农民培育工程以来，该省就极为重视该类农民培育工作的推进，在完善政策制度、健全培训体系、构建保障机制等方面作出了较大努力，走出了一条独具山西特色的新型职业农民培育之路，探索出了符合山西农业发展的"两精、三教、四结合"培育模式。到 2017 年年底，山西省共培训各类新型职业农民约 38 万人次，农民不管是在思想观念方面还是专业技能方面抑或是经营管理方面都有极大的提升，彰显出明显的现代化和新型化特点。2015—2017 年，山西省连续 3 次在全国农科教工作会、新型职业农民培育推进会和经验交流会上进行了典型介绍，"两精、三教、四结合"培育模式也在全国范围内进行了推广。[1]

（三）河北省"资质准入 + 校村合作 + 工学结合 + 写实性考核评价 + 经费奖补 + 动态管理"培育模式

近年来，河北省积极探索新型职业农民培育途径，形成并完善了"资质准入 + 校村合作 + 工学结合 + 写实性考核评价 + 经费奖补 + 动态管理"的新型职业农民培育模式[2]。

"资质准入"主要是对承办单位资质的规定。河北省对承办新型职业农民培育的学校有严格要求，必须是具备涉农专业办学资质和相应办学能力及办学经验的中等职业学校，以便能够使培育工作深入基层，方便农民参加培训。2016—2018 年，由全省教育系统确定落实培养工作的中等职业学校已经有 20 所。为密切配合扶贫工作，培育项目向贫困地区倾斜。"校村合作"主要是指通过学校和农村合作的方式来培养新型职业农民。在招生方面，强调承办学校与乡镇、专业村、龙头企业以及合作社之间的合作。具体步骤为：承办学校提前向社会公布年度培养计划→乡村企社组织学员并提出申请→试点学校进行教学。这一培训方式大大调动了学员的学习积极性。"工学结合"是指在安排教学时要充分遵循农业生产规律和成人学习特点，在安排培训课程时要坚持分段原则，而培养时长原则上不少于 20 天。教学内容则涉及专业知识技能、产业信息等方方面面，具有极大的针对性和丰富性，逐步形成了系列高质量特色化教学资源成果。在教学方式方面，推动"空中—固定—流动—田间"一体化课堂的建设，注重知识学习与技能实操的整合，从而大大提高培训质量。"写实性考核评价"则主要涉及 3 个部分：一是负责学校要按班次建立完整的培训档案，档案内容包括培训计划、教学资料、考核资料、师

---

[1]　李渊. 山西精准培育新型职业农民 37 万余人次已被认定 [EB/OL]. （2017–12–26）[2023–08–06]. 搜狐.

[2]　赵娜娜. 如何培养新型职业农民？河北探索出六大模式 [EB/OL]. （2018–10–16）[2023–08–06]. 中华人民共和国农业农村部.

生信息等一系列材料；二是省教育行政部门要建立培训学校管理档案和业绩档案，其中包括年度培训计划、培训方案、教学点、参训学员名单等；三是培训学校要根据提前定制的培训目标和内容进行多类考核与评价，并为考核合格者颁发写实性结业证书。

在经费方面，该省实行奖补机制。省财政每年拨出多达 1 千万元的资金专门扶持相关学校。该项资金主要有以下几个去向：补贴学员的学费和食宿交通费、维修改造校舍、购置教学仪器设备、建设实训基地等。2016—2018 年，省级财政共投入的资金 4 600 余万元。

在管理方面，省教育部门对试点学校实行动态管理办法，主要是对其进行定期督导和随机抽查，积极引入有资格的学校，及时取缔不合格的学校。2016—2018 年，20 所学校共开设教学点 260 个，研发培训包 391 个，培养新型职业农民近 2 万人。

河北省新型职业农民培育的具体做法如下。首先，根据制定的遴选标准严格遴选培育对象，并建立全省范围内的培育对象信息数据库。其次，建设培育基地和田间学校。然后，建设师资队伍。主要是以省农业产业技术体系创新团队为依托，组建"专职＋兼职"的师资队伍，主要是吸收农技推广工作者等，并及时对师资进行专业化的培训。最后，通过精准对接农民需求、创新培育内容和方式、示范引领和精准扶贫等方法建立培育长效机制，完善服务内容。例如，该省实施了"农业产业精准扶贫培训计划"，针对具有劳动能力且具有培训意愿的贫困户开展短期技能培训，据统计，河北省仅 2018 年培训的贫困农民就高达 1.86 万人次。截至 2019 年 1 月 31 日，河北省全省新型职业农民达 162 013 人，仅 2018 年，就有 45 953 人完成了新型职业农民培训。[1]

（四）河南省"四路协同，四位一体"精准培育模式

河南省也是我国新型职业农民培育的整体推进示范省之一。2014—2018 年，其新型职业农民培育成效极为显著，在全国范围内位居前列，累计培育新型职业农民 75 万多人，探索出了"思路协同，四位一体"的精准培育模式。思路协同是指培育工作主要由农业部、人社部、扶贫办和教育部 4 个部门协同完成。四位一体是指该省实施包括教育培训、认定管理、政策扶持和跟踪服务 4 个环节在内的培育制度。"精准化"则体现在培训内容要以农民需求为导向，培训方式要根据农民作息规律和学习特点来确定，也可将其概括为农民"点餐"、专家"掌勺"、政府"买单"。具体来看，以县为单位对有意愿、有需求、有基础的农民进行建档立卡，然后从中遴选出各类型的农民进行精准培育。有资料显示，河南省已经遴选建设的各类教育培训机构 301 所、田间学校 1 460 所、各类培育基地 976 个，并建立了拥有 5 000 余名教师的师资库，形成了由省、市、县三

---

[1] 张淑梅. 河北省新型职业农民培育总数超 16 万人 [EB/OL].（2019-01-31）[2019-07-10]. 中华人民共和国农业农村部.

级 145 所农广校、涉农院校等单位或机构广泛参与的教育培训体系。此外，洛阳明拓新农人团队研发建立了农业物联网系统，实现了"物联网"与农业发展的结合，使农业生产成本大大降低而产量有较大提升。根据河南省乡村振兴战略规划，到 2022 年，河南省要培育 150 万新型职业农民。[1]

在河南省的众多地区中，济源市是"四位一体"培育模式的典型代表。其主要表现在以下 4 个方面。一是通过统筹各级各类培育资源，建立"专门机构＋多方资源＋市场主体"的"一体多元"的教育培训体系。在培育方式上，主要采取现场教学、实践实训、参观学习、讨论交流等多样化的教学方式。二是通过制定科学规范的认定管理办法，对新型职业农民进行分级认定，进行动态管理、定期考核，逐步形成了初、中、高"三级贯通"的认定体系。三是推行"菜单式"服务模式——"专家＋理论培训＋基地实训＋创业指导＋扶持政策＋新型职业农民"。强调在对学员开展跟踪服务时要实现项目、技术和信息的对接。同时强调要开拓职业农民合作交流的"线上＋线下"双渠道。四是完善惠农扶持政策，加强职业农民在农业补贴、土地流转、金融保险等方面的优先享受权，充分调动农民的参训积极性。

（五）福建省龙岩市"六个一"精准培育模式

2012 年初，福建省龙岩市积极响应国家号召，率先启动实施新型职业农民培育工程，在"三位一体、三类协同"总的培育制度框架下开展新型职业农民培育工作，经过反复探索与实践，构建了"六个一"精准培育模式。具体做法包括以下 6 个方面。

①相关部门出台、发布了一系列政策文件，对工作方案、认定管理、工作考评等方面作出了明确规定，在政策层面为全市范围内培育工作的推进搭建好了平台。

②该市在摸底调查的基础上，结合产业发展特色，制订了一套明确的培育目标。具体目标为每年培训 5 000 名农业生产人员，颁证认定 1 000 名以上生产经营型新型职业农民，引导扶持 100 名以上大、中专毕业生返乡进行创业，扶持 200 户以上示范户来带动周边农户 2 000 人，到 2020 年全市要构建总量为 5 万人左右的新型职业农民队伍。

③将培育工作纳入"为民办实事"项目，每年接受市里的管理和考评。同时成立了分别由各级政府领导和相关部门领导担任组长、副组长和成员的培育工作领导小组，形成了高效的工作机制。

④实施一套多层次的教育培训体系，在培训方式上，强调将课堂教学与基地实训、专家讲评与学员交流、集中培训与分散指导高效结合起来。具体来说，可通过专门教学、示范户带动、专家帮扶、远程答疑等多个渠道来实现。

---

[1] 李英华, 陈慧, 曾鸣. 田野里走来七十五万新农人 [EB/OL]. (2019-04-10) [2019-07-10]. 中华人民共和国农业农村部.

⑤出台《新型职业农民培育整市推进实施方案》，对新型职业农民的认定标准及条件、认定程序、准入和退出机制等作出明确规定，实施严格的认定管理制度。

⑥为兑现区别普惠制的扶持政策，该市在对 48 项国家、省、市出台的各项强农惠农政策进行详细梳理的基础上，结合基本发展情况，研究制定了区别于普惠制的新型职业农民优惠政策、扶持政策[1]。

"六个一"培育模式在实践中取得了较大的成功，得到了农业部的充分肯定。2015 年，该模式被农业部正式命名为"福建龙岩模式"，成功入选全国十大典型培育模式，得到了广泛推广。到 2018 年，该市共颁证认定的新型职业农民多达 9 938 人，涉及果茶、蔬菜、花卉、畜牧、水产等多个产业，在推广新品种和现代农业生产技术等方面发挥了巨大作用。仅 2018 年一年，全市就培训了 3 408 名新型职业农民，其中，颁证认定 2 667 名，超额完成任务。高效的培育模式使龙岩市的农民素质大大提升，农民收入持续增长，大大推动了农业农村的现代化进程。

（六）浙江省湖州市"七位一体"培育模式

自 2014 年起，浙江省湖州市抓住了"农业部新型职业农民培育试点市"的机会，以本地特色产业为依托，积极整合各类资源，建立健全培育机制，逐步构建了"系统管理、整体运作、教学师资、教育培训、认定管理、政策扶持、督导评价""七位一体"的新型职业农民培育模式，具体构成包括以下几个部分。

①在管理上，实施"市校合作 + 部门联动 + 上下统一"的模式。湖州市成为"试点市"后，不断完善与浙江大学的"市校合作"机制，实现了师资队伍、基地建设、人才培养等方面的高效对接。市政府还成立了专门的领导小组，由分管副市长担任组长，确立了由相关部门构成的成员单位来开展培育工作。湖州市农民学院作为业务指导单位，主要负责制订指导性培训计划、统筹师资、进行督导评估和认定组织工作等。各区县也成立了相应的组织机构，从而建立起了"市→区县→乡镇"的逐级工作目标考核责任制度。此外，该市还成立了专项经费管理领导小组，建立了"财政支持、科学规划、专款专用、规范使用"的经费运作机制，从而使专项经费得到合理使用。

②在运作上，采用"政府主导 + 学院组织 + 基地实施"的模式。在培育新型职业农民的过程中，该市十分强调政府的主导地位。同时强调要以湖州市农民学院为主体，广泛调动中等和高等农职校、农广校、农企、农民合作社等积极承担培育任务。全市共建成市级培训机构 4 个、实训基地 30 个。其中，湖州农民学院负责组织教师开展摸底

---

[1] 郑景顺，黄闻君. 从"办班"到"育人"：福建龙岩市整市推进新型职业农民培育工程［J］. 农村工作通讯，2016（20）：54–55.

调研，并在此基础上建立全市基础数据库。培训机构通过统一计划、教材、师资、标准、管理的形式组织开展培训。该市同时强调要注重基地实训，共构建30个实训基地，在基地上实施农技人员联系职业农民制度，具体做法是每个乡镇安排10名农技人员，对农民进行"一对一"的指导与服务，以提高培育的精准性。

③在师资组建方面，采用"省市校乡＋农科教技＋经营主体"的模式。该市通过与各类高校建立合作关系，依托本地主导产业，组建了一个由高校院所专家团队、农技推广小组和经营主体共同组成的产业联盟。其师资主要有两类：一类是由联盟专家、农技推广人员和经营大户为主的客座教师；另一类是由湖州农民学院优秀教职工为主的专职教师，当前，该市的新型职业农民师资有120名。与此同时，联盟专家还根据产业发展特色和培育要求，以生产实际为素材，主持编写了37套简单、易懂、有用的"乡土教材"，主要介绍了湖州市的本土案例和实践经验。

④在教培方面，采用"通识教育＋实践技能＋创新创业"的模式。这一模式以农民的发展需求为出发点，充分借鉴了农民大学生学历、技能和创业"三教统筹"的模式。通识教育主要通过学历教育来实现，主要依托湖州市农民学院来开展，学习采用半农半读的形式，就近接受教育，主要内容包括农业政策法规、科技文化教育、经营管理理念等。技能教育主要根据不同类型农民的具体要求，以分类型、分职业的方式进行。创业教育则主要通过聘请高校专家来讲授创业理论、分享创业典型案例来进行。同时，也非常支持建立农民大学生创业基地，通过为其配备专业化的创业指导服务团队，来进行针对性的培育。

⑤在督导方面，采用"教师自评＋学员他评＋第三方评价"的模式。这一督导模式包含了3个方面的评价。首先是对于每堂课，教师要进行自评，并接受学生评价，评价结果要以档案的形式保存下来，在必要时为教师的选聘提供依据。其次，对培训进行全程监督和指导，这一工作主要由湖州农民学院的专项人员与培训教师负责。最后，对培训学员名单、培训计划、过程管理等内容进行抽样督查，这一工作主要由专门的质量督导评价小组负责，评价方式包括电话采访、网络打分、实地抽检等，这一环节的评价将形成最终的评价结果，为下一阶段培育任务的分配提供主要参考。这一评价督导模式对保证培训质量，提高培训效率具有重要意义。

⑥在认定和管理方面，采用"培训认定＋直接认定＋动态管理"的模式。根据《湖州市新型职业农民培育认定管理指导意见》，该市组建了一个由219人组成的专家库，根据培育对象的类型采取不同的认定方式：对于满足认定基本条件的农业生产经营与服务人员，采取先培训后认定的方式；对于获得大专或涉农专业中职学历文凭以上的人员，则采取先认定后培训的方式。截至2016年底，全市共认定的新型职业农民多达5 302人，

其中，4 740 人是通过培训认定的，562 人是直接认定的。与此同时，对取得"新型职业农民资格证书"的农民实行资格复核、晋升和退出制度，被认定的新型职业农民每年还必须参加相关部门组织的农业生产经营管理知识更新与技能培训，培训结果是资格证书年检和相关技术职称评定的重要依据。

⑦在扶持方面，采用"人才＋产业＋金融"的模式。这一模式主要是利用惠农政策对新型职业农民进行扶持，这些支持主要有土地流转、技术、政策等方面。例如，在评定遴选示范型家庭农场、农民专业合作社和市级以上农业龙头企业时，要将新型职业农民作为重要的前置条件。市级以上农业龙头企业雇用的新型职业农民必须超过一半；对于从事农业的大学毕业生予以补助，每人每年补助 1 万元，连续补助 3 年。在金融信贷方面，加强了与湖州农业银行的合作，以此来取得信贷支持。

经过多年的实践，湖州市"七位一体"新型职业农民培育模式取得了极大的成功，受到了国家农业部领导的充分肯定，被列为全国十大典型之一。

（七）河南省夏邑县"市场导向，产业支撑"培育模式

2012 年河南省夏邑县被确定为国家级试点县以来，就不断完善新型职业农民培育的相关政策和制度，积极探索培育模式。新型职业农民培育工作得到了县委、县政府的高度重视，将该项工作纳入了县年度目标管理考核项目，与此同时，该项工作还被纳入"十三五"规划，目的是实现夏邑县由农业大县向农业强县的成功跨越。该县在开展新型职业农民培育工作时，强调市场的引导作用和产业的支撑作用，主要依托粮食、蔬菜和食用菌 3 个支柱产业。经过多年的探索与实践，夏邑县探索出了"市场导向，产业支撑"的农民教育培训新模式，具体做法 [1] 包括以下几个方面。

首先是加强制度建设。夏邑县政府先后印发了《新型职业农民培育试点工作方案》等十多个指导性文件对该县新型职业农民培育工作的开展进行了整体规划和有针对性的指导。在这些文件的指导下，该县成立了专门的培育工作领导小组，制订了具体的培育工作实施方案，并依托县农广校成立了办公室，建立了"政府主导＋部门承办＋合力推进"的工作运行机制。

其次是积极进行方法创新。为了方便农民参加培训，同时方便就地取材，培训机构将教学班开设在村子里，根据实际的生产经营过程设置培训课程和培训内容，并且因地制宜地开办"固定、流动、空中和田间"4 类课堂。培训在教学过程中注重理论与实践、集中办班与分散指导、当地实训观摩和外出考察学习的结合，以多样化的教学方式真正提升农民的生产经营能力。在培训内容上重视绿色证书培训，此类培训对象主要是青壮

---

[1] 沈琼 . 中国新型职业农民培育研究 [M]. 北京：中国农业出版社，2017：111-112.

年骨干农民，具体根据动植物生长发育周期来进行培训。

再次是注重学历教育。培育除了强调要提升新型职业农民基本的农业生产经营能力，还很重视他们学历水平的提升，主要是通过开展学历教育的方式来实现，其教育对象主要是农村党员干部、农业技术人才和骨干专业农民。在经费方面也有扶持，县财政每年会有专项拨款予以支持。

然后是追求规范化的认定。其认定原则、标准、程序、主体和管理等内容由《夏邑县新型职业农民金认定管理办法（试行）》进行详细规定和说明。就认定标准而言，有初、中、高 3 个等级的标准，主要是根据农民的教育和培训经历、生产规模、收入和技能 4 项指标制定的，需要注意的是新型职业农民的等级并不是一成不变的，在不断的学习和培训中，可以根据 3 个等级的具体条件和标准进行晋级。认定程序有以下几个步骤构成：①由个人根据意愿自主进行申报；②基于个人申报，村委根据实际情况予以推荐；③乡镇对村委的推荐予以审核；④县领导组办公室组织人员进行审查和考核认定；⑤进行公示，如果无异议则由县政府颁发新型职业农民证书。在认定合格之后，县政府会对其进行后续的优惠扶持。该县出台多项相关的扶持和奖励政策，这些政策主要分为免费服务、给予奖励和优先待遇 3 种类别。与此同时，县政府非常重视相关优惠政策的落实，因此狠抓各项工作。

最后，着力主推脱贫攻坚。该县将培育工作与脱贫攻坚任务紧密结合，通过新型职业农民的培育助力脱贫攻坚。非常注重发挥新型职业农民的辐射带动作用，并取得了较大的成功。有资料显示，到 2017 年，全县有 1 万多人在青年农民的帮助下摆脱贫困。

多年的实践证明，夏邑县"市场导向，产业支撑"的新型职业农民培育模式取得了出色的成绩。据统计，2013 年，夏邑县是河南省最早培养认定新型职业农民的县城，当年共认定新型职业农民 52 人，到 2017 年，全县通过认证的新型职业农民已经超过 1 000 人，该模式也被农业部评选为全国十大典型模式之一。到 2020 年年初，夏邑县有 34 家市级以上的农业龙头企业，1 106 户种养专业大户，2 179 家农民合作社，2 388 个家庭农场，新型职业农民培育劲头依然不减。

（八）陕西省凤翔县"五位一体"培育模式

陕西省凤翔县自 2013 年开展职业农民培育工作以来，不断开拓思路，经过反复的探索与实践，逐步构建了以县农广校为主体，以农业院校、科技园区、农民专业合作社和农业龙头企业为补充的"五位一体"的新型职业农民培育新模式。凤翔县"五位一体"培育模式摒弃了传统农民教育单一的教学方法，通过固定、课堂、空中和田间四大课堂的高度结合来对教学方法进行了创新，形成了"政府牵头、多方参与、农广负责、各尽其能"各要素之间相互协调和促进的职业农民培育运行机制。具体来看，政府主要负责从整体上制定培育工作的总体规划以把握方向，同时出台一系列政策为培育工作的落实提供强有力的政策保障。农业部门主要负责制定具体的培育方案和职业农民资格认定管理办法等。县农广校则负责一系列具体的教学管理工作，包括师资队伍的组建、教学计划的制订、教材的编撰、教学内容的制订等。农业院校则主要负责研发农业技术和利用专家治理要素。科技园区主要对农业新技术进行推广，同时发挥示范引领作用。农民专业合作社则负责农业科技的大面积普及和应用，同时发挥其在提高农民组织化程度中的重要作用。在加强农民与市场联系、延长培育产业链方面，龙头企业扮演着重要角色。可见该模式具有 4 个特点：一是培训主体由农广校进行牵头，二是教学方法以四大课堂为支撑，三是实现了农科教、产学研的结合，四是注重继续教育。[1]

　　凤翔县"五位一体"培育模式的具体做法包括以下 10 个方面。第一，成立以县长为组长、以农业等相关单位领导为组员的培育工作领导小组，并且在农业局设立专门的办公室，在各镇党委政府成立相应的执行工作机构，从而健全从领导到落实再到考评的完善的组织体系，为培育工作提供强有力的组织保障。第二，明确培育目标。将"培养一支有文化、懂技术、善经营、会管理的高素质农业生产经营者队伍"作为职业农民培育的根本目标。第三，确定培育主体，构建"一主四元，五位一体"的培育体制机制，促进资源的共建共享和优势互补，同时为培育工作的开展注入新鲜活力。第四，严格遴选具有培育愿望同时具有一定发展潜力的农民作为培育对象，从而为保障培育质量打好基础。第五，从全省高等院校、农技推广单位、农业专家大院等主体中选拔高质量、高水平师资，组建强大的师资储备库。第六，严格实施"个人申请→资格审核→制定方案→教育培训→考试考核→结业发证→认定申请→考核评审→公示公告→核发证书→帮扶指导→继续教育→政策扶持"流程，规范培育流程。第七，积极探索教学模式，灵活采用启发式、互动式、参与式和咨询式 4 类教学方式，辅以学员讨论、现场观摩、异地交流等有效的教学方式，同时实施课外导师指导制度。第八，制定包括创业、保险、信贷、土地流转等在内的配套扶持政策。第九，严格考核认定。在考核认定时，实施"学分制度"，即学员要想获得结业证书顺利毕业，就必须修满规定课程的学分。第十，注重继续教育，提升参训学员的学历水平。[2] 为进一步促进新型职业农民的发展，并最大限度发挥其示范引领带动作用，该县还在资金、项目、信息等多个方面出台了一系列专门的优惠政策，对优秀农民进行重点扶持。

　　经过反复的探索与实践，凤翔县"五位一体"新型职业农民培育模式不断得到完善

---

[1] 沈琼. 中国新型职业农民培育研究 [M]. 北京：中国农业出版社，2017：101-102.

[2] 沈琼. 中国新型职业农民培育研究 [M]. 北京：中国农业出版社，2017：102-104.

和推广，赢得了社会各界的广泛认可，于 2014 年被农业部评定为全国十大模式之一，并在宝鸡市农业技术成果推广中荣获二等奖。至 2019 年 8 月，全县已认定职业农民 1 240 人，其中高级职业农民 17 人，中级职业农民 62 人，初级职业农民 1 161 人，[1] 为凤翔县现代农业格局的构建奠定了坚实的人才基础。

（九）陕西省西安市"制度规范 + 校社协作 + 教学互补 + 产训结合 + 信息服务 + 交流提高 + 典型带动"培育模式 [2]

2014 年，西安市拉开了全市推进新型职业农民培育工作的序幕，当年共培育职业农民 1 900 人，由 8 个区县农广校和 1 个农机校承担了 1 600 名初级职业农民的培育任务。西安市农业培训中心和西安职业技术学院承担了 300 名中级职业农民培育任务。职业农民培育模式不断成熟化，动态认定管理制度日趋完善，扶持政策逐步出台，形成了"制度规范 + 校社协作 + 教学互补 + 产训结合 + 信息服务 + 交流提高 + 典型带动"的新型职业农民培育模式，具体内容如下。

①制度规范。一是成立了新型职业农民培育工作领导小组，负责统筹协调，制定发展规划。领导小组下设综合管理、宣传服务、业务指导、教学管理 4 个工作小组，负责具体的培育工作，实行分区县包抓制度和周例会制度，梳理问题，交流经验。二是出台制度政策。西安市将建立规范的制度体系作为开展培育工作的首要任务，出台了《西安市 2014 年加快培育新型职业农民工作方案》《西安市职业农民培育包抓督导工作方案》等一系列政策文件，为培育工作的开展提供了强大的政策保障。同时强调将相关扶持政策认真落实到位。三是评审教学计划。西安市邀请省培育办和各类农业专家对培育机构的教学计划予以专业的评审，由此对其课程设置、教材选择、师资选聘等方面的问题进行讨论，强调培育要与学员的生产经营实际紧密结合，同时强调教学指导要遵循农业生产规律。四是建立教学管理制度。《职业农民教育教学管理制度》对培育工作从招生、培训、实训、指导到职业农民最终认定等重点环节进行了全面规范，初步形成了全市职业农民培育的制度体系。

②校社协作。西安市通过加强涉农院校与农业企业、园区、协会、合作社等的合作来充分发挥产业的辐射带动作用。例如，西北农林科技大学和阎良区合作建立了蔬菜试验站和瓜田试验站，通过协作能够实现理论与实践的深度结合。

③教学互补。西安市还探索了职业农民培育和学历教育相结合的模式，具体做法是选拔优秀学员，为其提供参加免费学历教育的机会，以进一步提升其科学文化素质。到

[1]　凤翔县高素质农民"抱团取暖"谋发展：凤翔县职业农民协会正式成立 [EB/OL].（2019-08-09）[2023-08-06]. 搜狐 .
[2]　沈琼 . 中国新型职业农民培育研究 [M]. 北京：中国农业出版社，2017：113-117.

2017年，全市共有200余名学员参加了中专或大专的继续教育，并取得了相应的文凭。参训学员不仅在专业技能方面进行了提升，而且学历水平也得以提升。

④产训结合。西安市建立了省、市和区（县）三级职业农民实训基地模式，为参训学员提供了标准的技术示范和实训场地，使学员能够在实践中学习，大大提升了学员的实操能力。这些实训基地都是经过逐级推荐，主管单位严格考核，最后以农业行政部门发文认可的，体现了当地的水平。

⑤信息服务。西安市充分利用高校教授、农技专家和农业土专家三类人才资源对培育工作进行全程的信息服务指导。具体来看，该市建立了"西安市职业农民信息平台"，主要方式是聘请相应的专家来提供技术指导和信息服务。此外，该市还建立了蔬菜、草莓、QQ群和微信等多个信息台。为培育工作的开展提供了强大的信息交流平台，促进了信息的互通与共享。

⑥交流提高。为了加强交流，开阔眼界，西安市探索了"零距离实地观摩＋面对面论坛交流＋空中平台交流"的无缝交流模式。一是开展了多次零距离实地观摩学习活动。如"千名职业农民参观农高会"活动、"职业农民技术大比武"活动等。二是组织面对面论坛交流。以"学员交流＋专家点评"的方式来进行问题的探讨和经验的学习，对实际问题的解决具有重要意义。三是建立空中交流平台，包括分产业的微信群、QQ群等。西安市还拨付专项资金为中高级职业农民配发手机，全面提高职业农民微信群的覆盖面。

⑦典型带动。为了给新型职业农民培育工作营造良好的内外部环境，西安市极为重视信息宣传和成功经验的总结。海南省海口市、湖南省长沙市、浙江省湖州市等职业农民考察团陆续来西安市交流学习职业农民培育经验。多名典型的职业农民也为全市农业发展和职业农民培育起到了良好的带动作用，形成了政府重视、部门协作、农民受益的良好工作氛围。

西安市这一新型职业农民培育模式在实践和推广过程中得到了不断完善，不管是在农民培育方面，先进农业技术推广方面，还是在现代农业发展方面都取得了较大的成绩。截至2020年7月初，西安市共培育新型职业农民18 023名，认定职业农民9 240人，其中，初、中、高级职业农民分别有8 554人、551人、135人。可见，新型职业农民培育和认定总量都很大。

（十）山西省洪洞县"五位一体"培育模式 [1]

2014年以来，山西省洪洞县积极响应国家、省、市层面对新型职业农民培育工作

---

[1] 王秋萍. 洪洞县创新"五位一体"新型职业农民培育模式[J]. 科学种养，2018（9）：8-10.

的安排和部署，以洪洞县粮菜畜果药五大主导产业为依托，以农民的实际需求为出发点，积极开展并持续推进新型职业农民培育工作。经过不断的探索与实践，逐渐形成了"政府主导＋培训机构＋教学基地＋规范管理＋政策扶持"的"五位一体"培育模式。该模式的具体做法如下。

①精选培训对象、培训机构、培训师资、培训内容和教学基地。其中，培训对象的遴选通过农民自愿报名、村镇推荐、张贴告知书、网站公布等多种方式进行，同时需要上报农委审查并进行入库。培训机构的选取要以公益性机构为主，同时广泛吸引各类社会机构参与。培训师资需要由水平较高的专家教授、技术骨干以及"土专家"组建。培训内容强调以农民需求和产业发展需求为出发点进行确定，在课程设置上强调分专业、分学科进行设置。教学基地的选择强调与产业发展相联系，选择集科技创新、技术推广、实践实训于一体的现代农业园区、家庭农场、农业龙头企业和农民专业合作社等。

②培训过程注重培训方式、培训实效和跟踪服务。培训强调理论与实践相结合，根据农业生产规律分时段展开培训，同时采用课堂教学与外出参观学习相结合的多样化的培训方式。强调培育的针对性和时效性，以切实满足产业发展和农民发展的实际需求。同时强调对新型职业农民进行全程的跟踪服务，尤其不能忽视培训后的指导服务。

③实施严格的培训管理制度，建立健全了包括开班申请与批复、检查督查、影像资料、考核验收等在内的各类培训制度。各类培训机构只有在申报农委得到批复后才可以开班培训，在培训期间也要接受严格的检查、监督和指导。培训对象的基本信息、培训手册、培训教材等资料要进行存档，并接受严格管理。对于培训费用，更要做到严格管理，做到专款专用，禁止挪用和滥用。培训结束后各培训机构要以 PPT 的形式在相关会议上进行总结汇报。

④实施"初步遴选→实地查看→严格认定→进行公式→办法证书→建档管理→跟踪服务"认定管理办法。首先由经过教育培训合格且有意愿申请认定的农民通过个人申请、培训机构或村镇推荐等方式进行申报。其次由县农委组织考核组人员，进村入户对申报学员的实际生产经营规模和具体发展情况进行实地调查。然后由考核组人员根据具体的考核标准对申报者的申请材料予以严格审核，并由分管领导亲自把关。认定结束后，要对拟认定对象进行长达 7 天的公示，然后在没有异议的情况下，由县农委发文并召开专题会议来为其颁发新型职业农民证书。对认定成功的新型职业农民，全部都要建立纸质档案和电子档案，并实行动态管理，不断提升其职业素养。最后还要定期为认定入档的新型职业农民提供适当的后续跟踪服务。

⑤着眼于产业发展、农民成长、农民需求和农业发展。首先，要依托本地主导产业，就近就地开展培训，在充分利用产业资源的同时反推产业发展。其次，要依托实训基地

来开展教学，切实提高农民的专业技能水平和发展能力，让农民在实践中实现成长。再次，要根据农民实际需求，通过多样化的培训方式对其开展全方位、全产业链的培育和跟踪服务，以需求为出发点，以需求的满足为落脚点。最后，要通过培育新型的职业农民促进现代农业体系的改革创新，从而进一步推进现代农业的发展进程。

洪洞县"五位一体"新型职业农民培育模式在实践中不断完善和升级，取得了极大的成功，于 2017 年入选新型职业农民培育模式"全国十佳"。

三、新型职业农民培育的突出问题

2012 年以来，我国新型职业农民培育工作取得了较好的成绩，培育制度基本确立、培育体系基本形成，但仍然不能完全且充分满足乡村振兴战略实施对乡村人才的严要求和高标准。具体来看，我国新型职业农民培育中依然隐藏着培育目标不明确、培育对象不精准、培育内容不科学、培育方式不合理、培育主体不协调、培育资源较分散、认定管理不科学、扶持政策不完善等问题，导致培育的针对性、规范性和有效性较低，培育效果不理想，严重影响乡村振兴进程的推进。

（一）培育目标不明确

虽然每年的《关于做好新型职业农民培育工作的通知》都会提出年度具体目标和任务，但在具体实践中，新型职业农民的培育并没有完全按照乡村振兴战略的要求进行人才培养，各培育机构的培育目标不明确、不聚焦，甚至出现偏差，具体体现在以下两个方面。第一，很多培训机构仍以劳动力输出为目标，以城市工业和服务业的人才需求为导向，真正涉及农业产业培育的并不多。由于专门的农业类职业院校本身就不多，综合性职业院校中的涉农专业就更少，因此很多职业院校的职业农民培育目标与乡村振兴战略出现偏差，"离农"现象较为突出。第二，很多培训机构仍然以传统的农民培训为主，主要进行农业生产类的培训，关于农业产业经营、管理和农产品加工的培训相对较少。然而，在现实中，乡村振兴战略的实施需要将一二三产业紧密结合起来，因此所需要的职业农民也是综合性的。由于培育目标不明确，培育工作总是缺乏针对性和精准性，从而导致所培育的职业农民不能够支撑起乡村振兴战略的实施。

（二）培育对象条件差

在新型职业农民培育的过程中，培育对象是重要因素，然而，在目前的培育体系中，培育对象还存在很多问题，主要表现在以下几个方面。

①生源不足。随着新型城镇化和工业化的发展，很多农民或是为了提高经济收入，或是为了子女的教育，纷纷前往城市生活和工作，大量农村优质劳动力外流，导致农村务农人员大量减少。有调查表明，每年大约有 1 000 万农村优质劳动力流入城市，加速了农村的衰败和空心化。[1] 农村出现了"耕地没人种""畜禽没人养"的现象。农村没有劳动力，培育工作就无从谈起，更不必说农业的规模化和产业化发展。

②农民理念落后，参培积极性不高。由于很多地区并未将新型职业农民的培育工作落到实处，尤其是边远贫困地区和少数民族地区，加上宣传不到位，很多农民对国家出台的政策不够了解，没有意识到新型职业农民培育的重要性，落后的农业发展理念使很多农民没有看到农业现代化发展给自身带来的机遇，导致在新型职业农民培育中缺乏积极性和主动性。

③结构不合理。其一，性别结构不合理，女性力量没有发挥出来。当前成为新型职业农民的主要是男性，达到了 91.5%，女性人数很少，仅占 8.5%。其二，年龄结构不合理，缺乏青壮年劳动力。由于优质劳动力外流等，参训学员主要是中老年劳动力，占到 78%，其中，41 ~ 50 岁的占 45.6%，51 ~ 60 岁的占 32.4%，31 ~ 40 岁的青年不到 15%，为 14.8%，而 16 ~ 30 岁则更少，仅占 3.2%。其三，学历结构不合理，农民学历普遍较低。从学历分布来看，当前的新型职业农民初中学历的占了近一半，达到44.9%，高中学历的占 37.8%，小学及以下学历的占 7.1%，而大专及以上学历的极少，仅占 5%，中专学历的也只有 5.2%。[2]

（三）培育内容不科学

培育内容是影响新型职业农民综合素质的重要因素，也决定着农民的职业需求能否得到满足，现存的培育内容具有陈旧性，缺乏实用性和时代性，主要体现在重形式而轻内容、重技术轻文化、重理论轻实践。

①培育形式大于培育内容，不具有实用性。对于新型职业农民的培育，很多机构都把其当作任务来完成，具有形式性，培育内容也同样如此，不具有实用性。培育内容的形式性表现在两个方面。一是培育内容具有滞后性和陈旧性。虽然国家在大力倡导"新型职业农民"的培育，各培训机构也在大力响应改革，但在实际培训中，很多培训机构或为省事方便，或没有正确理解新的培育理念，而继续使用传统的培训内容。目前，新型职业农民培训的内容大多为惠农政策知识、农业种养殖技术、特色农业发展、

---

[1] 何晓琼，钟祝．乡村振兴战略下新型职业农民培育政策支持研究 [J]．中国职业技术教育，2018（3）：78-83.

[2] 吴易雄，周芳玲．新型职业农民农业经营状况及农业从业意愿分析：基于全国百村千民的实证分析 [J]．经济问题，2017（5）：89-93.

农产品加工等内容，培训内容陈旧，而金融政策、法律法规、经营管理技能、销售技能、市场运作等新的培训内容仍然较少，导致培训内容不具有时代性，不能满足现代农业发展的需求，即此类培训的作用并不大，反而会导致培训资源的浪费。二是培育内容不具有针对性。由于经济文化地域环境等自然社会原因，各个地区的农业各具特色，差异性很大，其现代化道路也不尽相同，因此需要不同类型的职业农民。然而，出于同样的原因，很多机构的培育内容并不都是经过调研根据农民和农业的真实需求而决定的，相反，面对职业农民的培训，很多培训机构都采用相同的培训课程，给予相同的培训，导致培训内容不具有差异性和针对性，不能真正解决农民在现实的环境中遇到的问题，不能真正满足各地农业产业现代化的需要，出现政府培训供给和农民实际需求脱节的状况。培训内容的滞后性和同化性导致培训双方都不具有积极性，挫败了农民学习新鲜事物的劲头和对农业农村现代化的认识，严重影响了培训的效果。

②培育内容重技术轻文化，缺乏文化性。出于见效快、农民学习积极性等因素的考虑，现存的培育体系仍然以职业需求为导向，以提高经济收入为目标，因此更倾向于农业技术方面的培训，比如农机的使用、优良农产品种子的采用等，而像社会主义核心价值观、社会主义荣辱观、家庭教育、农村传统文化、生命观等方面的教育较少。在乡村振兴战略背景下，要提高的不仅是农民的农业生产技术，还要提高农民的科学文化水平、思想道德修养和经营管理技能，即要培养一支真正"有文化、懂技术、会经营、善管理"的全面可持续发展的高素质的新型职业农民队伍。而且，农民精神文化水平的提高更有利于其改变传统的教育观、学习观、生产观等，更有利于新的发展理念的普及，更有利于调动其参与培训的主动性和积极性，即精神文化层面的培训在整个培训中发挥着不可低估的作用。然而，现存的重技术轻文化的培育内容显然不利于提高农民的综合素质，不能满足农业农村现代化的综合性需求。

③培育内容重理论、轻实践。在现存的培育体系中，新型职业农民的培育仍以理论知识的讲授为主，实践性、示范性的操作技能的培训相对较少。由于农民的受教育程度较低，知识技能水平有限，在理论知识的理解上存在一定的难度，尤其是对新倡导的诸如农业经营管理、农产品的销售服务等"陌生"内容难以理解，需要在特定的环境中，通过观察实际操作来理解相应的内容，对于操作性强的农业技能，需要在实际操作中掌握。同时，纯理论性的知识枯燥无味，实用性较弱，难以激发农民的学习热情，实操性的技能培训对农民来说更具有实用性和吸引力。

（四）培育方式不合理

培育方式是影响新型职业农民培育效果的又一重要因素。合理的培育方式不仅能够调动农民参与培育的积极性和主动性，还能提高培育质量。然而，现存的培育方式仍然以教师讲、学员听的传统的和集中培训的模式为主，培训方式还存在很多问题，具体体现为培训方式重理论而轻实践、重形式而轻质量、培育模式单一、培训没有长久性4个方面。

①重理论轻实践。现存的培育方式仍然注重理论知识的讲解，而实践性的示范操作较少。考虑到节约资源的原则，对于法律法规、政策性知识等的培育用集中的课堂讲授的方式更为合适，能够有效利用现有的师资、场所等资源，效率更高。但对于农机使用等操作性较强和经营管理技能等时代性较强的培训，理论讲解远远不够。因为农民的受教育程度较低，接受新鲜事物的能力较弱，对于实践性的操作技能的掌握较慢，如果采用理论和实践相结合的方式效果可能会更好，从而避免农民对培训内容一知半解的情况。然而，由于受传统培训方式的影响，目前的培训依然以集中式的课堂讲解为主，没有调动起农民学习的积极性，培训效果不理想。

②重形式轻质量。正如上文提到的，新型职业农民的培育以政策倡导和政策扶持为主，因此很多培训主体都把其当成政治任务或绩效来完成。在这种背景下，新型职业农民的培训是任务导向型，不管是教师队伍还是参加培训的农民都在完成任务，应付了事，导致培训质量不高，不能真正提高农民的现代农业生产技术和科学文化素养，起不到培训所应具有的作用。对于很多培训活动，农民参与培训活动只是为了凑人数，或者是为了获得培训补贴，更有甚者，农民到场的目的是让培训部门完成拍照任务，拍完所需要的照片，农民就解散了。对于很多培训项目，只要农民参加就可以为其颁发资格证书，而没有硬性的考核标准，这也使培训流于形式，止于质量。

③培训模式单一化。尽管关于新型职业农民的培育活动有所增加，相关的资源投入也都大大增加，但采用较多的仍然是传统的培训模式。"一哄而上""一刀切"的问题严重，没有充分考虑农民居住的分散，交通情况不同的实际情况，也无法做到因地制宜，根据特色农业发展情况采取适合的培训模式。此外，"互联网+"的现代远程培训、网络培训、移动培训等新时代的培训模式还没有在新型职业农民的培育中实现普及，培育模式的单一化，限制了培训活动的开展，不能够满足新兴职业农民的学习需求。而且，培训方式"一刀切"的做法使培训违背了具体问题具体分析和因材施教的原则，使培训不能根据培训对象的具体情况和培训内容的特点选择科学有效的培训方式，导致培训质量不高，严重挫伤了农民参与培训的积极性。

④培训没有长久性。由于培训重形式，很多机构都带着完成任务的心态举办培训活动，培训课时或培训课程的完成就意味着培训活动的结束和培训任务的完成，而没有后续培训活动，即大多数培训采取一次性培训模式，培训不具有长久性，不能对农民培训

内容的掌握情况进行查漏补缺。例如，孔韬（2019）通过在广州、韶关等地的调研指出，培训机构从未考虑过对农民参与培训进行跟踪服务，而农民也表示未接受过此类服务。在农业技术需要不断更新的大环境下，一次性培训模式显然不能满足现代农业产业的发展，一次性培训模式也不符合终身学习理念。在实践中，农民会遇到各种各样的问题，尤其是在新型职业农民的培育过程中，农民会在生产经营知识技能、农产品加工技术等方面遇到各种各样的新问题，一次性培育模式显然不能保证新型职业农民切实地可持续发展。从这里也可以看出培训机构关注的只是自身的工作量是否完成，而不重视培训质量。

（五）培育主体不协调

目前，我国新型职业农民的培育工作主要由县、乡政府领导总体规划，由农业、教育、人社等部门协同负责，他们通常在相应上级的指导下，分部门、分层次地开展培育工作。在我国，新型职业农民培育基本上采取"一体多元"的培育方式，即以政府为培训主体，农业职业院校、农广校、农业龙头企业等多个部门共同参与，协同完成。"一体多元"的培训方式从表面上看是新型职业农民的培育得到各个部门的重视，获得了丰富的培训资源，实际上，多元化的培训主体引发了很多问题，阻碍了新型职业农民培育工作的进展，主要体现在以下几个方面。

①各部门之间缺乏协调与沟通，导致资源浪费严重。一方面，重复培训现象严重。各部门分属不同的领域，有不同的任务要求，各自举办培训活动，缺乏沟通交流，经常会出现举办同样内容培训活动的现象，造成资源严重浪费。另一方面，由于各部门不能进行及时有效的沟通，没有实现资源的共建共享。每个部门都有自己独特的优势和弱势，比如，教育部门有丰富的师资队伍，但缺乏实践经验；科技部门对先进的农业技术较为了解，但缺乏办学场所等。各个部门之间的交流合作能够实现资源的整合，取长补短，扬长避短。然而，现实中较少的沟通交流造成在新型职业农民培育中出现了整体资源供给不足和资源浪费现象严重并存的现象，严重影响了新型职业农民培育工作的有效开展。

②各执行主体应付了事，培训效果不好。我国新型职业农民的培育实行"上行下效"的方式，农民职业培训往往是在上级的行政命令下组织实施的，各执行主体把新型职业农民的培育当成政绩来完成，执行热情不高，动力不足，重形式，轻质量，各培训部门没有新颖详尽的培训计划，没有科学合理的考核标准，培训人员则本着完成任务的态度进行培训，没有充分发挥执行主体在新型职业农民培育中应有的作用，培训效果不佳。

（六）培育资源不充足

充足的人力、物力、财力是教育重要的资源保障，具体体现在新型职业农民培育工作中就是，需要一支数量充足、质量过硬的教师队伍，充足的教育培训设施设备和充足的资金保障。目前，我国新型职业农民培育中还存在着教育培训资源不充足的问题，主要表现在以下几个方面。

①培育资源不充足。第一，培育资金不足。目前，我国新型职业农民的培育资金主要来自财政拨款，社会资金没有充分吸引进来，培育经费来源单一，经费不足，难以满足庞大的新型职业农民队伍培育的需要，严重影响新型职业农民培育的数量和质量。尽管近年来国家极其重视"三农"问题，对"三农"的发展给予强大的财政支持，但从总体来看，用于新型职业农民培育的国家财政仍然有限，仅占国家财政支出的一小部分。2014—2016 年，中央用于农民培训的费用从 11 亿元增加到了 13.86 亿元，增加了 2.86 亿元，增加数额很大，但该费用在教育预算支出中仍不到 1%，占中央一般公共预算支出的 0.016%，总体来看，用在新型职业农民培育上的资金仍是杯水车薪。[1]第二，师资队伍不健全。缺乏高质量的"双师型"教师队伍，培训教师要么是科研型，要么是技术型，但两者都有不足之处，科研型师资虽然理论知识丰富，对新型职业农民的认识较为深刻，但实践经验不足，在教学中可能不能调动农民学习的积极性。技术型教师虽然有丰富的实践经验，有较为先进的农业技术，对农业较为熟悉，但缺乏整体性的、深刻的理论知识。专兼职教师数量不够、师资队伍学历低、结构不合理、队伍不稳定等问题十分严重。第三，培训场所较缺乏。一方面，新型职业农民的培训是临时性的，培育场所等都是临时设定，没有固定的培训场所等基础设施，尤其缺乏公共性实训基地；另一方面，由于和基础教育、职业教育、成人教育等教育系统缺乏有效的合作，到目前为止还不能进行有效的资源共享，这导致新型职业农民的培训没有充足的资源保障。

②资源较为分散。第一，在农村，基础教育和职成教之间还没有形成高效畅达的培训资源共享机制，资源的统筹力度还不足，因此不能实现教育场地、师资力量、基础设施等培育资源的重复和高效利用，严重制约了这些资源合力功能的发挥。第二，相关部门之间没有实现统一规划，"各自为政"现象较为严重，使有限的培训资源不能得到最大限度的利用。第三，各培训主体之间未能形成统一的资源利用体系。在县域范围内，有非常多的涉农培训机构，如职教中心、农民成人学校、农民文化技术学校等，这些机构由不同的主管部门来负责，在新型职业农民培育中有不同的任务和计划，彼此之间缺乏足够的交流，资源共享机制也不畅通。[2]

---

[1]　沈琼. 中国新型职业农民培育研究 [M]. 北京：中国农业出版社，2017：53.

[2]　孔锦. 乡村振兴战略背景下新型职业农民培育的困境与出路 [J]. 中国职业技术教育，2019（6）：80-85.

（七）认定管理不科学

对于新型职业农民的认定管理，具体包括认定和管理两个方面的工作，其在培育工作中所扮演的角色主要是将教育培训环节和政策扶持环节有效连接起来，是培育工作中的关键环节之一。目前我国新型职业农民认定管理还不太科学，严重影响着新型职业农民的培育积极性和从业积极性。其认定主要存在两个问题。第一，认定条件不明确，认定标准不科学。农业部对新型职业农民的认定条件只做了简单的介绍，各部门在具体执行中没有具体的标准可依据，而且，各部门不能够根据新型职业农民的类型和当地农业产业发展的特点制订符合实际需求的认定标准。很多地区只对生产经营型农民进行认定。第二，认定程序简单，认定工作落实不到位。以重庆市为例，2018 年，重庆市共培育新型职业农民 28 837 人，但只认定了 4 909 人，占培育总数的 5.9%，未达到"不低于15%"的要求。很多地方通过"申请—审批"的方式开展认定工作，认定程序简单，条件较低。在新型职业农民的管理方面，相关的体制还没有健全完善，各地新型职业农民培育和认定情况的基本信息还没完全收录，对新型职业农民的后续跟踪服务平台还没建立，不利于统筹全国的新型职业农民培育概况。

（八）扶持政策不完善

完善的扶持政策是新型职业农民培育工作开展的重要推动力，主要涉及土地流转、农村金融信贷、农业保险等方面的政策。然而，这些政策的缺乏或者不完善严重阻碍了新型职业农民培育工作的开展。在土地流转方面，还存在着严重的土地产权模糊、土地流转合同缺乏法律效益、土地流转租金高等问题；在金融信贷方面，贷款政策没有广泛宣传开来，贷款条件较高，程序较复杂，真正获得信贷的农民较少，不能够为新型职业农民从事现代农业、进行创新创业提供强大的资金支持；在农业保险方面，保险产品较单一，不能满足多样化的特色农业产业发展的需求，同时，保险理赔速度较慢，不能及时弥补农民在农业生产经营中的损失。这些问题严重阻碍了新型职业农民培育工作的开展，但目前还没有完善的政策来解决这些问题。此外，农村的社会保障政策还不完善，例如农民养老保险政策，很多农民很难享受到职工养老保险政策，阻碍了农民从"身份"到"职业"的转变。

四、新型职业农民培育的影响因素

新型职业农民培育是一项基础性、系统性、长期性、复杂性的社会工程，其开展、实施离不开强大的社会支持系统，主要包括法律制度、政策体系、组织结构、社会公共服务等。这些因素对新型职业农民工作的持续有效开展具有重要的支持保障作用，目前，相关的社会支持系统虽然在不断健全，但仍存在一些问题。例如，法律制度不健全、政策体系不完善、组织机构不协调以及社会服务体系不健全等，社会支持系统的不完善及其造成的社会保障措施不充足是前一部分所述新型职业农民培育问题依然存在的主要原因。

（一）法律制度不健全

完善的法律制度是新型职业农民培育的重要依据和保障，是提升新型职业农民培育地位和加速农民从"身份"转向"职业"的重要且有效的途径，也是新型职业农民培育政策措施得以有效落实的强有力的"底线"保障。从法律制度层面对新型职业农民培育的一系列内容作出明确而清晰的规定则可以监督促进培育工作的严格落实，为培育工作的开展提供坚实的法律制度基础。除了要对培育原则、考核评价标准等基本内容作出规定，做好顶层制度设计也至关重要，还需要基于此制定科学合理的培育规划，尤其要处理好中长期规划和短期规划之间的关系，以实现两者之间的有效对接。健全的法律制度体系则可以使新型职业农民培育工作有法可依、有章可循，为培育工作的开展提供良好的法律环境和制度环境。当下，我国新型职业农民培育的法律制度体系还不健全，导致相关培育政策落实不到位，培育工作没有达到理想效果，具体存在以下两个方面问题。

①相关法律体系不健全。到目前为止，我国还没有出台专门针对新型职业农民培育的法律法规。在开展培育工作时，主要参考的法律有《农业法》《劳动法》《职业教育法》等，其中虽有一些条文内容是针对农民教育的，但因内容过于笼统而不具针对性，或者因过于陈旧而不具时效性，不能有效适用于新型职业农民的培育。没有法律法规的支持和保障，新型职业农民的培育工作没有具体法律法规作为依据，导致培育政策措施落实不到位、培育经费被挪用、培训考核不科学的现象时有发生，严重影响新型职业农民培育工作的开展和培育的质量，相关法律法规的缺失也是新型职业农民培育有效性较低的主要原因。

②相关制度体系不健全。第一，教育培训制度不健全。我国虽然建立了"一体多元"的教育培训体系，但办学机构资格审查制度、政府培训购买制度、行业企业参与制度等还不健全，导致各办学主体办学积极性较差，各主体之间没有形成有效的合作机制。例如，由于缺乏相关的制度规范，职教集团成员的准入和退出较容易，职教集团的组织结构不稳定，不能在新型职业农民教育培训中充分发挥合理作用。第二，认定管理制度不健全。我国虽然制定了新型职业农民认定标准，但主要是针对生产型职业农民的，专门针对专业技能型和社会服务型两类职业农民的认定标准还不完善，而且新型职业农民的

认定局限于户籍意义上的农民，显然农民的职业属性还不够明显。同时，关于新型职业农民的注册管理制度还不完善，导致我国新型职业农民在管理上还存在一定困难，不利于对新型职业农民信息的统计和对新型职业农民的后续服务。第三，监督评价制度还不健全。对于新型职业农民培育而言，严格科学的监督评价制度对培育工作的高效开展和培育效果的提高具有重要的保障作用。目前，相关制度还比较缺乏，对各主体工作的落实情况、新型职业农民的培育工作缺乏科学有效的评价机制，导致培训效果不理想。此外，不规范、不严格的土地流转制度也严重抑制了农民职业属性的发挥，不利于新型职业农民培育工作的开展。

（二）政策体系不完善

新型职业农民培育是一项具有公共性、基础性和社会性的工程，其开展和实施离不开强大的政策引导和支持，包括专门的新型职业农民培育政策、配套的帮扶政策以及相应的政策宣传和政策落实保障机制。专门化的新型职业农民培育政策可以对培育工作做出整体规划和宏观设计，例如，制订培育目标和原则、确定培育工作路线等，这是培育工作开展的"指南针"，对培育工作的推进具有指导性、支撑性和约束性的作用。配套的帮扶政策则涉及农业、农村、农民发展的方方面面，主要包括土地流转政策、农业补贴政策、农业保险政策和农村创新创业政策等，这些政策与新型职业农民培育密切相关，是培育工作开展的基础性条件和重要的推动力量。保障性政策主要包括资金投入政策和师资队伍建设政策，这两类政策是培育工作开展的重要推动力量，对新型职业农民培育效果和质量具有重要的影响。政策的广泛宣传对于充分利用优惠政策，避免政策浪费具有重要的作用。完善的政策保障机制是政策措施有效、充分落实的必要保障。同样，开展和落实新型职业农民培育工作，也需要国家层面和地方层面为其提供良好的政策环境。但是，当前，我国与该项工作有关的政策体系还不够健全完善，严重影响着新型职业农民培育工作的推进，其政策体系中存在的问题主要体现在以下几个方面。

①政策不健全。一是财政投入政策不完善，财政投入不够。新型职业农民培育的公共属性决定了必须发挥财政的主导作用。虽然国家一再强调要重视新型职业农民的培育，但用于新型职业农民培育的财政支出还很有限。此外，新型职业农民的培育与道路交通、水利等农村基础设施的完善有着密切的关系，但国家财政在农村基础设施建设上的支出也很有限，2014年，中央财政用在农村设施建设上的资金仅占全国财政总支出的9.3%。[1]相对于基础设施建设，新型职业农民的培育属于"软项目"，"刚性约束不够，既不会

[1] 沈琼. 中国新型职业农民培育研究 [M]. 北京：中国农业出版社，2017：53.

因为投入偏少而发生严重的农村事故，也不会因此造成当前经济的明显衰退"[1]，因此，各级财政因局限于当前的利益而不重视对其财政支出。另一方面，由于各级财政监管政策不完善，用于新型职业农民培育的财政支出不能得到有效利用，造成财政资源浪费。因此，国家财政支出的不足和财政监管政策的不完善严重影响着新型职业农民培育活动的数量和质量。二是扶持政策的不完善。新型职业农民的培育涉及土地流转、农业保险、农业贷款等问题，然而，相关政策不完善、土地产权模糊、缺少科学合理的土地流转程序等土地流转问题，农业保险覆盖率不高、农业保险产品单一和农业保险理赔较慢等农业保险问题，以及农业贷款条件过高、程序复杂等农村信贷问题依然突出，新型职业农民在从事规模化、产业化农业中困难重重，打击了新型职业农民参加教育培训和认定的积极性，严重阻碍了新型职业农民培育工作的开展和新型职业农民队伍的建设。

②政策宣传不到位。很多现有优惠政策没有得到广泛宣传，老百姓对可以用的政策了解不多，导致很多优惠政策没有用起来，出现政策资源浪费的现象。

③政策落实不到位。由于法律法规、制度体系、组织机构和资源供给等方面存在的问题，现有新型职业农民培育政策并没有很好地落实，没有达到新型职业农民培育的预期目标。此外，我国关于新型职业农民培育的专项政策虽然比较多，但大多数不系统，在一定程度上影响了政策的执行效果。

（三）组织机构不协调

新型职业农民培育是一项系统性、长期性的社会工程，其过程实施涉及多个主管部门和各类培训机构。其主管部门主要包括各级党委以及农业局、教育局、人社局、财政局等政府主管部门。培训机构则主要包括农职院校、涉农组织等各类培训机构，以及农技推广机构等其他社会机构。在多年的不断探索和发展中，新型职业农民培育工作逐步形成了"政府主导、社会参与"的工作格局和"一体多元"的培训体系。作为具体的执行主体，主管部门和机构为我国新型职业农民培育工作的有效开展提供了高效强大的组织机构保障，它们之间的相互关系对建立有效的工作机制和促进资源共建共享具有重要作用。然而，目前，我国新型职业农民培育的组织机构之间的合作机制还不完善，导致不能充分调动各组织机构的工作积极性，不能建立有效的沟通交流机制、利益联动机制和资源共建共享机制，严重影响"产教融合、政企合作"的办学体制机制，使新型职业农民培育中存在着资源整体性供应不足与资源浪费现象严重同时存在的问题。我国新型职业农民培育工作中组织机构之间存在的问题主要表现在以下几个方面。

①政府主管部门之间协调不力，领导组织不统一。我国新型职业农民培育涉及党委

[1]　蒋寿建等．培育江苏新型农民研究[M]．北京：中国农业出版社，2008：288．

政府、农业、教育、人社等多个主管部门。从纵向角度来看，各级相同部门之间在任务传达等方面的沟通交流较为顺畅，问题不大。从横向角度尤其是县级来看，各类平行部门之间缺乏沟通、交流和合作，各部门之间的信息不畅通，导致出现重复培训和培训空白并存的现象。各部门之间的合作较少，不能促进资源的共建共享，导致新型职业农民培育资源较为分散、资源浪费严重的问题。各主管部门之间协调不力，领导组织不统一，导致其领导下的教育培训机构在进行新型职业农民教育培训工作时也处于单打独斗的状态，不能深化合作，促进资源的整合，提高资源的利用率。

②各类教育培训机构之间合作不深入，培育机制不顺畅。我国虽然形成了"一体多元"的新型职业农民教育培训体系，形成了多方力量共同参与的办学格局，尤其是现代农业职教集团的加入，为各类参与主体提供了更加广阔的合作平台，但由于缺乏制度保障和利益联动机制等，各机构之间的合作还处于初级浅层次合作阶段，教育培训工作仍由政府主导、农业职业院校主要负责，农业行业企业、涉农组织等社会力量的办学积极性和主动性较弱，没有充分参与进来，因此没有形成深层次的合作机制。一方面，无法充分利用涉农行业企业的教师、资金等社会资源；另一方面，无法促进已有资源的共建共享，教育培训资源不充足。除此之外，浅层次的合作机制还导致培育工作效率低下，培育质量较低。

（四）社会公共服务体系不健全

新型职业农民培育是一项基础性、公共性的社会工程，其开展实施必定离不开社会公共服务体系在组织机构、资源提供等方面的支持。建立完善的社会公共服务体系可以为新型职业农民培育工作的开展提供强大的资源支持和信息交流平台。然而，相关的社会公共服务体系还没有为新型职业农民的培育提供强大的支持和服务。其主要体现在以下两个方面。

①社会工作服务机构没有参与进来。目前，新型职业农民培育相关的公共服务机构较少，主要是涉农机构，如农业技术推广机构。地方社会工作服务机构一般以公益性项目为主，主要依靠财政拨款维持其日常运营，主要目标就是为公共产品提供社会服务。例如，公共实训基地作为公益性的实践教学单位，参与新型职业农民培育，既能够发挥其公共服务功能，又能够为新型职业农民培育提供场所、设备、师资和资金等，可以有效解决新型职业农民培育中师资匮乏和资金匮乏等问题。目前，类似于公共实训基地的社会工作服务机构较少，而已有的社会工作服务机构也还没有积极参与到新型职业农民培育工作中，导致新型职业农民培育工作所得到的普惠性服务较少，对新型职业农民培育来说是一大笔资源的浪费。

②信息交流服务平台不完善。完善畅通的信息交流服务平台是促进各参与主体之间信息交流、加强合作的重要保障。虽然已有中国新型职业农民网、新型职业农民信息化服务云平台等信息交流平台，但这些平台远不能满足全国范围内新型职业农民培育工作如火如荼开展和新型职业农民队伍规模化扩大、速度化成长的需求。更何况关于新型职业农民培育基本情况、教育培训、产业发展、政策扶持等信息还没完全集中建档入库，信息存在缺失，相关信息档案和数据库还不够完善，导致相关政策宣传不到位，而研究人员也时常面临着找不到基础数据的问题。基于"互联网＋"等现代信息技术和大数据的信息交流服务平台建设还不完善的现实，现代信息技术和大数据在新型职业农民培育中的作用没有充分发挥。

第五章

新型职业农民培育的
社会支持系统建构

"农民"即是以农为生计之民，安土重迁，循着固有的风俗，形成极具"农民"本色的民风民情，随着农业领域分工的逐渐细化，农民这个古老职业焕发出崭新的时代特征。新型农民与传统农民的区别在于，前者是一种主动选择的"职业"，后者是一种被动烙上的"身份"。从现实发展来看，以相关政策文件为指导，从中央到地方出现了一系列新型职业农民培育方式，主要表现为培育方式的创新、培育机制体制的健全、培育对象的扩大、培育效果的全面提升等。同时，新型职业农民培育面临着诸多有待解决的困难，主要表现在 3 个方面：一是专业人才队伍薄弱，师资水平参差不齐；二是培训方式较为传统，信息化教学工具和使用有待进一步推广；三是支持系统较为单一，以政府职能部门为主，社会其他力量协同能力不足，限制社会资源的广泛参与。新型职业农民培育是一种重要思路和发展道路，需要梳理其内在的发展逻辑，确定培育的整体方向；同时锁定关键线索，围绕农民培育，利用各个要素间的优势进行补充，从而建构和完善全面的社会支持系统，以做好新型职业农民培育活动在全国范围内的推广。新型职业农民培育作为"三农"发展转型的关键突破口，需要集中社会优质力量，发挥体制机制优势。本章基于这一发展视角，从深度剖析新兴职业农民培育的内涵出发，对社会支持系统进行要素分析和建构，以政府主导、院校指导、企业带头、机构协同、社会团体参与为内核，围绕这些主体要素建构相应的运行原则和条件保障，以期能够为新型职业农民培育提供更加完善的社会组织、物资、舆论支持系统。

一、新型职业农民培育路径的理论构思：社会支持系统之运行机制 [1]

对于如何更加高效地培育新型职业农民，需要统筹考虑并构建目标协同、资源整合的社会支持系统。但是，这种社会支持系统的构建并非随意为之，一定是建立在厚重的理论分析基础之上的。因此，剖析并解读新型职业农民培育路径的理论构思，继而建构社会支持系统的理论模型及其运行机制，已然十分迫切且重要。为什么要构建社会支持系统，其价值何在、基本原则有哪些、构成要素及其相互关系是怎样的？这些问题都需要进行理论澄清。如此，才能最大限度地发挥顶层设计对引领新型职业农民培育的价值。

（一）构建社会支持系统的价值意涵

新型职业农民是指以从事农业生产经营为自身职业，具有较高的科技文化素质、专业生产技能和职业道德素养，具有较高的自我发展能力和市场竞争力的群体代表。[2]

---

[1] 罗统碧，屠明将，王汉江. 对新型职业农民培育社会支持系统的思考 [J]. 教育与职业，2020（4）：93-97.

[2] 郭智奇，齐国，杨慧，等. 培育新型职业农民问题的研究 [J]. 中国职业技术教育，2012（15）：7-13.

所以，新型职业农民的培育要有一个更加宏观的认识，以了解进行培育的真正内涵架构和关键要素，才能使新型职业农民培育具有针对性、时代性、科学性和发展性。

1. 从价值定位来看：坚持从"输血"到"献血"

新型职业农民培育是一个将社会优质资源进行整合再投放，实现资源升级的过程，所以从价值定位上来说，其实质是一个从"输血→造血→献血"的运行机制。明确这一内涵实质，可以确定培育实施的价值定位，在扩大受益群体的同时，也意味着培育实施成本的降低。第一步是"输血"，通过"培"的环节为农民提供专业的指导和培训平台；第二步是"造血"，通过"育"的环节使广大农民将所学知识运用到实践中，改变已有的生产观念，并在实践中不断检验和打磨新形成的知识、理念、技巧等；第三步是"献血"，这是一个将资源进行转化再次向其他人进行传输的过程，农民通过个体的系统培育、吸收和再创造，实现经验的优化升级，成为基层或中层的培育者，利用自己的力量带动和辐射更多的农民群体。

2. 从结构上来看：坚持动态调整

培育新型职业农民有助于推进城乡资源要素平等交换与合理配置。推进城乡发展一体化，首要的是劳动力统筹，在让一批农村劳动力尽快真正融入城市的同时，必须提高农业、农村吸引力，让一部分高素质劳动力留在农村务农。加快建设现代农业，要求全面提高劳动者素质，切实转变农业发展方式。新型职业农民培育就是培育现代农业的现实和未来。随着传统小农生产加快向社会化大生产转变，现代农业对能够掌握应用现代农业科技、能够操作使用现代农业物质装备的新型职业农民需求更加迫切。

随着较大规模生产的种养大户和家庭农场的逐渐增多，农业生产加快向产前、产后延伸，分工、分业成为发展趋势，具有先进耕作技术和经营管理技术，拥有较强的市场经营能力，善于学习先进科学文化知识的新型职业农民成为发展现代农业的现实需求。培育新型职业农民就是培育现代农业的现实和未来。

新型职业农民培育折射出一定的乡村社会发展需求，坚持动态调整是保持其发展性的重要前提。首先，"培育"不同于"培训"，前者注重发展的长期性，后者注重技能的实效性，这也是新型农民培育与传统农民技能培训不同的地方；其次，对于新型职业农民的职业性培育从内容到形式并非延续固定模式，而是根据农民的发展实际水平、发展实际需求以及不同地方所能提供的支持等，提供相应的支持和帮助。所以，从结构上来看，对新型职业农民培育是一个动态调整的过程，涉及基础信息、覆盖面积、辐射面积、培育成果认证档案、后续追踪等一系列过程。

3. 从组织上来看：坚持协同发展

大力培育新型职业农民是建设新型农业生产经营体系的战略选择和重点工程，是促进城乡统筹、社会和谐发展的重大制度创新，是转变农业发展方式的有效途径，更是有中国特色农民发展道路的现实选择。新型农业经营主体培育的重点是农民、农户，国家政策支持的重点是新型职业农民。新型职业农民培育作为一种发展战略，需要集中广泛的社会资源，在此需要明确社会支持的范围，包括客观物质以及主观经验两个方面，涉及提供必要的资金、场地、相关器械、教材、人员、新理念等多个内容。

新型职业农民培育就是培育新型经营体系的核心主体。今后中国农业的从业主体，从组织形态看就是龙头企业、家庭农场、合作社等，从个体形态看就是新型职业农民。因此，新型职业农民培育就是培育各类新型经营主体的基本构成单元和细胞，对加快构建集约化、专业化、组织化、社会化相结合的新型农业经营体系，将发挥重要的主体性、基础性作用。为保证培育的联动性，须坚持协同社会各方力量，确保在有限的时间内以有限的资源实现广度和深度的全面覆盖，协调两个或两个以上的资源体为完成同一目标而实现相互协作，实现发展的双赢，从而实现发展数量与质量的全面提升。乡村全面振兴的关键在于两点：一是补短板、突破弱点、打破传统思维；二是抓重点，发挥优势，提升和创新发展高度。而推动振兴事业向前发展的关键在于实现乡村经济、政治、文化、生态、教育、社区等协同发展。

（二）构建社会支持系统的主体要素

社会的发展始终处于不同要素间的动态变化，新型职业农民培育需要找准结构要素，才能使各个力量间的配合实现最大化。作为一个有组织的社会性行为，其关键要素围绕着主体、运行和管理3个方面进行，具体来看，以下是本文认为关于新型职业农民培育需要五大方面的支持，并且需要厘清每一方面力量的定位，才能使社会支持系统发挥最大的作用。

1. 社会支持系统的主体

（1）政府

政府对于社会经济、政治和文化事务等承担着管理职能，能够在有限的时间内调动和征集广泛的社会资源，具有极强的号召力。新型职业农民培育本身与农村转型、农民生活、农业发展息息相关，是乡村社会发展的重要规划之一，需要极强的统筹布局和极大的经费投入。所以在这一过程中，政府需要在改善培育条件、保障物质基础和人员配备、增强培育宣传等方面做出顶层设计，从而保证新型职业农民培育的有序进行。

①加快建立人才储备，扩大人才引进渠道，发挥政府的主导作用，增强乡村农民培育的职业吸引力。一方面，需要增设相关岗位和专业人员配备，提高待遇标准，为乡村人才引流做好物质基础准备；另一方面，发挥新型职业农民培育的公益特征，重点培养农民自我学习和自我实践能力，鼓励优秀农民学员参与到新一轮的培育过程中，提高培育的社会影响力并降低人力成本输出。

②做好关于新型职业农民的整体布局规划，提高基础设施建设，发挥政策优势、综合利用政策工具，建立健全相关法律法规，规范新型职业农民培育的运作，使农民培育朝正确的轨道行驶，同时确保其实施的常态化和制度化。

③协调各方力量和利益冲突，社会支持系统涵盖了农业院所、涉农机构等多个利益体，各方参与农民培育的动机不尽相同，所能收获的结果也存在着差异，无论是出于社会利益、企业利益、个人利益，政府作为宏观把控者，都应注意协调各方之间的利益关系，以及可能发生的矛盾冲突，扩大新型农民职业培育的社会效益。

（2）涉农院校

我国目前独立建制的农业职业技术学院和农业中专学校有293所，地级以上农业科研院所有1 138个，县级以上农业广播电视学校有2 877所，县级农机学校有2 127所，县级以上农业技术推广机构有224个，乡级农业技术推广站有16.7万个。[1]

①涉农职业院校应充分发挥学历教育的优势，为广大农民提供可行性、专业性、实用性的学历教育资源，同时应因时因地而有所创新和发展，注重理论与实践相结合，重点培养一批具有带头和示范作用的新型职业农民，形成"以教促农，以农促教"的互动培育方式，在专业引领、人才输送、职业农民培育中发挥高等职业院校的专业和人员优势。

②发挥涉农职业院校在学分学籍管理中的优势，利用"学分制"改善原有的"定点集中式"培育方式，增强培育时间的弹性以及培育内容的可选择性，突破传统场域以及组织机构的限制，解决由于地形等自然因素导致的人员分散性问题；其次，利用"学分制"在农民中扩大影响力，争取推动村民参与培育的主观能动性的发挥，充分完善个人培育成长档案，建立相应的网卡体系，将个人的培育成长与教育内容选择形成大数据，从大数据中分析农民的职业教育需求，实现供需平衡。

（3）涉农企业

在新型职业农民培育的社会支持系统中，市场支持运行的显著特征是市场化的职业院校、职教中心和培训机构等面向劳动力市场职业需求，根据师资力量、专业条件和教

---

[1] 韩新宝，范在源，张楠.新型农民合作组织教育培训体系构建研究：基于韩日农民教育的研究[J].世界农业，2011（2）：79-82，86.

学设施等，有针对性地开展具有职业性、操作性和营利性等特点的培训活动。市场主体作为农民培训的直接供应方和承担方，应坚持"按需培训，注重实效的原则，以市场需求为导向，以提高农民工的就业能力和就业成功率为目标"。所以，需要发挥市场在资源配置中的决定性作用。

①企业作为新型职业农民培育的社会支持重要力量，有责任参与和确保培育的整体质量。企业作为市场运行的主体，善于捕捉市场变化信息，将人岗配置放到企业效益的重要位置，注重员工的技能发展，在这一目标追求下，涉农企业下的新型职业农民培育具有极强的针对性及灵活性，能够在短时间内实现培育效果。

②涉农企业承担着一定的社会责任，在新型职业农民培育中应充分发挥其在市场汇总的活力，建立以问题为导向的农民培育体系，灵活调整相关培育机制，增进农民培育与市场需求的关系。

（4）培训机构

市场化的培训机构所开展的培训活动，具有正规性、系统性、育人全面性和规模效益性等，这种支持方式紧密结合市场需求，通过"培训机构订单式培训"充分提高和拓宽农民就业能力与就业渠道，保证培训资源的有效利用与培训工作的高效开展，直接为地方和行业经济建设服务。相关培训机构受政府等部门委托进行新型农民职业培育工作，具有丰富的一线经验和教育模式，是社会支持系统中极为重要的主体力量。

①加强规范培训机构运行资质管理，提升整体培育水平，使相关培训机构在市场竞争和政府调节中，实现优胜劣汰和质量提升，改善机构本身的运营理念，建立对培训机构的定点定时评价和监测体系，确保培训质量。

②加强培训师资队伍建设，提升专业化水平和一线教学水平，提高关于新型职业农民培育政策的认识，加强机构师资队伍内部评价方式，进一步细化考核标准，开放专业教师引入渠道，提升教师的整体水平。

③增强培训手段的信息化和现代化，着重把握和创新教材、课程等资源开发环节，完善现有的信息化教学手段，丰富和拓展教学内容，支持和帮助田间试验地、实训基地建设等。

（5）社会组织

社会组织以个人或团体为单位进行的非营利性和非政府性农民培育支持资源，具有广泛的社会基础和参与积极性。

①社会团体支持农民培育以扶贫帮困为主要宗旨，培训定位、培训组织、培训方式、培训管理、培训绩效考核等整个培训过程都服务于农民弱势群体和边缘群体的就业安置和解困脱贫，保证了社会团体目标的实现和良好的社会效益。

②社会团体自发组织的培训活动具有极强的公益性，其目标和内容架构也有别于政府和企业培训，对农民需求与市场的适切性关注密切，有利于培育活动的深入开展。

2. 社会支持系统主体的功能定位

不同的社会支持系统主体需要通过合理有效的运行机制，才能发挥最大的能量，本章认为新型职业农民培育作为新型观念和模式，需要各方力量添柴加火，才能使这一重大项目顺利进行。如图 5.1 所示，以政府、涉农企业、涉农院校、培训机构、社会组织等在内的五大力量共同支撑起新型职业农民培育的明天。

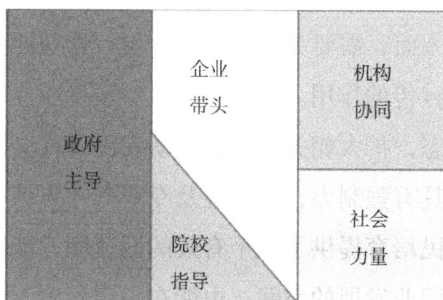

图 5.1　社会支持系统要素占比示意图

①政府占主导地位，负责顶层设计与相关制度保障，政府包括职能部门、制度政策、法律法规、管理人员等各个方面。政府在新型职业农民培育中扮演着公共服务提供者、政策制度创新设计者、教育资源统筹整合者、培训质量监督评价者和职业农民培育环境营造者等多重角色。[1] 在众多的角色中，政府不仅是宏观方向的把控者，更是资源调配的权威者，所以，政府干预是有必要的和主导性的，是需要倾斜和投入的。

②涉农院校承担专业和技术支撑。农科院校在我国具有较长的发展历史，到目前为止形成了极为成熟的农业人才培养制度和体系，是乡村新型职业农民培育的重要支持主体之一。面对全球科技产业革命汹涌而至的新浪潮，以及乡村转型振兴的迫切需要，高校农林学科的发展迫切需要与乡村农业发展实际相结合，走出一条集人才培养与农业创新为一体的新型复合发展道路。

③涉农企业发挥市场调节的作用。涉农企业与职业教育是利益相关者，具有参与新型职业农民培育的社会责任和法律义务。[2] 作为企业的基本属性，涉农企业是以营利性为目的的经营单位，与市场变化联系紧密，主动匹配市场需求，是反映农业市场的"温度计"。新型职业农民培育应主动与市场相匹配，才能更好地为未来农业发展打好基础，同时激发农民的发展活力，创新和传播现代农业技术，为乡村转型提供机会，促进农民

[1]　马建富. 新型职业农民培育中政府的角色及作为 [J]. 中国职业技术教育，2016（18）：64–68.

[2]　马建富. 新型职业农民培育中涉农企业的责任 [J]. 无锡职业技术学院学报,2016，15（3）：1–6.

在培育中进行自我反思和自我发展。

④培训机构发挥着内容策划的作用。培育机构以技术和知识为载体，为农民群体提供线下可听的课程和培训资源。培育机构根植于同时服务于农民的发展需求，具有灵活的教学方式，作为社会支持系统的重要组成部分，在新型职业农民培育中发挥着内容策划的重要作用。一是培训机构具有较为规范的制度管理和行为要求，尤其针对成人农民群体，具有更加规范和制度性的约束力。二是以培育农民信息化为目标，以改善教育培训和管理服务条件为重点，培训机构能够提供在线学习、管理考核、跟踪指导服务。三是培育机构承担新型农民培育质量保障的关键部分，其中涉及培育内容的策划、形式的呈现、教学关系的处理等方面，需要关注内容、过程、管理评价等多个方面。

⑤社会组织发挥舆论宣传的作用。社会组织参与新型职业农民培育起到的作用主要是构建良好的社会舆论生态，扩大相关宣传，调动农民及社会团体参与的积极性。相对而言，社会团体的力量不具有强制力，专业性及专业人才方面根据各地情况不同而定，而社会团体为新型职业农民培育提供了一个有效的回流圈，能够促进乡村职业农民间的交流，进而扩大新型农民职业发展的空间，也能在一定程度上加强城乡融合，突破由城乡文化差异造成的职业农民发展空间的限制。此外，社会组织是社会支持系统中一股不可忽视的力量，能够有效地消除技能型培训所带来的"重技能，轻观念"的弊端。

（三）构建社会支持系统的基本原则

新型职业农民培育是一个供需对接的过程，作为提供内容与支持的社会组织系统，需要与乡村发展现状、农民意愿、社区规划以及配合程度等相匹配，需要明确社会支持系统运行的实际原则，以便规范培育过程和结果。

1. 共享原则

我国农业劳动力供求关系已进入总量过剩与结构性、区域性短缺并存的新阶段，关键农时缺人手、现代农业缺人才、新农村建设缺人力问题日益突出。2012 年中央一号文件聚焦农业科技，着力解决农业生产力发展问题，明确提出大力培育新型职业农民；2013 年中央一号文件突出农业经营体制机制创新，着力完善农业生产关系，进一步强调应加强农业职业教育和职业培训。新型职业农民是构建新型农业经营主体的重要组成部分，是发展现代农业、推动城乡一体化发展的重要力量，进一步增强农业农村发展活力关键在于激发农民自身活力。共享是对新型职业农民培育及相应的社会支持系统提出的必要要求和前提要求，只有保证共享才能够保证群体的覆盖程度以及受益程度。秉承共享原则，一是能为广泛的新型职业农民培育活动提供共享平台；二是能有效地整合优质资源，实现资源利用最大化。以此为新型职业农民培育做出更加合理有效的规划，推动整个培育系统及支持系统的制度和组织建设的完善性。

2. 开放原则

能够承担新型职业农民培育的社会系统，在人员构成或资源储备上具有一定的优势，需要进一步发挥其辐射带动作用。培育新型职业农民是一项关系"三农"发展的基础性、长期性工作，是一个复杂的系统工程，要结合实际做好顶层设计并大胆试验，积极探索路径和方法。主要包括3项基本任务：一是探索构建一套制度体系，包括教育培训制度、认定管理制度和扶持政策体系；二是培养认定一批新型职业农民，以"让更多的农民成为新型职业农民"为目标，以"生产更多、更好、更安全的农产品供给社会"为方向，针对重点对象开展系统教育培训，结合认定和扶持，加快培养一批从事现代农业生产经营的新型职业农民。秉承这一原则，一是加强同一地区不同培育基地间的交流，巩固和创新本地区培育特色；二是加强不同地区关于新型农民的职业培育经验交流，实现互相影响、互相补充、共同进步的效果。开放原则符合乡村发展规划，更是一个扩大乡村农民职业影响力，实现乡村产业螺旋式发展的有利方向。

3. 因地制宜原则

社会支持系统包含了诸多类型、层次、行业的组织，对乡村农民的发展实际了解程度迥异，所能提供的支持是有一定限域的，因此，因地制宜原则在社会支持系统运行中是极有必要的，是保证培育有效性和实用性的重要前提。教育培训是新型职业农民培育制度体系的核心内容，这是由新型职业农民"高素质"的鲜明特征决定的，要做到"教育先行、培训常在"。对新型职业农民的教育培训应从3方面考虑：一是对种养大户等骨干对象，要通过教育培训使之达到新型职业农民能力素质的要求；二是对经过认定的新型职业农民，要开展从业培训，使之更好地承担相关的责任和义务；三是对所有新型职业农民开展经常性培训，使之不断提高生产经营能力。秉承这一原则，一是需要综合考量不同地区和区域内的经济、政治、文化、生态、社会发展实际，并根据地区已有的历史人文、风俗习惯、村规民约等综合情况，对培育实施地区做出一定的等级评价；二是进一步聚焦内容，在支持的方式、路径及效果上做出相应的调整，增强对区域的针对性及可行性，不断完善区域发展经验，向优质模式化发展。

4. 协同发展原则

新型职业农民专注于农业生产链的特定环节，专门从事农业生产经营的某个领域，分工、分业特点明显。[1] 协同发展原则旨在通过社会支持系统间协同促进乡村农民职业培育的发展，该原则是基于上述原则的全面升华，是针对社会支持系统与乡村农民职业培育的整体契合性。秉承这一原则，需要协调不同组织和资源，相互补充和协作，一是增强优质资源间的有效联合，实现强对强的全面发展；二是利用发展优质地区带动和辐射周边弱势地区，增强区域发展的协调性；三是补充各个区域内农民培育实施的短板地区，提高全国农民职业培育水平，全面改善目前乡村职业发展和农民职业选择的现实状况。

（四）构建社会支持系统的参考模式

发展模式在本质上具有程序性和可操作性，其内在结构代表着规律性的意见和建议，是对教学培训实际的深度考量以及实践操作的具体指导。

1. 现代学徒制培养模式

以安农现代学徒制为例，由湖南省怀化职业技术学院以隆平精神为依托，深入探索"三平台、三阶段、产学研推四位一体"的最新人才培养模式（简称"7S model"），为培养新型农业人才及新型职业农民培育提供了新思路。安农现代学徒制的实质是立足袁隆平精神，以学院、研究所、企业为平台，通过学校学习、企业跟岗实习及企业顶岗实习 3 个阶段，融企业、学院、研究所于一体，共同培养学生，共同开展实践技术创新与推广，从而实现"校企联合招生、联合培养、一体化育人"的目标。[2] 从这一模式中不难看出，现代学徒制具有天然的学习和教学优势，为培养大量农业所需人才提供了重要思路，也为新型职业农民培育提供了新思路和新模式，例如，在新型职业农民学习的过程中加强集"产业、学习、研究"为一体的学习模式。

2. 工学结合模式

工学结合模式是指将工作与学习相结合的终身教育模式，力图达到教育与生产相结合的情况。这一模式目前在部分省份的新型职业农民培育中已经得到了实践。从具体操作来看，在教学安排上，根据农业生产周期和成人学习特点分段安排培训课程，年培养时间原则上不少于 20 天（包括理论教学和实践教学）。在教学内容上，指导承担学校精心研发新型职业农民培训包，包括技术技能理论知识、产业链信息、"三农"服务指南等，量体裁衣、订餐制作、送教下乡，逐步形成新型职业农民培养优质教学资源成果

---

[1] 童洁, 李宏伟, 屈锡华. 我国新型职业农民培育的方向与支持体系构建 [J]. 财经问题研究, 2015（4）：91-96.

[2] 李亚玲. 基于隆平精神的现代学徒制高职农业人才培养模式探索与实践 [J]. 中国校外教育（下月刊）, 2017（9）：77-78.

和品牌课程。在教学方式上，积极探索"公司＋基地＋养殖户""学校＋合作社＋农户"的培训模式，推进"空中课堂""固定课堂""流动课堂""田间课堂"一体化建设，通过采取"案例教学＋模拟训练""学校授课＋基地实习""田间培训＋生产指导"等方式，开展教学培训和后续跟踪服务，提高培训质量。

3. 村校合作模式

村校合作模式不仅适用于目前职业院校的选择，更在一定程度上为新型职业农民培育提供了新思路。以河北省邢台市为例，学校全面实施"双提双助"能力提升工程，该工程是指围绕深化校企合作、校村合作，不断提升职业农民的致富、领富能力，助推乡村振兴；不断提升中职学生技术技能水平，助推创新创业。"双提双助"能力提升工程的主要内容，一是把农民培养成职业农民，提升他们的致富、领富能力，使小农户和现代农业有效对接。与农村的合作采取自愿的原则，校村双向选择，通过协议规定双方的权利和义务，一般培训内容由校村根据区域产业发展现状与村民协商确定，培训本着方便村民学习的原则，采取送教下乡的形式进行，培训对象、培训地点由村里确定，培训要坚持"因地制学""因人制学"，让农民学得会、用得上、能致富。培训时间不少于90学时，学习期间要组织农民外出参观，开阔眼界，增强自信。二是提升中职学生适应未来就业岗位的技术技能需求的能力，主要是通过校企合作，不断提高企业参与办学的程度，不断完善需求导向的人才模式，力求让学校的专业对接行业、企业岗位需求，教学内容对接企业岗位技术标准，教学过程对接企业生产过程，在满足现有学生实习、教师锻炼的同时增加订单班。

4. "三位一体"支持模式

"三位一体"支持模式是以习近平总书记"三农"思想与农业产业支持链发展实际为基础所形成的综合性农民培育模式。这一模式即以农民专业合作社为基础、以供销合作社为依托、以信用合作社为后盾的"三位一体"服务联合体建设，在乡村各个层面整合成大农协，增强为农服务的科技、流通、金融三重功能的做法。此外，关于"三位一体"的3种要素组成分析在各个地方有着不同的观点。以"田园综合体"为例，主要是指农业、旅游、社区三位一体，农业是基础，现代农业应该集现代农业技术、自动化生产和物流体系，以及科学管理方法于一体，为农业生产带来根本性的变革。

二、新型职业农民培育路径的优化策略：社会支持系统之实现方式

前文在理论上构建了一套社会支持系统，其更多的只是代表对新型职业农民培育的

美好愿景与未来期待。如何把理论模型转化成实践上的优化策略，是一个值得深思且必须做好的课题。理论构思出来的新型职业农民培育路径的社会支持系统，不能仅停留在观念层面，必须在具体实践中予以落实。因此，探讨怎样保障社会支持系统的有效运转，即新型职业农民培育路径的优化策略，也是研究工作的重中之重。

（一）完善制度设计，构建协同共促的政策系统

新型职业农民的培育是一项较大的社会性基础工程，具有显著的民生特征。不管是从其社会性质出发，还是从其具体实施过程中的难度系数来看，都需要完善以制度和政策为核心的顶层设计，为此，首先要解决的是理念问题。尽管已有相关文件对新型职业农民的概念及分类作出明确界定，农民的身份属性逐渐淡化而职业属性逐渐增强，但在某种程度上来说，新型职业农民的离农倾向也渐趋明显，为此，需要及时止步，重新调整方向，以保障新型职业农民培育方向的正确性。新型职业农民的出现是新时期"三农"高速发展的产物，也是解决"三农"问题、促进农业农村发展的迫切需求。因此，要对新型职业农民进行界定和说明，必须紧密基于"三农"现状和诉求，深入明确其职业属性，从根本上改变其身份属性，从话语体系和实践中树立新型职业农民新理念，明确当前农业农村发展需要什么样的新型职业农民，这样的新型职业农民需要具备哪些核心素质，以及新型职业农民与传统农民有什么本质区别。

在理念问题解决之后，基本方向就能够得以确定。其次需要基于新型职业农民新理念完善相关制度，以保障新型职业农民培育的制度引领。新型职业农民的培育涉及方方面面的制度，包括宏观层面的总体规划和目标、中观层面的具体规划和目标，以及微观层面具体落实方面的制度。尤其对于新型职业农民的准入制度、认证制度、评价制度等要科学合理地制定，具体要根据基本理念和现实需求进行制定，切忌"想当然"。在此基础上，新型职业农民培育离不开协同共促的政策系统。既要有专门指导新型职业农民培育的专项政策，也要在农村成人教育、农民科技文化教育等相关政策中渗透相关内容；既要制定国家层面的总体政策，也要根据地方实际情况因地制宜制定地方层面的政策。与此同时，还既要制定目标性政策，也要制定实施性政策，还要制定保障性政策。

（二）统整培育资源，形成多方联动的运行机制

新型职业农民培育是一项浩大的社会工程，需要强大的资源支持和高效的运行机制支撑。然而，当前新型职业农民在培育过程中还存在着培育资源不足与资源浪费现象严重并存，涉猎部门较多但沟通交流机制不畅通等众多问题。新型职业农民培育不单是农业部门或教育部门的任务，而是农业、教育、文化、人社等多部门的任务。从当前政策

来看，这些部门都承担着新型职业农民培育的任务，为完成这些任务，各个部门也都设计了相关项目或计划，投入了相当的人力、物力和财力。然而，由于缺乏统整机制和有效的沟通交流平台，各个部门处于单打独斗的状态，导致培育资源浪费现象严重，造成了"1+1 < 2"的结果。因此急需统整相关的培育资源，形成多方联动、科学高效的运行机制。

首先，要构建有效的资源整合机制。当前，新型职业农民培育资源非常丰富，但处于零散状态，资源的利用率不高，因此要统整相关资源，提高资源利用率。一方面要统筹农业、教育、人力资源等部门的公共资源和涉农院校、涉农企业、涉农培训机构等社会资源，了解资源的基本情况，合理分配与调度，避免资源重复、浪费与闲置的情况，实现资源的重复利用和充分利用。例如，当农业部门在培育新型职业农民时，可利用当地中小学的闲置场所，也可利用当地中小学教师对新型职业农民进行基本科技文化的普及与培训。另一方面，当教育部门培育新型职业农民时，可利用农业局、林业局的实践基地，也可利用相关企业或公司先进的生产设备。单就教育部门的资源来说，要充分利用普通高等院校的学术研究资源，中、高职学校的专业培育资源和职成教部门、相关培训机构的培训资源。在普通高等院校，相关学术研究团队往往走在政策的前沿，对相关问题有独特的看法，因此要充分利用其研究成果，不管是职业院校，还是职成教部门，都要充分参考最新的学术研究成果。而中、高职学校也要加强研究，结合具体实践项目和资源共同培育理念先进、技能过硬的新型职业农民。职成教部门则要根据需求对新型职业农民进行持续的培训，以促进他们健康可持续发展。

其次，要构建高效联动的主体协调机制。各部门之间的资源不能有效统筹的重要原因之一就是各主体间缺乏高效的联动协调机制。不管是为了有效统筹培育资源还是为了提高培育的效果和效率，都要促进各培育主体之间的联动和合作。为此，需要不断完善责任制度，形成由农业部门牵头，加强教育、人力资源社会保障、财政等相关部门密切配合的工作机制，从横向和纵向两个角度促进各主体之间的沟通交流，增强培育新型职业农民的合力。一是要建立顶层式与常态化的体制保障机制，加强对乡村农民培育实际的调研，根据基层的实际困难，调整和制订具有针对性的指导方向，保障教育培训工作能够有序运行。二是要发挥地方政府的统筹协调作用，为各主体之间的沟通和交流以及合作搭建平台，例如，就某项目的实施召集各部门召开会议。同时，各级政府之间以及各级部门之间要及时沟通。总之，要打破各部门主体之间"各自为政"的状态，从而实现高效的互动交流和合作。

最后，要构建科学的动力激励机制。科学合理的动力激励机制是提高新型职业农民培育效果和效率的重要保障，为此，一方面，要构建针对培育主体的激励机制；另一方面，要构建针对培育对象的激励机制。对于培训主体，不能让其将培育新型职业农民作为一项政治任务来完成，而是要让其意识到培育新型职业农民对农村和农业发展的重要意义，同时要构建相应的激励机制，以调动各主体的工作主动性和积极性。对于培育对象同样如此，要让其意识到新型职业农民的具体要求以及在其职业发展中的重要性，同时要建立相应的激励机制，以调动其参加培训的主动性和积极性。在双向激励机制的刺激下，不管是培育方，还是受培育方，积极性都会被激发调动，从而极大地提升培育效率和效果。

（三）丰富培育内容，供给需求导向的教育资源

培育内容是新型职业农民培育体系的重要构成部分，与新型职业农民的素质紧密相关。培育内容丰富与否、与实际需求匹配与否，都严重影响培育效果和质量。当前，新型职业农民培育内容主要停留在技能的提升上，关于价值观念、文化素养等精神文化层面的内容还相对较少，而这方面的内容对其核心素养的提升，或者说真正成为可持续发展的新型职业农民具有重要的作用。实际上，要成为新型职业农民，职业技能的提升是重点，但不是难点，关键在于思想观念的转变。作为成人学习者，参训者只有实现思想观念的转变，才能在接受培育的过程中积极参与进来，并充分发挥主观能动性，从而提升培育效果和效率。为此，培育内容要丰富化、多样化和层次化。

在内容的选择上，首先，要注意参训者思想观念的转变，可通过政策宣讲、典型案例呈现等方式方法让参训者看到新型职业农民培育的重要性和必要性，让其意识到学习与发展对其职业的重要性，从而调动学习的主动性和积极性。其次，要注意选取参训者真正需要的培训内容，只要这样才能减少无效培训。对于出自需求的培训，参训者的学习意愿也才更强烈。为此，在开展培育的前期工作中要做好充分的调研，从农民实际需求和农业农村发展实际需求两个方面展开调研，以提高培育的针对性和时效性，培育农业农村发展所真正需要的新型职业农民队伍。再次，要注意培训内容的层次性和升级。更新农民的思想观念是前提和基础，提高农民的职业技能是重点，提高农民的科学文化素养是必然趋势。当前，农业农村的振兴发展对农民的基本素质有了更高的要求，不仅要求其具备从事现代农业生产所需的基本职业技能，还要求其具备较高的精神文化素养，以适应高速度、快节奏的现代生活，减少现代化带来的"空虚感"等一系列精神层面和心理层面的问题。

（四）优化培育形式，提供多元选择的培育方式

培育形式也是新型职业农民培育体系的重要组成部分，同样对培育效果和质量有重

要影响。为此，需要创新优化培育形式。一方面，培育形式服务于培育目标和培育内容，要根据实际的培育目标和内容选择合适的培育形式。例如，政策类知识的宣传可通过集中宣讲或分发传单页的方式进行；理论性知识的学习可通过集中讲授的方式进行；操作性知识和技能的讲授则需要在田间地头或者现实场域中进行；而精神文化素养的提升，则可通过多样化的活动展开。简单来说，就是要根据具体的培育内容采取讲授、实践或者活动的培育方式。对于新型职业农民来说，农村的发展在不断变化，对其基本素质的要求也在不断发生变化，因此培育内容也在不断更新，相应地，培育方式也应不断优化创新，以增强培育的效果。

另一方面，要注意采用"集中培育 + 定期指导"的培育方式。以农民为成人学习者的特点，其学习时间有限且较为分散，但又为保证培育内容的完整性和系统性，同时提供后续跟踪服务，培育需采用"集中培育 + 定期指导"的方式。重点内容最好选择合适的时间段即农民相对空闲的时间进行集中、系统的培育。但短期的集中培训并不能解决农民的所有问题，因此又需要进行后续的跟踪指导，即在农民遇到实际问题时能够提供具有针对性的帮助，为此可通过定期服务的方式进行相关指导。例如，可在固定场所设点，每月进行两次咨询服务，专门为遇到实际问题的农民进行答疑解惑。定期定点咨询服务不仅能够解决农民在实践中遇到的现实问题，还能够发现新型职业农民培育过程中存在的问题，从而对培育内容进行查缺补漏，对培训方式进行创新改进。

此外，要采取线上线下相结合的培育方式。作为成人学习者，学习时间极为分散，线上学习是重要的选择。线上培育方式既可以解决学习时间的问题，还可以解决学习资源的问题。培育主体可建设较为强大的学习资源库，供有需要的农民学习。当然，对于某些集中培训，也可通过远程学习的方式展开，以最大程度、最高效率地实现资源的利用。当然，线上培育方式也存在不少弊端，一是对农民的信息化素养和农民移动设备的要求较高。为此，在选择培育内容时，也要适当安排信息化素养的相关内容。二是不能有效地实现互动。互动交流、及时反馈对培育极为重要。因此，需要采用线上线下相结合的培育方式，弥补线上培育方式的不足，提高资源的利用率，同时解决农民学习时间分散的问题，进行查缺补漏，实现有效反馈。

（五）强化条件支撑，打造纵横交错的保障体系

新型职业农民培育具有复杂性，要想实现新型职业农民培育的实效性，除了需要充分的制度保障和政策保障，还离不开必要的资金、组织、人力资源、技术、环境、认定管理等具体的外在保障条件，没有这些条件支撑，培育工作就难以落实，为此需要强化条件支撑，构建纵横交错的保障体系。一方面，要充分利用农业部门、教育部门等各政

府部门之间的保障条件；另一方面，要充分吸引涉农院校、涉农机构等的社会资源，进一步强化条件支撑。

首先，需要增加物资支持，保障基础建设。在既有专项经费的基础上扩大经费来源渠道，形成政府经费和社会经费相结合的经费组成模式。就政府经费而言，还要扩大各级政府的经费保障，同时既要有专项经费，还要有其他经费。拓宽社会资金的引入渠道和形式，增强项目规划意识，鼓励创新型团队及相关教育培训机构参与项目，增强资金的使用透明度，明晰各项资金的流入、流出细则，规范社会资金在项目中的合理使用。由于农业经济企业抗风险能力差，经济收益具有极大的不确定性，因此即使在产业升级中也面临着重要的融资问题，所以需要逐步扩大对新型职业农民参加农业保险的补贴范围。保险机构应积极开发保险品种，将保险责任扩大到包括风灾、暴雨、洪水、冻害、旱灾、常见病虫害、大规模疫病等主要险种。建立健全并积极投放使用各级融资平台，对从事农业创业的新型职业农民予以担保贷款和贷款贴息，同时积极吸纳社会资金和个人资金的流入，开放资金投入与产出的灵活性。

其次，需要解决人才和师资的问题。在新型职业农民培育的众多保障条件中，关键还在于专业人才和师资队伍。要全方位组建新型职业农民培育师资队伍，一方面，要充分调动涉农职业院校相关教师的积极性；另一方面，还要充分吸引涉农企业中的高技能人才，同时要吸纳成教和普通中小学校的师资队伍，并进行相关培训。做好农民教育者队伍的专业化发展规划，既要在职前培养环节下足功夫，又要在职后培训阶段持续引领其专业发展。培养培训一体化举措打造一支稳定的、高素质的农民教育者队伍，与此同时，要发挥好整合相关社会支持系统主体的教师资源。

再次，新型职业农民培育还需要强大的科研保障和认定管理保障。培育新型职业农民，加强对其的研究至关重要，以解决新型职业农民的基本内涵是什么，需要具备哪些能力等基本问题。同时明晰当前新型职业农民培育过程中存在哪些问题，具体又有哪些改进策略等现实问题，为新型职业农民培育事业建言献策，从而完善新型职业农民培育体系。就技术而言，要引进最先进的农业生产技术，为此要充分利用农业科研单位和相关企业最为先进的科研成果，及时更新培育内容。再者要为新型职业农民的认定和管理提供充分的保障条件，为此需要根据学术研究和调研构建科学合理的认定体系，包括认定指标、认定标准和认定方法，在构建认定体系时，要注意分类、分级、分层原则。新型职业农民的认定对新型职业农民积极参与教育培训具有重要意义，能够激发新型职业农民不断学习的积极性和主动性，同时能够给予培训精准的反馈，进而提高培育效果。在此基础上要完善新型职业农民管理机制，确保新型职业农民培育。为此需要构建严格规范的管理体系，加强新型职业农民信息的精准收录，促进新型职业农民认定和管理的有效衔接。就目前农业发展的实际来看，如何将现有资源与产业发展潮流相结合，是最为关键也是较难突破的一大瓶颈。传统农业不仅诞生和延续了一贯的农业经济模式，同时衍生出了更根深蒂固的耕作文化。因此，以新型产业的出现和产业大升级为契机，作为第一产业的农村经济更加需要这一股春风，为自身发展创造机会。以渔业发展为例，全国已有不少省份积极尝试渔业改造与升级，提供就业岗位以及创造新型岗位，契合渔业新的发展需求，增强经济产业的服务性，并配合开发了一系列相关岗位培训课程等。

最后，要扩大培育宣传，扩大社会影响力。强化宣传是调动社会各个系统参与、支持新型农民培育活动的前提与保障。在利用网络平台加大宣传的基础上还应该联合农业类报刊、书籍、省和地市级日报、地方电视台、地方广播、区域通信代理部门等机构，组织和营造积极的活动氛围，调动当地农民参与的积极性。另外，持续落实农业部政策精神，加大对新型职业农民的奖励机制和典型宣传力度，继续开展"全国十佳农民""风鹏行动——新型职业农民""全国农村青年致富带头人""优秀农村实用人才""全国农村创业创新优秀带头人"等评选资助活动。完善的保障体系对新型职业农民培育工作的开展至关重要，既涉及具体培育工作的落实情况，还涉及培育主体和培育对象参与培育的积极性和主动性，因此需要从全方位构建纵横交错的保障体系。

三、社会支持系统的典型案例：职教集团参与新型职业农民教育培训 [1]

随着职业教育集团化办学趋势的增强，现代农业职业教育集团在我国大量涌现，新型职业农民教育培训也走向集团化办学模式。农业职教集团是在相关政府部门的指导下，相关行业企业、培训机构、农业科研院所、职业院校多方参与，以加强校企合作、实现资源共建共享、构建中国现代农业职业教育体系为目的，以产学研一体化发展为途径，在自愿、协作的基础上形成的非独立法人组织。相关研究主要聚焦于现代农业职教集团的建设与运行两个方面，例如，朱孟玲以中国现代农业职业教育集团为例，探索了行业协会视角下的全国性职教集团建设 [2]；于长东等以辽宁现代农业职教集团为例，对行业型职业教育的集团化运作现状进行了调查研究 [3]。本文旨在明确职教集团参与新型职业农民教育培训的重大意义，分析其在现实实践中遇到的主要困难，并通过归因分析，找

---

[1] 屠明将，段伟丽，罗统碧.关于职教集团参与新型职业农民教育培训的思考 [J]. 教育与职业，2020（14）：88–93.

[2] 朱孟玲.行业协会视角下的全国性职教集团建设：以中国现代农业职业教育集团为例 [J]. 教育教学论坛，2019（22）：258–260.

[3] 于长东，金满文，王启龙.行业型职业教育集团化运行：实践困境与路径优化：以辽宁现代农业职教集团为例 [J]. 职业技术教育，2016（35）：13–16.

出优化路径，从而发挥职教集团在新型职业农民教育培训中深化政校行企合作、促进资源共建共享的重大作用，真正培养一支高素质的现代化新型职业农民队伍，助力乡村振兴。

（一）职教集团参与新型职业农民教育培训的价值意蕴

实施乡村振兴战略，必须以发展现代农业职业教育为基础，积极培育新型农业经营主体，为农业农村的现代化发展提供坚实的人才保障。职教集团参与新型职业农民教育培训是对现代农业职业教育的改革与创新，是对新型职业农民培育体系的完善，有利于加强产教融合，深化校企合作，有效整合社会教育培训资源，促进资源共建共享，提升培育质量，真正培养一支现代农业农村发展急需的新型职业农民队伍，助力乡村振兴，具有极其重要的时代意义。

1. 推动农业职业教育改革创新，助力乡村振兴

党的十九大提出要实施乡村振兴战略，并将其作为新时代"三农"工作的总抓手。在这一战略实施过程中，新型职业农民是主力军，主要依靠现代农业职业教育来培育。党中央曾多次强调要加强改革创新，办好现代农业职业教育。而集团化办学模式本身就是对现代化农业职业教育的改革与创新，为深化产教融合、校企合作的办学体制机制提供了更广阔的平台，有效地提升了现代农业人才培养质量和农业职业教育服务经济社会发展的能力[1]。职教集团参与新型职业农民教育培训，有利于建设多元化办学格局，推动企业和社会力量举办高质量的农业职业教育；有利于实现成员单位之间的资源共享和优势互补，推动新型职业农民培育走向规模化和专业化，增强农业职业教育服务现代农业生产和农村发展的能力。重庆市现代农业职教集团的目标是培养服务重庆市农业农村现代化的高素质技术技能型人才，助力乡村振兴。因此，职教集团参与新型职业农民教育培训是在承担时代使命，是现代农业职业教育的改革与创新，是乡村振兴战略背景下现代农业职业教育顺应时代发展的必然选择。

2. 健全新型职业农民教育培训体系，创新人才培养模式

我国新型职业农民培育实行"一体多元"的办学方式，职教集团的加入是对其创新和发展，有利于吸引更多的办学主体，聚集更多的办学资源。例如，重庆市现代农业职教集团由全市唯一以现代农业为主要办学方向和特色的高职院校——重庆三峡职业学院为牵头单位，成员单位包括10余所高等院校、9所中等职业学校、6个农业科研院所、

---

[1] 王福建,王坦.职业教育校企合作的问题及深化策略：基于山东省职业教育校企合作的现状分析[J].中国职业技术教育，2019（22）：59—63.

6个行业协会、6个行业主管部门、55余家涉农企业及多个乡村振兴乡镇政府。集团以高素质技术技能型人才培养为目标，形成了政府、学校、科研院所和行业企业"共享、共建、共赢、共长"的新机制和"育人为本、范式相符、实践主导、五线并举"的现代农业人才培养模式。职教集团参与新型职业农民教育培训有利于深化"产教研融合、政行校企合作"的办学体制机制，激发社会办学的积极性，吸引更多的办学力量，为办学主体之间的沟通与交流提供更加广阔的平台。职教集团的参与也便于采用"订单式"、师徒制、一体化等新型培育模式，从而提高新型职业农民教育培训的效率和质量。

3. 促进新型职业农民教育培训资源有效整合，搭建共建共享平台

职教集团"产教融合、校企合作"的办学模式将教育链、产业链和岗位链紧密联系起来，加强了集团成员单位之间的联系，促进了成员单位之间的交流与合作，使政校行企之间的资源共建共享成为可能，从而弥补了由于政府主体之间不协调而导致的培育资源分散、资源利用率低下等方面的不足。一方面，职教集团可以充分发挥资源集聚作用，通过吸引行业企业、社会培训机构等单位来吸引知识、技术、师资、资金等教育培训资源。另一方面，职教集团可以通过集团联合体平台，促进集团成员单位之间的交流与合作，从而促进资源整合，提高资源利用率。例如《重庆市现代农业职教集团章程》规定："成员之间对师资队伍、实验实习设施、体制机制、实训基地、职业技能鉴定、教科研成果、信息等资源实行共享。"在集团内，职业院校专职教师可以到企业实训基地进行实践锻炼，增强实践能力，而企业技术专员可以到职业院校和本科院校学习专业知识，提高理论水平，从而实现"双师型"教师队伍的共培共享；科研人员可以以职业院校和企业实训基地为基础进行科研，实现理论与实践的相互促进；农民学员在职业院校进行学习，在田间地头进行实操，在企业进行实习，毕业后也可在企业进行工作，例如，重庆市现代农业职教集团开展联合招聘会，组织职教集团企业举办大型双选会和招聘会248场，安置学生4 412名。此外，集团化办学形式以市场为导向，为新型职业农民教育培育提供了培育指南，有利于解决人才培养供需脱节的问题。

4. 引领新型职业农民教育培训走向专业化、规范化和规模化

职教集团是由多个独立主体组成的联合体，有专门的《集团章程》，对集团的性质、宗旨、组织机构、功能与职责、议事规则等作出了明确规定，使集团成员单位之间的权责更加明确，运行时更加科学规范，操作时更加有效。职教集团对专业设置和课程内容进行科学合理设计，分类型、分专业、分时段采用不同的教材、不同的教学方式来培训不同类型的新型职业农民，做到了因材施教、因人施教、因地施教，使新型职业农民培育走向了规范化和专业化，有利于解决传统培育工作中随意化、形式化、低效率的问题，

从而提高了新型职业农民教育培训的质量。新型职业农民培育的正规化和专业化，加上集团的资源集聚和整合效应又提高了培育效率，推动培育走向规模化。例如，重庆市江南农民就业创业培训集团自 2014 年成立以来，组织成员单位广泛开展培训，先后承接培训 638 期，惠及 36 693 人次。重庆现代职教集团联合三峡库区行政管理部门、乡镇街道积极开展"农机修理"三峡移民培训、"农村电商技能运用培训"等各级各类培训 7 000 余人次。总之，现代农业职教集团的参与是新型职业农民培育走向专业化和规模化的有效路径。

（二）职教集团参与新型职业农民教育培训的主要困境

职教集团在新型职业农民教育培训中发挥着很大作用，各省纷纷建立现代农业职教集团，使其参与到新型职业农民培育工作中，并取得较大成效。但是，因为职教集团成员单位较多、保障措施不充足等，其在参与新型职业农民教育培训中也存在不少困境，主要体现在集团制度体系不健全、运行机制不完善、合作层次不深入、政策保障不充足 4 个方面。

1. 制度体系不健全

职教集团在新型职业农民教育培训工作中没有充分发挥集团作用在于相关的制度体系不健全，主要表现在两个方面：第一，在顶层设计层面，国家虽然非常支持职业教育的集团化办学模式，但至今还没有权威的法律法规对职教集团的制度体系作出明确规定，导致职教集团在参与新型职业农民教育培训工作时缺乏明确的制度规范和有力的制度保障。第二，职教集团内部制度体系还不健全。职教集团内部虽然制定了《集团章程》，对集团的性质、职责、组建、运行、办学模式、组织机构以及成员单位的权利与义务等相关内容作出了具体规定，但大多数职教集团属于非独立法人性质，甚至有些职教集团的性质模糊，没有确切的规定，使职教集团缺乏独立承担责任的能力。《集团章程》也缺乏法律效力，对集团成员的规约力极其有限，职教集团在参与新型职业农民教育培训工作时经常会陷入组织涣散、管理困难、协调吃力的困境。

相关制度体系的不健全导致职教集团治理结构混乱、运行效率低下。由于缺乏制度规范，职教集团成员的准入和退出比较容易，职教集团的组织结构具有很大的不稳定性，显然不能满足新型职业农民教育培训工作的长期需求。由于缺乏制约，很多成员单位，尤其是企业单位、培训机构等社会力量不重视在集团内的职责和义务，在集团内形同虚设，徒有职教集团成员虚名，而无真正贡献。缺乏明确的制度体系，也造成了成员单位之间经常出现权责不清的状况，导致集团运行效率低下，不能有效发挥集团在新型职业农民教育培训中深化产教融合、加强校企合作、促进资源整合等方面的优势。

2. 运行机制不完善

我国职教集团通常是在政府部门的领导下，由某所职业院校牵头组建而成，因此，政府和职业院校构成集团的主体，负责集团的整体运行，其人员配置、资金配置、人才培养模式等带有明显的公益性质，而行业企业等社会机构在集团运行中处于辅助地位，其运行模式带有明显的市场化特征，这就导致集团内存在着两种不同的运行机制。这样的运行机制在新型职业农民教育培训中引发了一定的矛盾，不能有效协调成员单位之间的利益关系、汇聚成员单位的办学力量，具体表现为没有形成完善有效的合作育人机制、资源共享机制、利益共享机制、激励机制、管理服务机制和监督评价机制。在合作育人方面，行业企业没有积极参与到新型职业农民教育中，尤其是在课程设置、专业设置方面没有充分发挥行业企业的作用。在激励机制方面，集团往往重视项目的具体实施，强调成员单位的参与，主要通过合同制约成员单位，忽视了设立科学具体的激励机制，而这一机制对调动企业的办学积极性非常重要。在管理服务方面，职教集团的组建较为简单，实行理事会制度，理事会一般设在职业院校，没有专门的管理服务团队，缺乏对集团成员的科学管理，不能实现成员单位的科学组织，也不能有效服务成员单位，保障成员单位的利益。在监督评价方面，对新型职业农民教育培训效果和集团内成员单位之间的参与情况缺乏监督和评价，使职教集团参与新型职业农民教育培训工作时往往重开头、轻过程和结果，最终导致职教集团的新型职业农民教育培训工作效率低下、效益较差。

激励机制、管理服务机制、监督评价机制的不健全使集团成员之间的组织涣散，沟通不畅，参与新型职业农民教育培训的积极性不高，不能真正实现成员单位之间的深度合作、优势互补、资源共享、利益共享，从而不能形成长期有效的政、校、行、企的合作育人机制，不能充分发挥集团的联合体作用。

3. 合作层次不深入

职教集团的参与使新型职业农民教育培训在一定程度上实现了"产教融合、校企合作"，但集团似乎只是集团成员单位之间的简单联合体，实际上，很多职教集团徒有"集团"平台形式，而没有其成员单位之间的深度合作。成员单位之间的合作主要是基于项目的合作，根据合同或契约履行各自的职责，而较少关注集团的总体定位和与集团的深度联系。而且，在项目实施期间，各合作方之间的交流研讨也相对较少，因此还处于初级浅层次合作阶段。在新型职业农民教育培训中，其参与主体还是政府部门和职业院校，行业企业虽然会提供一定的资源和信息，但"还没有参与到人才培养方案制订、课程设置、教学内容选择、师资调配、教学方法改革、教学评价等职业教育的全过程中，仍旧是学校在校企合作中唱'独角戏'"，行业企业的参与度显然还不够深入，成员单位之间还没有实现真正意义上的合作。

在新型职业农民教育培训中，集团成员单位之间的合作不够深入的原因有以下两点：第一，集团成员的性质和目的不同导致难以形成合力。新型职业农民教育培训具有公益性，政府部门和职业院校的职责与此相符合，是培育主体，而企业的目标以获取利益为主，参与集团内新型职业农民教育培训工作并不会给其带来迅速的利益，对企业来说，市场化的运作效率反而更高。更何况与工业和服务业不同，农业对新型职业农民的需求没有工业和服务业大，见效也不如后两者快，教育链、岗位链和产业链不能高效联系起来，因此很难展开深度合作。性质和目的的不同导致集团成员之间没有形成互惠互利的动力机制和真正的利益共享机制，这是职教集团在参与新型职业农民培育工作中合作层次不够深入的主要原因。第二，成员单位独自运行导致组织涣散。职教集团一般实行理事会制度，而成员单位原有的管理体制不变，隶属关系不变，这种组织模式使集团成员单位之间处于"各自为政"的状态，集团工作只是其成员单位的一小部分内容，对于企业、机构来说尤其如此，因此它们并不重视集团工作。集团成员单位之间合作层次的不深入导致不能充分调动成员单位参与新型职业农民教育培训的积极性，不能促进资源的有效整合，最终导致资源共享机制不畅通，不能有效发挥集团的功能和作用。

4. 政策保障不充足

党中央虽然高度重视新型职业农民培育工作，出台了不少政策性文件，但相关政策体系依然不健全，尤其是在经费保障、组织保障方面，没有为职教集团参与新型职业农民教育培训工作提供良好的政策环境。一方面，职教集团参与新型职业农民教育培训工作处于起始探索阶段，相关政策中还缺少关于职教集团参与的内容，职教集团在新型职业农民教育培训中缺乏专门的宏观政策进行引导规范，"摸着石头过河"，不能充分发力。相关的福利政策也不完善，例如，对于参与新型职业农民培育的涉农企业，对其税收减免政策不能够真正落实，不能有效调动其参与积极性。另一方面，新型职业农民教育培训是一项具有公益性和基础性的社会工程[1]，在很大程度上既要依靠国家政策扶持，又要与土地流转政策、农业保险政策、农村信贷政策等"三农"政策等密切相关，因此需要相关扶持政策的配合。目前，配套政策还不完善，很多地区还存在土地产权模糊、土地流转程序不科学、农业保险覆盖率不高、农业贷款条件苛刻等诸多问题，限制了职教集团作用的发挥。此外，相关优惠政策没有得到高效利用，很多已有优惠政策宣传不到

---

[1] 平西栓, 王留标. 新型职业农民扶持政策建议 [J]. 农民科技培训, 2016（5）: 8–11.

位，集团内成员对一些优惠政策不了解，从而导致了政策资源的浪费。缺乏良好的政策环境和政策保障，职教集团在参与新型职业农民教育培训中遇到了很多问题，使集团力量难以充分有效发挥。

（三）职教集团参与新型职业农民教育培训的实施路径

1. 健全制度体系，提供制度保障

作为一项基础性的社会工程，新型职业农民教育培训工作的开展离不开强有力的法律保障和制度保障。政府应在国家层面上完善相应的制度体系，一是对职教集团的运行制度作出明确的规定，对职教集团进行精准定位，增强《集团章程》的法律效力，提升集团独立承担责任的能力；二是在新型职业农民培育制度中增加关于职教集团参与的相关内容，使职教集团参与新型职业农民教育培训工作走向制度化和法制化。集团成员也应通过集团大会以民主的形式建立明确的集团内制度体系，对集团的治理制度、运行制度等作出明确规定，有效约束集团成员，保障其基本权利，明确其基本职责，规范其合作程序。健全的法律法规和明确的制度体系可以为职教集团参与新型职业农民教育培训提供良好的制度环境，使集团成员在开展工作时有法可依、有章可循，从而完善集团的治理结构，提高职教集团的运行效率，切实发挥集团在新型职业农民教育培训中应有的联合体作用。

2. 完善运行机制，促进协同发展

一个集团要实现长期、科学、规范和高效地运行，不仅需要政府提供正确的政策引导、有力的制度保障和充足的资金支持等良好的外部环境，更需要以市场为导向，积极探索科学灵活的内部运行机制，增强集团的自我造血功能。[1] 为此，职教集团要以坚持服务定位为前提，完善集团内的决策机制、执行机制、利益协调机制、资源共享机制、沟通交流机制、管理服务机制和监督评价等相关机制，以提高集团的运行效率。集团要在政府部门的统筹协调下，实行"双主体"，甚至"多主体"的运行，合理均衡政府、职业院校、行业企业、培训机构等集团成员单位之间的力量，充分保障集团成员的利益与发展，使集团成员单位在新型职业农民教育培训中科学分工、有效合作，各尽其责、各尽其能。尤其是要建立互惠互利的动力机制和利益共享机制，以便充分发挥政府的组织协调优势、职业院校的教育培训优势和行业企业熟悉市场的优势。科学合理的激励机制有利于调动企业参与办学的积极性，充分发挥其在专业设置、教材开发、师资培养等

---

[1] 鲍风雨、王启龙.职业教育集团化办学模式创新：以沈阳经济技术开发区职教集团为例[J].中国职业技术教育，2011（4）：54-56.

方面的作用。严格的监督评价机制则有利于对新型职业农民教育培训效果和集团成员的参与情况做出有效规约，从而提高职教集团在新型职业农民教育培训中的工作效率和质量。高效畅通的运行机制有利于充分发挥职教集团在新型职业农民教育培训中促进产教融合、深化校企合作的服务平台作用。

3. 深化合作层次，促进资源整合

为发挥职教集团在新型职业农民教育培训中的合力作用，实现资源的重组和共享，必须深化职教集团内各成员单位之间的合作关系，顾及其需求，保障其利益，从而使其积极参与到新型职业农民培育的整个过程中。为此，一方面，要改变职教集团成员之间的利益关系，通过产权制度，以股份投资的形式使职教集团成员之间形成利益联结共同体，从而建立互惠互利的动力机制和利益联结机制，以深化集团成员之间的联系。另一方面，要创新合作模式，依托项目加强合作深度。职教集团内政府、职业院校、涉农企业等应该在专业设置、课程教材开发、师资队伍培训、基础设施建设等方面发挥各自的优势，为新型职业农民教育培训提供充足的资源保障。职教集团应坚持系统培育、联合培育、合作共享和优势互补的原则，广泛采用一体化培养、定向培养、委托培养、订单式培养、现代学徒制培养等多样化的人才培养模式，拓展人才培养的合作渠道，提高新型职业农民教育培训的针对性、实用性和有效性。建设共建共享型校内外实训基地，真正实现产教研的融合发展，满足各成员之间的不同需求，充分发挥"政、行、企、校、研"各方优势，优化资源配置，实现资源共建共享。

4. 完善相关政策，增强支持力度

良好的政策环境是职教集团在新型职业农民教育培训中高效发力的重要保障，因此，要完善相关政策，加大政策支持力度。为此，要做到以下几点：一是加强组织领导。加强政府部门对职教集团参与新型职业农民教育培训的领导，加强其统筹协调作用，为集团成员单位之间的深度合作与交流提供强大的组织保障，充分发挥其在集团运行过程中协调各方利益和搭建合作平台的作用。二是完善经费投入政策。职教集团参与新型职业农民培育工作的一大困难就是缺乏资金，为此，政府应制定相应政策，一方面加大拨款力度；另一方面，多渠道大量吸引社会资金，为职教集团在新型职业农民培育中充分发力提供强大的资金支持。三是完善相关的福利政策，例如企业税收减免政策、农村信贷政策等相关的扶持政策，为职教集团充分发力提供充足的配套政策和激励政策。四是加强对集团成员利益保障的政策建设，为相关措施的落实和集团成员的利益提供政策保障。此外，在政策建设和完善的基础上也要借助网站、微信公众号、线下主题宣讲等各种平台加大对相关政策的宣传力度，避免出现"政策浪费"的现象。完善的政策体系可以为

职教集团参与新型职业农民教育培训提供良好的外部环境，使职教集团在参与新型职业农民教育培训时可充分发力。

　　综上所述，为了使职教集团在新型职业农民教育培训中充分发挥其加强产教研融合、深化政校行企合作、促进资源共建共享的作用，必须为其提供良好的制度保障、有力的政策支持，建立高效的运行机制，并促进集团成员之间的深度合作，从而促进新型职业农民教育培训走向专业化和规模化，真正培养一支数量充足、质量过硬的新型职业农民队伍，为实施乡村振兴战略提供坚实的人才保障。

附录

附录一　重庆市新型职业农民培育的困境与突围

屠明将

新型职业农民培育在于以促进农民职业化与专业化为努力方向，寄希望通过职业化农民带动农村农业的现代化，最终达成乡村振兴的时代目标。重庆市因其独特的地理位置和战略地位，不仅具有现代化大城市的发展特征，还拥有大农村、大库区与大山区等亟待振兴发展的乡村区域。培育一批创业能力强、带动作用大、技能水平高的新型职业农民，是重庆市实现乡村振兴战略的队伍支撑。为此，自 2012 年试点开始以来，至 2018 年共培育新型职业农民 16 万人，其中现代青年农场主 1 400 名，创建孵化基地 120 个。[1]2019 年，重庆市人民政府办公厅印发了《关于加快培育新型职业农民的意见（渝府办发〔2019〕61 号）》（以下简称《意见》），对新型职业农民培育的经验进行了政策总结，同时也为引领未来培育工作的有序开展指明了方向。

一、重庆市新型职业农民培育的典型经验

（一）推动"产教融合"以引领培育质量提升

2018 年，市农业部门采取因地制宜的方式结合各区（县）主导和特色产业建立新型职业农民培育对象库，充分利用 300 余所农民田间学校等基地开展"送培下乡"，创造性地提出贴近优势特色产业发展、贴近农业新型经营主体需求、贴近农民生产需要、贴近农时季节生产的"四贴近"培训模式。例如，江津区通过提出产教融合"五化模式"，有力地推动了地方特色农业如雨后春笋般地崛起，催生了"九叶青"花椒、"四面山"金银花等全国知名富硒农业品牌。"产教融合"的理念渗透和贯穿着培育工作的全程，不仅有效地满足了培育对象的实际需求，也进一步带动了实际收入的节节攀升。据 2018 年统计，新型职业农民家庭收入最高的达到 50 万元以上，最低收入也在 6 万元左右，高于当地农民平均收入的 17%。

（二）扩大优质教师资源供给以提升专业品质

第一，加大优质教师资源供给力度。师资队伍主要由深耕"三农"领域的专业知识和实践经验过硬的专家学者、农业生产一线的土专家、田秀才和经过知识更新培训的基层农技人员等构成。2018 年在市级师资库中的遴选和评比产生了 20 个名师，《意见》还提出"建成市、区（县）两级师资库，入库专兼职教师 2 000 名；培训'双师型'教师 300 人，培养教学名师 50 名"。第二，强化教师质量监测与评价。为了加强对教育培训的质量监管，定期组织学员利用云上智农 App 开展培训效果满意度评价，强化对

---

[1]　本文中数据及相关资料来源于重庆市农业与农村委员会，下文中出现的数据将不再逐一标注。

入库教师实行考核评价和动态管理，并确立了培训教师退出机制，凡是培训学员满意度低于 80% 的教师及时予以清退，通过优胜劣汰的动态调整机制确保师资质量和培训效果。

（三）建设精品课程资源以助推培训供给侧结构性改革

第一，打造精品课程资源共享平台。稳步推进重庆"农广通智慧农民云"平台的开发与应用，平台建设过程中充分听取、吸纳职业农民和一线培育人员的建议意见，不断优化功能设置和菜单设计，对接融合中央校上游系统的主体功能，拓展开发新的应用和本地资源。第二，建设内容丰富、形式多样的精品课程。据统计，仅 2018 年就建设了 20 门农业生产领域精品课程，涉及蔬菜种植、果树种植、畜禽养殖、水产养殖、特色养殖、粮食种植和花卉种植等方面，采取慕课、微课等形式进行线上教学，以方便农民学员的学习。

（四）强化认定管理以确保资格证书"含金量"

为规范认定管理，重庆市初步构建了认定管理的政策体系，市农业部门于 2017 年制定《关于开展新型职业农民认定管理工作的通知》（渝农发〔2017〕150 号），重点面向生产经营型的新型职业农民。据不完全统计，至 2018 年，全市已有 25 个区（县）正式公布了新型职业农民认定管理办法（永川区、开州区、丰都县以区、县政府名义出台），并对认定的新型职业农民实行动态管理，建立退出机制，定期进行综合考核，全面评价，全方位考量职业农民综合素质。区（县）对遴选出的培育对象按照培训考核结果划分层次，持续开展培训，在初级、中级、高级职业农民认定上坚持个人申请、规范管理、严格认定。另外，为了进一步激发认定后新型职业农民的带动作用，部分区（县）通过尝试建立退出机制对新型职业农民实行动态管理。

（五）完善扶持政策以构建农民职业化长效机制

在市级层面自 2018 年起，从市级农发资金中拿出 300 余万元对 2017 年的 300 名青年农场主给予每人 1 万元的创业扶持，连续扶持两年；对 1.7 万人生产经营型新型职业农民给予 900 元/人的后续扶持。部分区（县）根据当地情况和培育对象的实际需求，在扶持政策上进行了积极探索。例如，渝北区从 2018 年开始在新型职业农民社保补助方面进行了破冰行动，规定经过认定取得新型职业农民证书的职业农民，凡参加人力社保部门养老保险及医疗保险的，从认定当年起，享受养老保险及医疗保险补贴。依据个人缴纳情况，每人每年按初级 1 000 元、中级 1 500 元、高级 2 000 元的标准进行补助。实行先缴后补，若个人缴纳部分低于补贴标准的，则据实补助。2018 年 78 人通过认定取得新型职业农民证书，实际兑付养老及医疗保险补贴共计 41 190 元（按上限全额兑付可达 11.5 万元）。通过养老保险普惠职业农民政策的落实以及后续扶持培优培强等一系列措施，进一步提升新型职业农民证书的"含金量"，极大地调动了农民主动参与培育的积极性，同时也使新型职业农民培育工程深入人心。例如，2018 年生产经营型职业农民培训人数 200 人，通过认定的就有 103 人，认定通过率为 51.5%，高于全市的 35.8 认定率。

二、重庆市新型职业农民培育的主要问题

（一）制度设计：责任主体缺乏联动，且经费保障机制不健全

首先，培育主体之前缺乏有机联动。在新型职业农民培育过程中，机构主体资源分散，没有得到充分整合，造成了有限的资源利用率不高的局面。各部门之间各自为政、多头管理，使培育的行政和教育资源等过度分散，缺乏统筹协调机制，造成培育工作推进迟缓、效果不佳。其次，培育经费总量不足，且未做到专款专用。例如，市级财政 2018 年安排用于新型职业农民培育的资金同比减少 25%。调研发现，培育资金下达到区（县）后存在被整合的情况，使本来就为数不多的中央资金也难以保障专款专用。甚至个别区（县）2015—2017 年的新型职业农民培育资金仍未拨付到培训机构，导致培训机构不愿再承担工作任务。

（二）观念认识：基层政府重视不够，且政策执行能力较弱

基层政府受制于政策理解、经费短缺、人员不足等因素影响，对新型职业农民培育工作的重视程度不够，政策执行过程中缺乏主动进取和积极作为。首先，配套政策制定的步伐迟缓。据不完全统计，重庆市目前尚有 1/3 的区（县）政府没有制定新型职业农民培育的专门配套政策，一定程度上反映出基层政府站位不高、目光短浅，观念上的迟滞必然带来政策投入、资源整合和政策创新方面的"乏善可陈"。其次，政策执行能力较弱。新型职业农民培育组织和实施的末梢神经在乡（镇）一级政府机构，但是调研中发现，乡（镇）党委和政府对新型职业农民培训的认识偏差，甚至以农村空心化、农民素质低下等借口断言农民职业化与农村现代化目标难以企及。相应地体现在培育对象遴选与组织方面"敷衍了事"，导致培育对象的选取不够精准，没能把真正需要和有学习意愿的农民遴选到位。

（三）教育培训：实践模式单一，且组织方式不合理

首先，教育培训模式略显单一。教育培训的承担主体是农广校系统，那些教育资源丰富、师资队伍较强的职业院校和农业科研院所的实际参与程度并不高。但是农广校因

为自身机构建设的先天不足，以及受制于农广校的性质定位不明、功能弱化、力量薄弱等因素影响，组织力量急需进一步提升。例如，调研中发现，除市级农广校与部分经济发展较好的区（县）分校以外，多数区（县）农广校存在人员不足、经费短缺、职能不清等发展障碍，有些地方的机构改革甚至存在把农广校撤并的预案。其次，在培训时间安排上未能与农业生产规律有效结合。新型职业农民培育中央资金和任务每年下达的时间都在下半年，由于培训任务下达时间晚，加上硬性规定项目不能跨年度实施等因素，造成不能完全结合农时季节有针对性地进行教育培训，影响培训成效。

（四）扶持政策：支持力度有限，且区域间差异较大

首先，扶持政策的实际支持力度有限。扶持政策受制于地方经济发展水平和财政能力等因素制约，扶持力度上存在不足。同时，扶持政策落地也需要不同政府部门的通力协作，但在实际中受制于条块管理的部门分割局面，导致有限的扶持政策在实际执行中难以尽如人意。另外，有些区（县）在落实扶持政策方面不够及时与完善，导致农民参与培育的积极性不高。其次，地域间扶持政策不平衡。在主城地区，由于社会经济发育程度较高，很多地区的新型职业农民已享受社保和农业保险等系列优惠政策。但是对于经济发展相对迟缓的渝东南和渝东北，落实基本的扶持政策本就有些吃力，更遑论进行扶持政策的深化和创新。

（五）培育对象：农民的积极性不高，且参与度较低

首先，新型职业农民的年龄结构偏大、学历结构偏低、文化素质相对不高的基本情况制约了培训效果难以达到预期。以2018年参加培训的情况为例，培训总人数28 837人，初中及以下学历22 076人，占比76.6%；高中学历4 597人，占比20.8%；专科学历2 164人，占比9.8%。年龄结构中35岁以下3 746人，占比13.0%；36～45岁5 395人，占比18.7%；46～55岁12 864人，占比44.6%；55岁及以上6 832人，占比23.7%。可见，培育对象主要是以年龄在45岁以上、学历在初中以下的中老年农民为主。由于成人学习受制于既有经验、生理特征、动机激发等因素影响，年龄偏大、学历偏低的农民在接受和掌握现代农业科技知识、信息技术等方面的能力相对较弱，学习意识不浓、学习能力不足等内部因素是造成培训效果难以达到预期的主要障碍。其次，教学组织形式单一。教学组织形式依旧采取集中授课的大班教学，教学方法主要是课堂教学的满堂灌方式，现场教学、专家一对一指导等贴合农民学习特点的培训组织方式所占比例相对较少。教学方式方法的单调枯燥等外在环境因素也是造成培育对象积极性不高的诱因之一。

三、新型职业农民培育的改进策略

（一）打造新型职业农民教育培训的"一主多元"模式

新型职业农民教育培训不仅要持续发挥农广校系统优势，还应进一步鼓励农业科研院所、职业院校、农业技术推广中心、应用型本科与综合型高校、农业合作组织、农业培训企业以及非营利组织积极参与新型职业农民的教育培训。首先，巩固农广校模式。具体而言：第一，明确区（县）农广校的机构性质，根据市级情况可以从参公事业单位、农业教育科研院所、中专学校等不同方面确定机构性质；第二，从人员配置、条件改善、师资力量、经费保障等方面支持农广校做大做强；第三，明确区（县）农广校与乡镇（街道）农服中心之间的业务指导关系，增强对基层的服务能力。其次，拓展农业职业教育集团培育新模式。借鉴江南农民就业创业培训集团、重庆市现代农业职业教育集团的成功经验，根据"一圈两群"的规划定位和"大山区、大库区、大农村"的基本市情，在渝东南武陵山区城镇群中再布局1个农业职教集团。通过培训形式变革、教学方法创新等途径，实现专业与产业对接，教学过程与生产过程对接，教学内容安排与农时季节结合，进而实现新型职业农民培育与现代产业可持续发展的一体化推进。

（二）结合农业职业教育发展规律强化基层教学组织机构建设

新型职业农民培育体系在培训服务延伸方面需要进一步加大在乡村地区的布局，以适应农民培训就近方便和农业生产规律。首先，加强乡（镇）一级农民教育机构的建设。各类新型职业农民培育主体，可以通过联合政府部门成立乡镇或村一级农民教育服务机构，促使培育工作扎根于乡村的田间地头，以适应农业生产规律并方便农民就近学习。其次，完善新型职业农民追踪服务机制。利用信息技术等手段，强化对培育对象的长期追踪服务，以增强其终身学习的服务支持体系。

（三）进一步扩大新型职业农民培育的对象范围

新型职业农民需要培育一批年轻化、高学历和现代化的高层次涉农人才，针对目前农村空心化、老龄化的现状，采取培育一批在乡骨干力量、吸引一批返乡就业创业人才、储备一批高学历青年生力军的方法，在教育培训、资格认定和政策扶持等方面进行长期化、制度化和系统性的统整规划，形成一支职业化程度高、综合素养优、带动作用大的新型职业农民队伍，为新时代农业农村的现代化发展注入新鲜血液。首先，培育一批在乡骨干力量。引导和鼓励活跃在乡村社会的生产经营型"新乡贤"加入培育计划，如种植大户、养殖大户、家庭农场主、农民合作社带头人、农业龙头企业骨干和农业社会化服务能手等迫切需要加强农业素养和技能的乡村社会发展骨干力量。其次，吸引一批返乡就业创业人才。积极吸纳返乡就业创业农民工、大学生以及退役军人等农村中青年骨干力量加入新型职业农民培育计划。最后，储备一批高学历青年生力军。通过涉农职业院校招录，培养一大批农村有志青年，全面提升新型职业农民的学历层次和综合素质。

附录二　重庆市现代农业职教集团章程

为深入贯彻落实《教育部关于深入推进职业教育集团化办学的意见》（教职成〔2015〕4号）、《国务院办公厅关于深化产教融合的若干意见》（国办发〔2017〕95号）、《国务院关于印发国家职业教育改革实施方案的通知》（国发〔2019〕4号）、《重庆市人民政府办公厅关于深化产教融合的实施意见》（渝府办发〔2018〕162号）、《重庆市人民政府办公厅关于印发重庆市高等教育发展行动计划（2018-2022年）的通知》（渝府办发〔2019〕14号）等文件精神，深化农业职业教育改革，加快建立现代农业职业教育体系，实现重庆市域内农业职业教育和经济优势互补、资源共享，在重庆市教育委员会和重庆市农业农村委员会的指导下，重庆三峡职业学院联合重庆市涉农本专科院校、中高职学校、行业协会、企业组建重庆市现代农业职业教育集团（以下简称"集团"）。为规范集团的活动，维护集团成员的合法权益，保障集团各项工作的顺利开展，依据《中华人民共和国职业教育法》和《社团管理登记条例》等相关法律法规，特制定本章程。

第一章　总则

第一条　集团名称：重庆市现代农业职业教育集团，英文名称：Chongqing Modern Agricultural Vocational Education Group。

第二条　集团性质：以服务重庆市现代农业发展为宗旨，以涉农专业为纽带，在重庆市教育委员会和重庆市农业农村委员会的指导下，由重庆三峡职业学院牵头，相关行业、企业、培训机构、农业科研院所、本科院校、职业院校等多方参与，在自愿、协作的基础上形成的非独立法人组织。

第三条　集团宗旨：以国家职业教育方针为指导，以培养现代农业技术技能型人才为目的，以体制机制创新为突破口，遵循"平等、合作、创新、共赢"的准则，加强政、校、行、企的全方位合作，实现现代农业教育集团资源共享和优势互补，从根本上促进校企深度融合，提高职业教育的办学水平和服务能力，打造适合重庆农业发展的涉农专业教育集团品牌。

第四条　集团组织模式：集团实行理事会制度，成员单位原有的管理体制不变，隶属关系不变。成员之间对师资队伍、实验实习设施、体制机制、实训基地、职业技能鉴定、教科研成果、信息等资源实行共享。

第五条　集团所有成员必须遵守国家法律、法规、条例及有关规章制度，依法从事教学、科研、培训、服务与交流等活动，依法承担民事责任，依法享有民事权利。

第六条　集团目标：遵循"以职教集团为平台，以行业为依托，以市场为导向，以项目为纽带，加快人才培养，服务区域经济社会发展"的理念，充分发挥政、行、企、校、研各方的优势，优化教育培训资源配置，促进专业建设、职工培训、技术服务、实训基地建设和就业工作，通过职教集团建立一体化的服务体系和运行机制，打造重庆市农业职业教育品牌，实现会员间的优势互补、互惠互利与共同发展。

第二章　主要职能

第七条　集团主要职能

1. 制订集团工作规划及年度工作计划，并组织实施。

2. 根据重庆市农业职业教育发展的不同特点，组织经验交流、协作及培训等活动，定期举办重庆市农业职业院校经验交流会、农业职业教育学术年会、农业职业教育专题培训等活动。

3. 组织学术交流合作：①组织开展重庆市农业职业教育重点问题的专题调研，尤其是对农村和产业发展现状、涉农专业发展趋势、农业职业教育与农民培训工作结合机制等重大问题进行调查研究，提升集团的服务能力，为政府决策提供咨询报告和政策建议；②研究市内外农业、教育发展动态，学习推广市内外职业教育先进经验，组织开展国内国际的交流与合作；③组织开展农业职业教育课题研究、教育教学研究成果的评审等工作，交流和宣传优秀教学成果和典型经验，搭建为农业职业教育教学服务的桥梁。

4. 参与指导重庆市农业职业教育改革、建设和发展，组织编写有关重庆市农业职业教育资料。

5. 加深相关涉农企业产教融合。成立技术研发中心，合作进行科学研究、技术和产品开发，推介集团内外职业教育经验，探索和尝试集团成员之间的多元合作形式，并延伸至成员单位以外的不同领域，做到共同发展，资源共享，优势互补，促进农业产业的发展。

6. 整合共享资源，联合培养现代农业需要的高素质技能型专门人才；促进集团内院校的专业建设，建立职业教育改革与创新机制；完善就业指导机制，满足集团内院校成员单位毕业生升学、就业和企业用人需求；为职业院校学生实习实训及专业课教师培训提供支持，为企业岗前培训、在职人员培训、继续教育等提供服务。

第三章　集团成员

第八条　理事单位和个人会员

一、理事单位

全市涉农专业高等学校、高等职业院校、中等职业学校、各级农业行政管理部门、乡镇组织、科研院所、行业协会、农业企业、家庭农场、种植养殖大户及其他自愿参加本集团活动，支持集团工作的科研、生产、管理、经营等企事业单位以及从事农业职业教育的科研群众团体，承认本集团章程，提出申请，经理事会批准，在工作业务上接受本集团指导，积极参加本集团活动，自愿履行会员义务，即可成为本集团理事单位。

二、个人会员

全市农业、畜牧、农机、水产等部门科教处主管教育工作的领导和干部；本集团理事单位的法人代表和单位职工；长期从事农业职业教育工作的教师和管理人员；愿意为农业职业技术教育和"三农"服务的农民及相关人士，经本人申请，集团理事会批准，即可成为个人会员。

第九条　会员入会程序

1. 理事单位和个人会员均须提交入会申请登记表。

2. 经理事会讨论通过。

第十条　会员的权利和义务

一、权利

（一）一般权利

1. 拥有选举权、被选举权和表决权。

2. 对集团工作有建议权和批评权。

3. 有权参加集团举办的各种活动。

4. 可优先获取集团编印的学术资料、重要文件等。

5. 入会自愿，退会自由。

（二）企业成员单位的权利

1. 优先与成员院校签署人才需求订单。

2. 优先获得成员院校提供的优秀毕业生。

3. 优先获取成员院校研发的科学技术成果。

4. 优先享用集团内各种职业教育资源和各类信息。

5. 根据需要由成员院校对本单位员工开展继续教育与培训。

6. 章程规定的可享受的其他权利。

（三）院校成员单位的权利

1. 优先向成员企业了解人才供求信息和培养要求。

2. 优先向成员企业聘用技术和管理人才担任兼职教师。

3. 优先向成员企业派遣实习生。

4. 优先向成员企业输送合格毕业生。

5. 优先享用集团内各种职业教育资源和各类信息。

6. 章程规定的可享受的其他权利。

（四）行业协会和科研院所成员单位权利

1.优先获得成员学校和企业的支持，形成教育科研、科技研发的良性互动机制。

2.有偿向成员单位转让科研成果或提供有偿咨询、中介服务。

二、义务

1.遵守集团章程，执行集团决议，完成集团交办的任务。

2.积极参加集团组织的各项活动和各种学术报告会或讨论会，并提出合理化建议。

3.积极撰写有关农业职业教育方面的研究论文、调查报告和经验总结。

4.树立集团良好形象，保守集团秘密，维护集团的合法权益和荣誉。

第四章 组织机构与职责

第十一条 全体理事单位组成职教集团理事会，理事会是职教集团最高权力机构，下设秘书处和6个委员会（招生就业委员会、农林科学人才培养工作委员会、农牧人才培养工作委员会、现代农业新商科人才培养工作委员会、农业装备及智能制造人才培养委员会、乡村振兴工作委员会）。

理事会由理事长、副理事长、秘书长、理事、会员代表组成。理事会设理事长1名，设副理事长若干名，理事若干名。理事会下设秘书处，设秘书长1名，副秘书长若干名，秘书处是集团的日常工作机构。秘书长、副秘书长由理事长提名，理事大会选举产生。各职务任期为3年，可以连任。

理事会每年召开一次会议，须有2/3以上理事出席方为有效。若理事不能出席会议，可委托他人出席，理事会讨论的重要问题应根据平等、公正、互利、互惠原则，进行充分友好协商，并以出席人数2/3以上通过的方式决定各项决议。

第十二条 理事会的职责

1.选举或罢免理事长、副理事长、秘书长、聘请顾问、专家，决定增补理事会成员。

2.制定、修改、通过本集团章程，审查会员提案。

3.确定本集团的工作方针和主要工作任务。

4.审议通过本集团年度经费预算，向会员代表作财务报告。

5.讨论和决定本集团其他重大事项。

第十三条 理事会闭会期间，秘书处在理事长领导下开展日常工作，秘书处设在理事长单位。

秘书处职责：

1.负责实施本集团工作思路和主要任务，起草本集团的年度工作计划及年度工作报告等有关文件。

2.负责组织和筹备年度工作会议及专项活动。

3. 负责组织实施理事会决议及其他事宜。

4. 协调理事单位开展各项工作。

5. 承担本集团的内外联络工作。

6. 负责建设与维护集团网站。

7. 负责处理其他日常工作。

第十四条　根据集团发展需要，集团可设若干个分支委员会，由理事会指定或集团单位申请、理事会通过，设在相关单位开展活动。

第五章　经费管理

第十五条　经费来源

1. 理事单位赞助的经费。

2. 热心现代农业职业教育的团体、企业及个人的赞助或资助。

3. 上级主管部门为开展相关活动拨款的工作经费。

4. 在核准的业务范围内开展活动或服务的收入。

第十六条　本集团经费必须用于本条例规定的业务范围和事业发展，经费支出主要用于组织学术活动；奖励、表彰活动；编辑出版研究成果、期刊资料；秘书处的日常开支。经费收支情况接受会员大会监督。

第十七条　集团建立严格的财务管理制度，保证会计资料合法、真实、准确、完整。财务管理接受会员大会的监督。

第六章　附则

第十八条　本章程自会员大会讨论表决通过之日起施行。解释权属本集团理事会。